人口变化与基础教育资源配置优化：
理论与实证

周 亚 曾 杨 李克强 著

国家社会科学基金教育学重点项目"教育经费投入的可持续性及合理分配研究"（课题批准号：AFA220025）资助

科 学 出 版 社
北 京

内 容 简 介

本书以系统的视角审视当前的教育资源配置策略和目标。聚焦于根据教育需求变化动态调整教育资源配置，特别关注基础教育需求，这类需求对人口变化较为敏感。综合应用人口预测、最优控制、系统动力学等方法，通过构建理论模型，从整体角度、动态视角，剖析人口变化作为关键要素对教育资源配置的影响。重点探讨了教师资源在不同学龄人口变化模式下的最优配置策略，并结合现实案例和政策对不同情境下的结果进行了解读，解决一些实际问题。对于相关领域的理论研究和管理实践都有一定的支撑。

本书适合于人口学、教育资源配置、教育政策制定等领域的专家学者、研究生阅读，对教育管理实践领域的业内人士也具有一定的借鉴意义。

图书在版编目（CIP）数据

人口变化与基础教育资源配置优化：理论与实证 / 周亚，曾杨，李克强著. -- 北京：科学出版社，2024. 12. -- ISBN 978-7-03-080528-7

Ⅰ. C924.2；G639.2

中国国家版本馆 CIP 数据核字第 20247S8H93 号

责任编辑：陈会迎　郝　悦 / 责任校对：王晓茜
责任印制：张　伟 / 封面设计：有道设计

科学出版社 出版

北京东黄城根北街 16 号
邮政编码：100717
http://www.sciencep.com

北京建宏印刷有限公司印刷
科学出版社发行　各地新华书店经销

*

2024 年 12 月第　一　版　开本：720×1000　1/16
2024 年 12 月第一次印刷　印张：12 1/4
字数：244 000

定价：152.00 元
（如有印装质量问题，我社负责调换）

作者简介

周亚，北京师范大学系统科学学院副教授、博士生导师。现任北京师范大学副教务长兼质量处处长，中央广播电视总台-北京师范大学媒体传播系统工程研究院执行院长。曾任北京师范大学系统科学学院党委书记；所授课程多次被评为北京师范大学教改示范课，并多次获北京师范大学本科教学优秀奖、北京师范大学优质研究生课程特等奖、北京市教育科学研究优秀成果奖等荣誉。

研究领域包括教育经济与管理、行为博弈、项目管理，擅长使用优化控制、博弈、行为实验、统计调查等方法进行科学研究，在中国教育资源配置、纳税遵从、群体协调与组织绩效、项目绩效评价等领域开展研究工作。

序　言

　　经历了持续的人口增长期之后，我国当前的出生率及总人口数已呈现下降的趋势。观察不同的时空尺度，可以发现地区间的人口变化模式及教育发展水平存在显著差异。这种现象要求教育资源配置逐渐从注重规模化供给转向更加关注结构性的调整。党的二十届三中全会通过的《中共中央关于进一步全面深化改革　推进中国式现代化的决定》在深化教育综合改革的论述中明确指出"优化区域教育资源配置，建立同人口变化相协调的基本公共教育服务供给机制"。目前从人口变化角度探索区域教育资源配置优化的理论研究尚未形成科学的框架，已有的结论也很难对行政管理者的工作形成实质性的支撑，相关问题亟待解决。

　　因此，我们需要以更系统的视角审视当前的教育资源配置策略和目标。要"站在整体看个体"，教育领域中的问题，往往不仅来自教育系统内部，而是与社会系统、经济系统、人口系统相互作用之后产生的。不能就教育论教育，这是进行教育规划、提升教育决策科学性的基本理念，即教育问题与社会经济问题的耦合。要"站在未来看当下"，对学龄人口变化的关注，是新时代教育发展形势的客观要求，应对人口变化的教育资源配置调整是一个需要科学规划的问题。这样的一种规划是在对未来人口预测基础上的科学决策，往往随着时间的变化有一定的演化规律，既要有前瞻性的展望，又要有可操作的策略与步骤；既要跳出教育看教育，又要回到教育出实招。

　　我们的研究聚焦于根据教育需求变化动态调整教育资源配置，特别关注基础教育需求，这类需求对人口变化较为敏感。综合应用人口预测、最优控制、系统动力学等方法，从整体角度、动态视角，剖析人口变化作为关键要素对教育资源配置的影响。在配置理念上，强调多系统之间的关联；在配置目标上，兼顾教育公平与资源的利用效率；在配置方式上，强调不同时间点之间配置策略的关联性。研究内容包含了数学模型、实证分析和模拟仿真等。重点探讨了教师资源在不同学龄人口变化模式下的最优配置策略，并结合现实案例和政策对十多种情境下的结果进行了解读。主要结论如下。

　　（1）在基础模型中，我们提出了一个集成框架，用于分析人口变化与教育资源配置之间的关系。该框架综合考虑了人口系统与教育系统的耦合关系以及不同类型教育资源的特异性，为研究人口变化对教育资源配置的影响提供了理论基础。我们创造性地将教育资源配置过程视作一个最优控制问题，并以生均资源状态作为性能评价指标，探索了如何通过动态调整教育资源投入来最小化整个规划期内决策部门的负效用。模型提出的"最优配置标准"不仅反映了决策部门在提升资源利用效率和保证教学质量之间的主观权衡，也考虑了地区配置现状、资源特点及供给能力等客观因素。在生均教育资源低于最优配置标准时，最优策略应是全力增加投入；而当生均资源超过标准时，则应最小化投入。与那些忽略地区差异且仅满足即时需求的传统配置方式相比，我们的模型提供了更高的灵活性，更好地适应了学龄人口的变化，并为决策者在面对不同地区的具体条件时，提供了更广泛的策略选择空间。我们认为这是科学的资源配置方式必须具备的关键特质。

（2）在对教师资源配置的模型分析中，我们给出了十多种不同情境下的最优配置策略及相应师生比的变化轨迹。这些情境涵盖了各种学龄人口变化模式以及不同区域的供给能力和配置状态。对于大部分结论，我们给出关键决策点的解析解。同时将结论与实际的案例和场景相结合，对不同教育资源配置问题和政策背后可能的机制进行了讨论。不仅增强了理论的实用性，也为决策部门提供了具体的指导和决策支持。

（3）本书利用系统动力学软件 Vensim 开发了一个区域义务教育资源配置的动力学模型，模型中引入了"资源投入速度"和"最低生均资源标准"两个关键参数，复现了"最优配置标准"的现实调控效果。此外，基于过去十年各省小学教师资源配置的实证数据，我们提出了一个虚拟的优化配置方案，并对各省的实际配置方案进行了详细评估。研究结果表明，降低资源投入速度虽然在某些时间段内可能会降低教育标准，但提高了整体资源的利用效率，这包括降低了资源投入的成本以及减少了资源的闲置。这些发现为优化教育资源配置提供了重要的实证支持和政策建议。

本书通过创新的模型构建和全面的情境分析，为教育资源配置问题提供了新的视角和解决方案，也可为决策部门在进行教育资源或者是其他领域资源的规划时提供一定的启示作用。

本书是集体智慧的结晶，凝结了包括北京师范大学系统科学学院的李克强教授、曾杨博士的智慧与研究成果，另王瑞宁博士、黄嘉辉博士、张灿民博士等在资料收集、数据整理等方面提供了很多帮助。在此向各位老师及学生表示诚挚的感谢！当然，如果研究中存在不足之处，责任由我承担。

优化区域教育资源配置，建立同人口变化相协调的基本公共教育服务供给机制是一个很有意思的领域，我们将在这个领域中继续探索前进。

周　亚

2024 年 8 月

目 录

第1章 绪论 ·· 1
   1.1 研究背景及意义 ·· 1
   1.2 教育资源配置的定义 ··· 5
   1.3 教育资源的分类 ·· 6
   1.4 人口变化对教育的影响 ·· 9
   1.5 教育资源配置研究综述 ··· 12
   1.6 研究内容和方法 ·· 22
   1.7 本章小结 ··· 26

第2章 从现状到趋势：人口与教育资源配置 ······························· 27
   2.1 人口资源配置 ··· 28
   2.2 教育资源配置 ··· 48
   2.3 本章小结 ··· 67

第3章 从理想到现实：教育资源配置的优化 ································ 68
   3.1 教育资源配置的典型问题和案例 ····································· 69
   3.2 最优控制理论的引入 ··· 70
   3.3 理想教育资源配置标准 ·· 71
   3.4 最优控制模型 ··· 75
   3.5 最优生均资源配置水平 ·· 77
   3.6 最优资源配置策略 ··· 80
   3.7 与现有配置方式的对比 ·· 82
   3.8 模型扩展 ··· 86
   3.9 本章小结 ··· 90

第4章 关注核心资源：教师资源配置的优化 ······························· 91
   4.1 学龄人口变化模式 ··· 91
   4.2 学龄人口上升模式 ··· 92
   4.3 学龄人口下降模式 ·· 106
   4.4 学龄人口先升后降模式 ·· 114
   4.5 模型的优化展望 ·· 129
   4.6 本章小结 ··· 132

第 5 章	实证分析与政策建议	134
5.1	学龄人口上升模式	134
5.2	学龄人口下降模式	148
5.3	学龄人口先升后降模式	150
5.4	优化配置方案初探	154
5.5	政策建议和工具	171
5.6	本章小结	177
第 6 章	结论与展望	178
参考文献		181

第1章 绪　　论

1.1 研究背景及意义

党的二十大做出了加快建设教育强国的战略部署①。2022年，全国人口同比减少85万人，其中18个省区市常住人口正增长，13个省区市常住人口负增长，"少子化、老龄化、区域人口增减分化"是当前我国人口发展的主要特征，这对教育资源的供需格局以及时空分布结构产生了决定性的影响。从中长期看，人口的增减分化将显著改变学龄人口的规模和结构，这直接影响了教育资源的供给方式和地理分布。此外，这一变化也给各地区基础教育的高质量发展带来了新的挑战[1]。

人口生育率下降，区域间人口的流动，这一系列因素都会使区域人口的结构和数量不断变化，这一变化也会影响区域内学龄人口的变化，进而导致各阶段教育需求的变化，为了满足教育需求，主管部门也需要相应地调整教育资源的投入，目前来看主管部门应对需求变化的方式倾向于"当前有一份教育需求，就投入一份教育资源的方式"。

这种应对需求的方式容易带来一些问题。

（1）规划的困境，如果城市在对基础教育用地的规划中对于需求变化的考虑不够长远，当城市快速发展，人口快速增加，需求放量增大的时候，在基础教育需求集中的地区将没有可用的教育用地。20世纪90年代很多快速发展的城市都面临过这样的困境，其本质上是对规划的远见不够。

（2）资源的浪费，在区域学龄人口快速增长的时期，为了满足当时的教育需求而大量投入教育资源。人口流动、生育率下降等因素导致区域的学龄人口开始下降，进一步导致教育需求减少，从而前期投入的资源面临着闲置浪费的问题。为了缓解这一情况，通常需要进行大量的教育设施和人员的调整，其中对于教师的调整处理不好容易导致较大的社会问题。

所以在面对不断变化的教育需求时，对于区域教育资源的投入规划，需要从更长远的视角，进行更为科学合理的规划。教育资源配置是教育宏观调控的重要手段，是多个学科共同关注的重要学术问题，也是关系中国教育改革和发展全局

---

① 引自2022年10月26日《人民日报》第1版的文章：《高举中国特色社会主义伟大旗帜　为全面建设社会主义现代化国家而团结奋斗》。

的重大现实问题。为了解决教育发展的不平衡问题，我们必须充分利用资源配置在教育发展中的基础性和引导性作用，以实现教育资源的合理配置。因此，研究人口变化背景下的教育资源配置具有很强的理论和现实意义。

1.1.1 教育资源配置目标的转变是提升教育决策科学性的重要前提

提升教育管理决策的科学性是一个老问题，又由于教育大数据给教育治理决策带来的数据驱动的特征，而成为一个崭新的领域。教育资源配置是政府提供公共教育服务的基础，是实现教育公平和社会公平的重要手段。当教育需求发生变化时，政府对教育资源的配置目标如果仅仅是配置结果的公平，而忽略配置过程的合理性，很可能引发一些不良的社会问题。

图 1-1 中我们展示了 2014 年到 2022 年之间北京市小学招生人数和专任教师数的变化，从图中可以看出招生人数在这 9 年间一直是波动上升的，专任教师数是稳定地上升。考虑到义务教育的强制性，我们可以认为小学招生人数和小学学龄人口变化趋势基本是一致的。

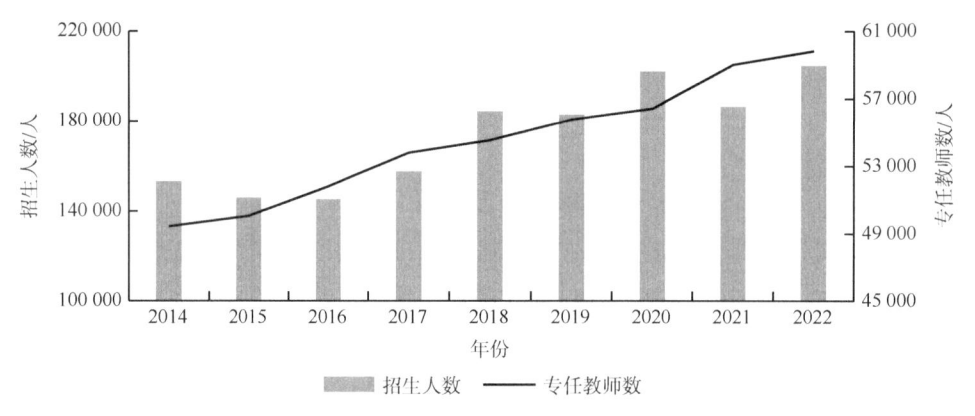

图 1-1　北京市 2014～2022 年小学招生人数和专任教师数变化趋势图

资料来源：数据来自北京市教育委员会网站（http://jw.beijing.gov.cn/xxgk/shujufab）

从图 1-2 中可以看到 2014～2017 年北京市出人口还维持在 17 万～21 万的水平，2017 年之后呈现出快速下降的趋势，5 年间下降了 40%左右，也就是说，不考虑迁移人口的影响，2028 年北京市本地小学学龄人口相比 2023 年会减少近 40%。从趋势看，2028 年之后会进一步减少，即便考虑外来学龄人口的迁入，出生率下降对小学招生人数产生的影响也不容忽视。相应地，小学专任教师数由于其职业特殊性很难快速做出相应的变化，可以预见在经过 2022 年短暂的需求紧张之后，专任教师资源会逐渐出现过剩的现象，学校数量和规模都将面临同样的局面。

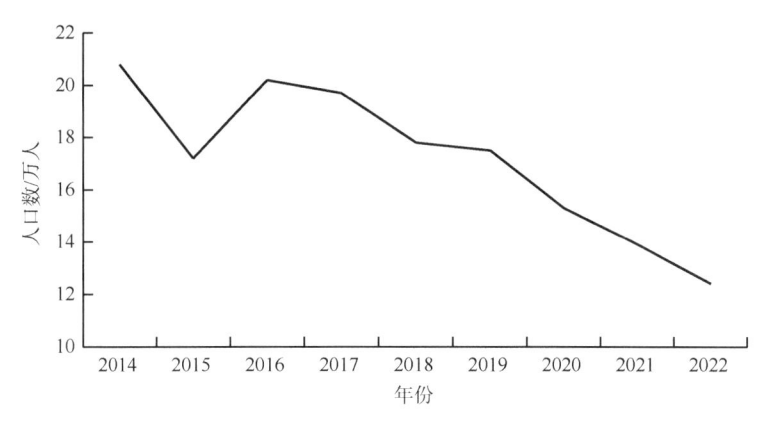

图 1-2　北京市 2014～2022 年出生人口

资料来源：数据来自中经数据（https://wap.ceidata.cei.cn/detail?id=U%2B796KcVr4k%3D）

21 世纪初，乡村大规模的"撤点并校"导致的乡村教师安置问题就是一个现实的案例。缓解教育资源供需不匹配的矛盾，一方面，需要扩大教育资源总量；另一方面，要注重资源配置机制的结构性优化，因地制宜，提升资源的使用效率和整体效益。政府对义务教育资源配置的调整，不能仅仅从教育角度出发，以配置结果的公平为目标，还应当从经济学角度考虑调整过程中的成本控制问题，这种成本不仅仅是资金投入上的成本，还包含有可能带来的潜在的不良社会影响。

1.1.2　研究人口变化对教育资源配置的影响是教育改革系统性的现实需求

党的二十届三中全会通过的《中共中央关于进一步全面深化改革　推进中国式现代化的决定》在深化教育综合改革的论述中明确指出"优化区域教育资源配置，建立同人口变化相协调的基本公共教育服务供给机制"。教育综合改革强调改革问题本身的系统性、整体性和协同性。注重多系统间的耦合或多变量间的相互影响，是系统思维的重要体现。教育领域中的问题，往往不仅仅产生于教育系统内部，而是教育系统与社会系统、经济系统、人口系统相互作用之后产生的，简言之，不能就教育论教育，这是进行教育综合治理，提升教育决策科学性的基本理念，即教育问题与社会、经济问题的耦合。

中国未来人口结构和规模可能会发生一定的波动，这样的波动将会直接影响教育服务对象的规模，政府在制定相关教育政策的时候必须充分考虑各种可能的人口变化情况。应对人口变化的教育资源配置调整是一个需要科学规划的问题。

这样的一种规划是在人口预测基础上的科学决策，往往随着时间的变化有一定的演化规律。它既要立足现状，又要连接过去、预测未来；既要有前瞻性的展望，又要有可操作的策略与步骤；既要跳出教育看教育，又要回到教育出实招。

1.1.3 对学龄人口变化的关注，是新时代教育发展形势的客观要求

在"全面二孩""三孩政策"推行、城镇化加速以及人口家庭化流动的背景下，我国学龄人口呈现出显著的数量和结构变化。这些变化为教育公共服务的均匀分配和资源合理配置带来了新的挑战[2]。教育部数据显示，2022年九年义务教育巩固率95.5%①。这就意味着人口年龄结构和分布的变化将直接影响基础教育服务对象的规模，从而进一步影响基础教育资源的配置状况。

城镇化不仅是学龄人口在空间上的重新分布，也对义务教育资源的配置提出了严峻挑战。随着城市扩展，原有的教育设施面临巨大压力。2020年②，全国有约1429.74万随迁子女进入城市学校，其中80%就读于公办学校。这意味着尚有20%的随迁子女无法获得等同于城市的教育资源。同时，城郊的"大班额"问题也显得尤为突出。此外，城市基础教育资源的承载压力表现在多个方面，如教育用地紧张、学校数量和布局需调整、经费供需矛盾以及教师编制和学生流动性的冲突等。尽管随着我国人口总量的减少，教育资源配置的总量问题得到了一定程度的缓解，但教育部门需要更加重视资源的均衡配置和满足多样化的教育需求，这对学校空间布局、办学规模、经费投入和师资配备提出了新的需求，如何科学合理地规划和应对未来教育资源的需求，成为教育部门面临的一大挑战。

1.1.4 对规划工具的创新，是教育规划研究的勇敢尝试

根据联合国教科文组织给出的定义："教育规划是一个过程，旨在确认最佳的行动过程，说明问题、确定重点目标并提供最经济合理的资源分配方案。"[3]教育规划是教育发展的顶层设计和路径安排，对教育的发展方向、速度、水平等具有直接影响。然而，在实际情况中，教育规划的潜能未能充分发挥，主要是因为缺乏规划执行的制度性支持。只关注目标而不理会教育规划的实施过程是人们对传统教育规划模式的批判之一[4]。

从系统论的角度看，不同阶段的教育发展不可能超越教育发展的需求以及经济和社会发展的支持，特别是人力、物力、财力的支持，因此既要从需求出发考

---

① 《2022年全国教育事业发展统计公报》，http://www.moe.gov.cn/jyb_sjzl/sjzl_fztjgb/202307/t20230705_1067278.html，2023年7月5日。

② 南都公益基金会"新公民计划"发布的《中国流动人口子女发展报告2022》。

虑规划的目标，也要从供给方面考虑规划的约束，充分权衡规划目标的可行性和协调性。

相比于经济规划和城市规划，教育规划理论研究相对滞后于教育发展的实际[5]，对于区位论、空间结构理论等传统规划方法的响应不够。传统过于信赖经验，程序化、理性化和线性模式的教育规划已不能够适应复杂社会的需要。教育规划和预测方法需要朝着适应更加具体的决策问题的方向改进，在方法上，应当体现现实世界条件多变的实际情况，更多地引入复杂性理论方面的新理念和新方法。

区域基础教育系统是整个教育系统的子系统，它担负着提高整个国民文化素质，为高等教育提供合格生源的艰巨任务，是促进城乡协调发展，实现教育公平的关键环节。本书尝试将最优控制模型用于政府对区域某一教育资源总量的调控过程，突出考虑人口因素对教育资源配置的影响，主张由教育资源配置结果的目标管理转向教育资源配置过程的目标管理。这对于教育规划理论研究和方法探索来说都是一个勇敢的尝试。

1.2 教育资源配置的定义

教育资源配置是指在教育体系中，合理地安排和分配各种教育资源，以满足教育目标和需求的过程。这涉及对各类资源的有效管理和利用，包括人力资源、物质资源、财政资源、信息资源等。合理的教育资源配置能够提高教育系统的效益，确保学生得到良好的教育服务。这可能涉及教育机构的布局、师资队伍的配置、教材和教学设备的供给，以及其他支持性资源的分配。教育资源配置还应考虑不同地区、学校和学生群体之间的差异，以确保资源分配的公平性和平等性。总体而言，教育资源配置的目标是最大限度地提高教育系统的整体效能，以促进学生的全面发展和社会的进步。

大部分学者认为，教育资源配置的定义涉及教育系统内部资源的分配和使用，这种定义强调了教育资源管理的内部机制和操作流程。部分学者认为，教育资源配置是指将各种渠道取得的教育资源以一定的方式配置到教育的各个组成部分，形成一定的资源配置结构，既包括社会总资源对教育的配置，也包括教育资源在各级各类教育间、各级各类学校间、各地区间的配置[6,7]。刘晖在研究高等教育资源配置问题时，提出了两个主要层面的配置方法：宏观层面和微观层面。宏观层面关注在国家政策和市场机制指导下，如何有效地将总体教育资源分配到不同地区或高等学校；微观层面则关注特定地区或高等学校内部如何合理分配和有效利用这些资源[8]。综合来看，国内学者对教育资源配置内涵的理解基本一致。

1.3 教育资源的分类

教育资源是一定社会中人们可资利用的所有"资源"的组成部分,许多"资源"的属性和用途是不确定的,或者不具有专用性,当这些资源被运用于教育产业领域,就构成教育产业赖以生存与发展的基础,而那些被投入到教育领域的资源就叫作教育资源[9]。国内最早使用"教育资源"这一概念是在 1982 年,当时定义为"社会为进行各种教育所提供的财力、人力、物力条件"[10]。在随后的十年间,公开出版的论著中对相关问题的研究通常使用"教育投资"这一概念。直到 1993 年,"教育资源"这一概念才重新引起关注。现在,"教育资源"已成为国内教育经济学的专业术语和核心概念,其定义为"教育资源是指教育领域通过社会总资源配置所取得的所有人力资源、物力资源和财力资源的总和"[6]。

教育资源的分类方式多种多样。从形态上来看,可以分为人力资源、物力资源和财力资源;从提供主体上来看,可以分为中央政府提供的教育资源、地方政府提供的教育资源和非政府渠道提供的教育资源;从学段上来看,可以分为学前教育资源、义务教育资源、高中阶段教育资源、高等教育资源等;从所有者的属性来看,可以分为公共教育资源和私人教育资源;等等。对教育资源合理分类是研究教育资源配置的基础。本节在探讨不同类型教育资源特点的同时,从资源形态分类中选取教师资源、教学用地资源、教育经费资源,重点分析这三类资源的替代性、互补性、区域间流动性、调整方式、调整成本等经济学特征上的区别,为后文的建模提供理论基础。

在经济学中替代性指的是一种商品或服务可以被另一种相似的商品或服务取代,而不会对消费者的满意度造成太大影响。具体来说,当两种商品之间的替代性较高时,一种商品的价格上升会导致消费者转而购买另一种商品,因为两者能够在一定程度上满足相同的需求。互补性描述的是两种或多种商品或服务在消费时相互依赖的关系,即一种商品的使用增加会导致另一种商品的需求也增加。互补商品通常是一起使用的,因此一个商品的价格下降可能会提高另一个商品的需求量。将经济学中的替代性和互补性的概念应用到教育资源的分析中,可以帮助教育政策制定者、学校管理者和教师更好地理解和优化教育资源的配置。以下是这两个概念在教育资源领域的具体应用。

教育资源的替代性涉及不同教育工具、材料或方法能否在达成相同教学目标的情况下互相替代。例如在线学习与传统课堂:在线教育平台和传统的面对面教学在新冠疫情期间显示出一定程度的替代性。当传统教学不可行时,许多学校和机构转向了完全的在线教学模式。教育资源的互补性体现为不同资源的组合使用能显著提高教育成果的情况。例如技术工具与传统教学:智能教学软件与教师的直接指导相结合，可以更好地满足不同学生的学习需求，通过个性化学习路径提高学习效率。

具体来看各类资源，首先，教师资源是教育质量的关键决定因素。教师不仅传授知识，更通过互动促进学生的全面发展。教师资源的特点在于其高度的专业性，这些特质不易被其他资源替代。然而，教师资源在一定程度上可以通过技术手段（如在线教育平台）进行部分替代，尤其是在知识传授方面。在互补性方面，教师资源与其他教育资源（如教育经费、教学设施）相结合，可以显著提高教育质量。教师资源的区域间流动性受到诸多因素的限制，如地域差异、待遇差异、生活环境差异等，这些因素影响教师资源在不同地区的分布和流动。调整教师资源时，需要考虑培训成本、引进成本等因素，这些成本对教师队伍的快速调整构成了挑战。

进一步讨论经济水平与人才分布的关系，我们通过相关分析发现，2021年各省区市15岁及以上人口中"高等教育及以上受教育年限"人口占比和人均地区生产总值显著相关：二者的皮尔逊相关性系数为0.841（$p<0.001$）。从图1-3的散点图中我们可以直观地看到，北京、上海、天津等经济发达的直辖市15岁及以上人口中"高等教育及以上受教育年限"人口占比显著高于其他地区，其中北京的指标占比[①]达到53.03%；而西藏、广西等人均地区生产总值排名靠后的地区，指标占比相对也较低。指标占比排名在中间的省份中，作为经济大省的江苏的人均地

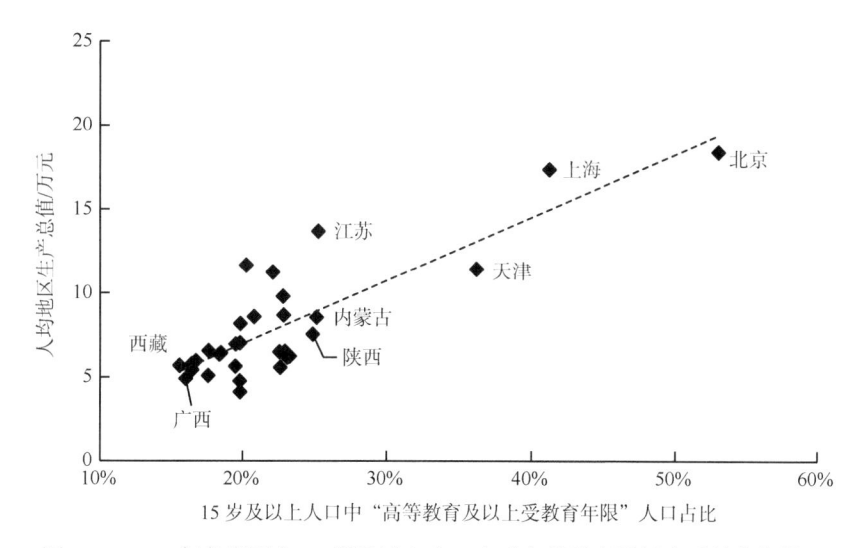

图1-3　2021年各省区市15岁及以上人口中"高等教育及以上受教育年限"人口占比与人均地区生产总值的散点图

---

① 15岁及以上人口中"高等教育及以上受教育年限"人口占比。

区生产总值排名位居全国第三，但江苏、内蒙古、陕西三个省区的指标占比都是25%左右，这主要是因为江苏省的 15 岁及以上人口规模远高于其他两个省区，所以从"高等教育及以上受教育年限"人口的绝对数量看，江苏省是排名全国第一的省份，这也是支撑江苏成为经济大省的重要因素。所以可预见，对于教师在区域之间的流动，经济发展水平将会是一个重要的影响因素，是我们在进行资源配置策略讨论时不能忽视的因素。

其次，教学用地资源是指用于建设学校和其他教育设施的土地资源。这类资源在教育资源配置中占据了重要的地位。与教师资源相比，教学用地的替代性相对强一些，因为尽管优质的地理位置和适宜的学习环境是提高教育质量的重要条件，但随着技术的发展，在线教育的推广在一定程度上减少了教育对于场地的依赖。教学用地资源与其他类型的教育资源具有高度的互补性，优质的教学环境需要足够的土地资源支持，同时也需要充足的经费投入和高质量的教师队伍支撑。教学用地资源的区域间流动性极低，这主要是由于土地的固定性和地域差异。因此，调整教学用地资源通常需要较长的时间和较高的成本，涉及土地征用、规划审批等复杂程序。

最后，教育经费资源包括国家、地方政府和非政府组织为教育活动提供的资金支持。它直接关系到教育系统能够提供的服务质量和范围。教育经费资源具有较强的替代性，理论上只要保证有教师和场地就能正常提供教育服务，教育经费主要用于购买或改善其他教育资源如：购买教学设施、提高教师待遇等，其本身并非必需的。在互补性方面，适当的经费投入能够有效地配合教师资源和教学用地资源，提升教育服务的整体水平。教育经费的区域间流动性相对较好，因为资金具有高度的流动性，可以根据需要进行分配和调整。但是，经费资源的调整需要考虑到公平性和效率性的平衡，确保资金的有效使用。

综合前文的分析，表 1-1 给出了各类资源之间的配置特点的定性比较结果。其中，替代性更多影响的是教育资源对教育需求的响应，替代性强的教育资源的需求随着学龄人口变化弹性更大，而替代性较弱的教育资源的需求则更贴合学龄人口的变化。比如，对于教师来说，学龄人口增加带来的教师数量的需求增加是刚性的，而教育经费的主要投入对象就是教师和教学用地，所以其需求的变化往往与这两类资源的变化密切相关。流动性则更多会影响决策部门在进行资源投入规划时，资源的可获得性。例如，对于教学用地来说，决策部门只能从其所在区域获得可用于教学用地的土地资源，而经费则可以通过上级统筹，采取转移支付等方式，实现跨区域的资源调配。调控成本则是直接影响区域决策部门的资源投入能力。而流动性和调控成本综合来说反映的是决策部门不同类型资源投入能力的约束。此外，现有的政策制度也会对教育资源的配置方式产生影响，比如编制带来的教师资源的特殊性，使得更多时候教师资源只能主动投入，难以主动退出。

表 1-1　各类资源之间的配置特点对比

资源	替代性	流动性	调控灵活度
教师	弱	中	低
教学用地	中	弱	中
教育经费	强	强	高

总结而言，教师资源、教学用地资源和教育经费资源各自在教育资源配置中扮演着重要的角色。合理调配这些资源，考虑它们的经济学特征和实际影响，对于实现教育资源的优化配置、提升教育质量和公平具有重要意义。面对不断变化的教育需求和地区间的差异，需要政策制定者、教育管理者和社会各界共同努力，以灵活和前瞻的视角对教育资源进行科学规划和高效利用。

1.4　人口变化对教育的影响

人口变化对教育的影响是全方位的，这也决定了我们在进行教育规划的过程中必须充分考虑人口因素的影响，教育资源配置作为教育规划的重要手段，核心关注的是教育的需求与供给的匹配问题，其中教育的需求更是直接与人口的变动相关联，所以人口变化对于教育资源配置的影响是一个不应当忽视的研究问题。1.4 节和 1.5 节我们将从人口变化对教育的影响和教育资源配置两个方面对国内外已有文献进行全面的梳理。

图 1-4 展示了新中国成立以来到 2022 年我国的出生人口数据。20 世纪 60 年代末 70 年代初，出生人口维持在较高的水平，1970 年中国的出生人口超过了 2700 万，随后经历了一段时间的下降；进入 80 年代，出生人口开始回升，到 80 年代末 90 年代初，计划生育政策的影响逐渐体现，出生人口数开始下降，90 年代末，年出生人口在 1700 万到 2000 万之间波动；21 世纪初至 2015 年，独生子女政策继续执行，出生人口保持在较低水平，2010 年中国的年出生人口约为 1600 万；2016 年实施全面二孩政策后，出生人口有所上升。2016 年，出生人口达到 1786 万，为近年来的一个高点；2017 年及以后出生人口增长并未持续，随后几年出生人口开始快速下降。2022 年，中国的年出生人口只有 956 万，首次跌破 1000 万关口。纵观过去半个多世纪中国的人口数据，尽管总人口数直到近两年一直处于增长的趋势，但出生人口是处在波动减少的过程中，老龄化和出生率持续低迷成为当今中国社会各方面发展都无法回避的现实问题。

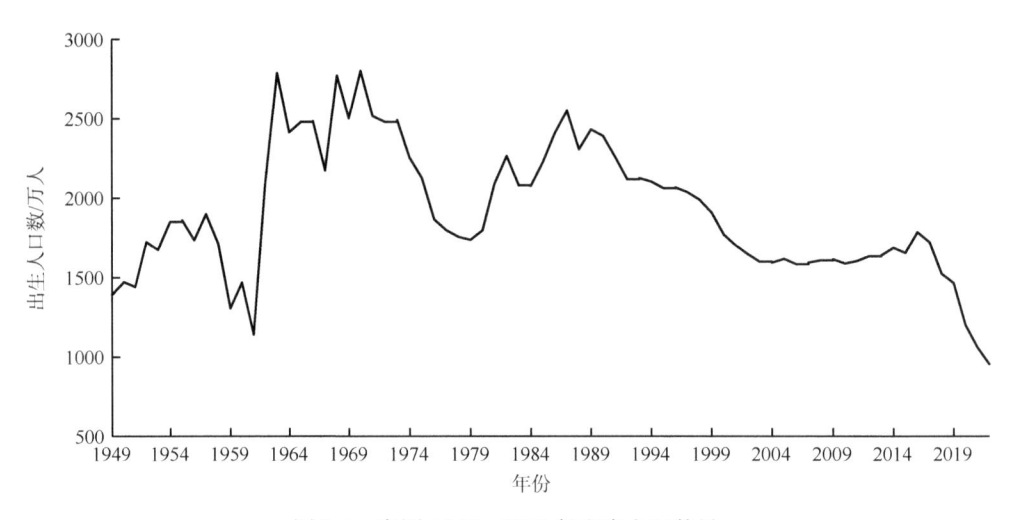

图 1-4　中国 1949~2022 年出生人口数量
资料来源：数据来自中经数据（https://wap.ceidata.cei.cn/detail?id=D%2FIiyAzUWe8%3D）

人口数据的重要性是不言而喻的，对人口规模和结构的准确预测是提升规划政策合理性的重要手段。在教育领域，对可能成为教育对象的人口数量进行预测，是非常必要的。否则，有可能造成教育结构的不合理，使教育事业脱离教育人口增长的实际而不能正常发展[11]。关于人口变化对于教育发展的影响，学者从人口的数量变动、人口的区域间流动、人口年龄结构等方面做了大量的研究。

1.4.1　人口总量变化对教育的影响

20 世纪七八十年代，我国人口快速增长，人口多、增长潜力大是当时人口问题的基本特点，学者对于人口增长对教育发展的影响，结论都是类似的，那就是人口的快速增长不利于教育的发展[12, 13]。主要包括两方面的原因：一方面，高出生率带来的人口高速自然增长，要求教师、教学经费、教学用地等各方面教育资源的配套发展，否则无法满足学龄儿童的就学需求[14]。另一方面，人口的快速增长，抚养人口的投入又制约了教育的经费投入。部分学者指出"高人口增长率已成为发展中国家普及教育并提高教育水平的严重阻碍"[15]。同时学者也提出"教育是控制人口增长的手段之一""教育与人口相互制约"等观点[16]。张广平和高应举在对当时宁夏的人口增长问题的研究中指出：宁夏山区人口增长快于川区，回族增长快于其他民族，非农人口增长快于农业人口，因此山区的"两基"（基本实施九年义务教育和基本扫除青壮年文盲）是当时宁夏教育的重点和难点[17]。随着人口增长的趋缓，部分地区甚至出现了负增长，好的方面是，量上的压力得到了缓解，但是这又带来了新的问题，前一波人口高峰过后，需求的快速下降带来了教育资源的浪费[18]。20 世纪 80 年代日本的少子化给日本高等教育带来了很大冲击[19]。不少大学未能对相关情况提前预判，因为招生问题而难以为继、濒临破产，继而对教师就业和投资主体的经营产生进一步的不良影响。最后，纵观过去的半个多世纪，中国出生人口整体呈现波动中下降的趋势，对应带来的学龄人口波动给教育的稳定发展带来了干扰，对师资、教育资源等规划和有效利用造成困难[20]。学者的研究指出对于中国未来学龄人口的变化，预计到 2035 年，学生人数将减少约 3000 万，到时候城市地区需要新学校的同时农村地区可能存在教育资源过剩的问题[21, 22]。

1.4.2 人口空间结构变化对教育的影响

学校教育与人口结构的关系密切，在工业社会尤其是后工业社会，不同年龄段的人口结构受教育需求不一样，人口结构会影响教育的结构和教育资源配置[23]。从城乡的二元结构来看，随着城镇化进程不断加深，生育率的持续下降以及劳动力的流动，使得城乡学龄人口的变化呈现出一定的分化。一方面城镇地区教育供给压力持续上升，另一方面乡村地区教育需求持续下降[24]。进一步，这种差异使得乡村教育资源虽然在量上的压力有所减缓，但质量不足的局面持续存在。

从区域间的人口流动看，生产要素均倾向于向发展更好的地方流动，包括人才。人口流动会影响区域教育资源总的供给和需求，对教育资源配置产生根本性影响。例如，地区间的教育适龄人口、在校生人数、人均受教育年限以及学校数量等方面的差异不断扩大[25]。东北多年来人口持续流失，导致一些学校面临关闭或合并的压力，同时教育资源可能过剩或得不到充分利用。长期而言，这可能会影响地区教育质量和多样性，需求下降可能导致教师招聘和培训投入减少，进而影响教育创新和发展。研究表明，导致东北高等教育困境的直接因素是经济实力下滑和人口结构性变化，深层次原因则是经济、教育的"双重转型"及其引发的高等教育需求、资源、空间格局的重塑[26]。

从流动子女的就学问题看。解决流动人口随迁子女义务教育阶段就学问题是实现教育公平的重要一环。涉及户籍制度对学位分配的影响、教育资源的不均等分配以及文化和社会适应等问题，现阶段随迁子女义务教育阶段就学政策存在证明材料种类多、申请程序复杂以及积分入学指标体系有待完善等问题[27]。对流动儿童的义务教育经费研究表明：流动儿童义务教育经费的中央负担比例偏低、部分地区流动儿童义务教育经费负担层级中心偏低，"可携带"政策力度不够，政府对于流动儿童民办教育的扶持力度较低[28]。

1.4.3 人口年龄结构变化对教育的影响

研究表明我们已步入深度老龄化社会，国内的老龄化速度为每年5%[29]。首先，人口年龄结构变化对公共教育支出有显著影响。例如，在老年人口比例较高的社区中，医疗和健康相关的公共支出往往会超过教育支出[30, 31]，不少学者都基于人口预测数据研究不同地域或学段公共教育资源的需求[32, 33]。其次，人口年龄结构的变化对不同层次和不同类型的教育有不同的影响。生育率下降直接冲击的就是学前教育，进而是基础教育（小、初、高）。有研究指出，日本面临的少子化问题对不同教育阶段产生了不同程度的影响。其中，学前教育阶段受到的影响最为显著，义务教育阶段受影响最严重。到了高中阶段，少子化对学校教育的影响开始减轻[34]。最后，人口年龄结构的变化对高等教育的招生规模和专业设置都会产生影响，而高等教育结构与产业结构具有强关联性[35]，对于高等教育结构和就业结构（或产业结构）的互动和共变关系研究表明高等教育对各产业层级会产生不同程度的影响[36, 37]。

同样，教育对人口规模、素质、结构、流动（变迁）以及人口发展的影响是多方面的。在人口生育率普遍下降的背景下，如何通过教育提振生育率，促进教育与人口的协调发展，是未来研究的重要议题。同时，教育与人口研究的未来展望也包括为政策制定提供参考、促进人类人口的可持续发展、关注教育与人口的协调发展，教育人口学的理论构建和实证研究需要多学科参与[38]。

综合来看，人口在总量、空间结构、年龄结构上的变化对于教育的供需格局将产生深远的影响，我国人口发展进入少子化、老龄化、区域人口增减分化的时期，这是近代以来人口转变规律作用的客观结果，是世界各国在工业化、城镇化发展到一定阶段后面临的普遍现象。教育规划必须适应人口变化的新形势，通过灵活和适应性的升级，来应对挑战并把握机遇。这包括对教育政策、资源分配和教育内容的调整，以确保教育系统能够高效地满足变化中的社会和经济需求。

教育资源配置是教育规划中的一个重要组成部分，是教育规划的重要手段。教育资源的合理配置是教育规划顺利实施的基础[39]，合理配置教育资源可以提高教育的效率和质量，促进教育公平和均衡发展。在中国，针对不同地区和群体的需求，教育资源的配置需要考虑各方面因素，包括人口分布、经济发展水平、教育需求等。同时，应该注重提高教育资源利用效率，确保资源能够最大限度地造福广大学生和社会，推动教育系统的可持续发展。

1.5 教育资源配置研究综述

教育资源配置旨在合理分配教育这种稀缺资源，确保人力资源、财力资源、物力资源等得到有效利用，以实现资源的充分合理利用。这不仅包括教育经费、校舍及师资队伍等硬件资源，还涵盖教学理念等软件资源，其均衡配置对于中观层次上的教育均衡发展至关重要[40]。

关于教育资源配置定义的研究，不同学者提出了多样化的观点。在配置对象方面，部分学者将教育资源分为人力资源、财力资源、物力资源，强调教育资源配置应致力于这些资源的有效利用[6, 7, 41]。戴胜利等进一步指出，教育资源还应包括文化、制度等无形资源[42]。张万红和彭勃对高等教育资源配置中的文化资源进行了分类，包括知识、制度、大学精神、校园氛围等[43]。曾小彬和刘芳认为，高等教育资源不仅包括人力资源、财力资源和物力资源，还涵盖了一系列更为广泛的元素，如高校的文化环境、知识资本、信息资源、教育技术以及各种教育制度[44]。在配置主体方面，王红认为政府和市场是教育资源配置中的两个关键主体[45]。康宁、夏丽萍和张志英认为学术界、市场、政府构成了高等教育资源配置的主要力量[46, 47]。在配置方式方面，有学者将教育资源配置分为两个层次：宏观层面涉及在国家宏观政策和市场机制的指导下，如何有效地在不同地区之间分配教育资源；微观层面，关注单个地区内教育资源的具体分配和使用方式[8]。国外有学者将教育资源分配定义为获取、分配、监测、核算和评估财政、人力、物质与时间资源的过程，以实现与教育需求和目标一致的结果[48]；强调公平性、包容性和个性化，以确保每位学生都能得到应有的教育资源和发展机会[49]。总体上，国内外学者对于教育资源配置的内涵基本没有分歧。下面我们将根据研究的关注点对国内外相关研究成果进行梳理。

1.5.1 国内相关研究

国内对于教育资源配置的研究大体可以分为三类：价值导向、政策导向、方法导向。对于价值导向类的研究更多是理念性的、建构性的，方法导向类的研究多属于实证性和经验性的，政策导向类的研究综合了二者的特点，致力于将经验结论和理念指导结合起来，找到政策的调整优化方向。

第一，价值导向类的研究。教育资源配置目标和方式本质上是对价值取向的探讨，效率和公平被普遍认为是教育资源配置的基本价值导向[50]。效率关注资源的最优化使用，以实现教育目标的最大化；公平则强调教育机会的均等，保证每位学生都能获得必要的教育资源。此外，平等和充足原则也同样重要[51]，它们要求教育资源的配置不仅要公平，还要满足教育发展的需求。选择作为教育资源分配中的一个重要主题，体现了对个体需求和选择的尊重，促进教育服务的多样化和个性化[52]。

教育资源的配置需要回答几个核心问题：为什么配置教育资源、怎么配置、配置会带来什么效益，以及教育资源自身应达到的状态。这些问题不仅关乎教育资源配置的目的和效果，也关系到配置过程中可能出现的偏差，如以群体替代个体、以手段替代目的、以高层价值取向替代低层价值取向等[53]。这些偏差的出现，可能会影响教育资源配置的公平性和有效性。

对新中国成立七十多年以来的教育资源配置导向进行梳理，我们可以发现我国经历了四个主要阶段[54]，政治权利导向：在新中国成立初期，教育资源配置重点在于消除文盲，普及基础教育。这一阶段的教育资源配置强调政治权利的平等，确保所有群体都能接受教育。效率优先兼顾公平：随着经济改革的推进和社会的发展，教育资源配置开始更多地考虑效率，同时也兼顾公平，以促进教育资源的合理流动和利用。规模效益导向：在此阶段，随着教育规模的不断扩大，教育资源配置更加注重规模效益，旨在通过优化配置提高教育质量和效率。公平而有质量取向：近年来，随着对教育公平和质量的双重要求，教育资源配置逐渐转向更加注重平衡公平与质量的关系，既要确保资源配置的公平性，也要提升教育的整体质量。

在中国这样一个快速变化的社会和经济背景下，教育资源配置既要坚持政府统筹的原则，又要遵循市场经济规律，同时必须与教育规划和布局相接轨[55]。新古典主义经济学采用的个体主义分析方法分析教育资源的配置方式，往往忽视了集团利益和制度因素的影响，将制度因素视为既定的外生变量，而不是分析的核心内容。政策工具与体系要素匹配性不足等原因削弱了政策工具的使用效度[56]。因此，国内学者认为教育资源配置方式的研究需要跳出传统经济学的框架，采用更为开放和多元的视角。通过综合运用公共选择理论和新制度经济学等理论工具，更深入地理解教育资源配置的复杂性，为制定更为公平、有效和适应性强的教育资源配置政策提供理论支持和实践指导[57]。

教育资源配置的价值导向体现了一个国家的教育理念和目标，不同的价值导向会影响教育资源配置目标和方式。每个阶段的教育资源配置都反映了当时社会经济发展水平、教育发展需求和价值取向的变化。以高等教育资源配置为例，新中国成立以来，我国高等教育资源配置方式实现了由"基数+发展"到"综合定额+专项补助"的演变，这种方式的演变激活了高校办学的活力。两种高等教育资源配置方式是在不同的经济体制和管理体制下推行的，是在不同的教育理论影响下产生的，也给高校带来了不同的影响[58]。当前，中国教育资源配置的重点在于平衡公平和质量，通过优化配置方式，不断提升教育质量，同时确保每位学生都能享有平等的教育机会，这既是对过往经验的总结，也是对未来发展的展望。

第二，政策导向类的研究。近年来，随着社会的快速发展和城乡结构的深刻变化，教育政策和制度改革对资源配置的影响成了一个重要的研究视角[59]。教育资源的配置是一个复杂而多维的问题，其不仅受到教育政策的直接影响，还与更广泛的社会经济政策紧密相关。

户籍制度，作为中国特有的人口管理机制，长期以来在教育资源配置中发挥着重要作用。它不仅决定了个人的身份属性，也影响着个体能够接受教育的地点和质量。由于城乡之间及不同地区间的教育资源差异，户籍制度对人口迁移流向和教育资源配置产生了深远的影响。城市户籍与农村户籍之间的区别，导致了城乡教育资源分配的不平等，农村地区的学生往往难以享受到与城市学生相同的教育资源和教育质量[60]。在城市户籍人口与外来人口的福利分配与利益博弈中，随迁子女教育成为制约农民工市民化的一个重要因素[61]。近年来，随着户籍制度改革的逐步推进，一些地区开始放宽对流动人口子女的教育限制，试图通过教育资源的重新配置，实现教育公平[62]。学者对于流动儿童的教育问题纷纷提出了自己的建议，比如建立流动儿童信息网络，在不同地区试行流动儿童"义务教育券"，逐步提高流动儿童在公立学校的入学比例，扩大公共服务的覆盖面，为流动儿童提供充足的教育资源[63]。完善公共财政资金使用制度，加大对人口导入区的政策倾斜。

在城市，为了解决特定地区教育资源紧张和学位分配不均的问题，中国一些城市实施了多校划片政策。该政策旨在打破传统的以学校为单位的招生模式，通过将多所学校的招生区域合并，实现教育资源的均衡分配[64]。理论上，这一政策有助于缓解优质教育资源集中于少数学校的状况，缩小学区间的教育资源差异。然而，实践中，由于家庭对教育资源的不同需求和响应，这一政策也可能加剧教育不平等，优质教育资源仍然被社会经济地位较高的家庭所占据[65]。在农村，2001年起，中国开始在全国范围内推进农村中小学校的布局调整，实施"撤点并校"政策。这一政策的目的在于通过合并规模较小、办学条件较差的学校，优化教育资源配置，提高教育质量。该政策在一定程度上扩大了学校的布局半径，改善了部分农村地区的教育设施和教学条件[66]。然而，学界对这一政策的效果评价不一。一方面，它确实为部分地区的学生提供了更好的教育条件；另一方面，它也加剧了学生上学的负担，尤其是在偏远地区，学生往往需要长时间通勤才能到达学校，这不仅影响了学生的学习效率，也增加了家庭的经济负担。

随着中国社会经济的快速发展和教育需求的多样化，新的政策制度不断涌现，进一步影响着教育资源的配置。①教育信息化推进政策。近年来，中国政府大力推进教育信息化，旨在通过技术手段提高教育资源的使用效率和公平性。这包括在线教育平台的建设、数字教学资源的开发和普及，以及远程教育的推广等。这些措施有助于突破传统教育资源配置的地域和空间限制，为偏远地区和农村学生提供更多优质教育资源[67]。然而，这也对基础设施建设和师资培训提出了更高的要求，以确保技术的有效应用[68]。②学前教育普及政策。城乡经济发展不均衡、教育资源分配不均、农村学前教育质量缺乏监管是造成城乡学前教育不公平的主要原因[69]，为响应社会对早期教育日益增长的需求，中国政府制定了一系列政策措施，旨在扩大学前教育的覆盖范围和提高其质量。这包括增加公立幼儿园数量、提升幼儿园教师素质，以及为家庭提供经济补助等。通过这些措施，政府希望缩小城乡之间以及不同社会经济群体间在学前教育资源获取上的差距。然而，学前教育资源的不均衡分配问题依然存在，特别是在一些经济欠发达地区。③高考改革政策。高考是中国教育体系中的重要环节，高考成为享受高等教育资源这个准公共产品的一个重要门槛，关乎教育机会公平与区域公平等多个方面[70]。其改革对教育资源配置产生了深远的影响。近年的高考改革旨在促进教育公平，通过调整考试科目设置、录取程序和高校招生方式等措施，为不同背景的学生提供更公平的教育机会。高考改革也促使教育资源向更加注重学生综合素质和创新能力的方向发展，这要求学校在教育资源的配置上做出相应的调整，比如加强实验、艺术和体育等方面的教育投入。④教师队伍建设改革。教师是教育资源中最为宝贵的部分。中国政府近年来推出了一系列政策，旨在提升教师整体素质、优化教师结构，并改善教师的工作和生活条件。2021年7月，教育部等九部门关于印发《中西部欠发达地区优秀教师定向培养计划》的通知①；2022年4月，教育部、中共中央宣传部、中央机构编制委员会办公室、国家发展和改革委员会、财政部、人力资源和社会保障部、住房和城乡建设部、国家乡村振兴局印发《新时代基础教育强师计划》②，师范类高校也纷纷推出相关政策，例如：北京师范大学制订了"优师计划"，每年为832个脱贫县和中西部陆地边境县中小学校培养1万名左右师范生。这些政策都加大了对农村和边远地区教师的支持力度，提高了教师的培训和职业发展机会，并改革了教师的评价和激励机制等。通过这些措施，希望能够吸引和保留更多优秀教师，特别是在教育资源相对匮乏的地区。

生育政策通过影响教育需求对教育资源配置产生全方位的影响，学者对各级教育做了大量的研究，梁文艳和杜育红的研究显示在单独二孩政策效应出现之前，学龄人口数呈现下降的趋势，随着该政策效应的显现，预计学龄人口规模将会经历一个快速增长的阶段。尽管如此，这种人口扩张的时期预计不会持续太久[71]。姚引妹等的研究指出，在二孩政策背景下，"十三五"时期城镇学龄前儿童的快速增长是该时期教育发展规划必须解决的问题[72]。庞丽娟等预测全面二孩政策实施后，我国每年将新增约300万学前儿童，这对学前教育资源提出了更高的要求，

---

① 《教育部等九部门关于印发〈中西部欠发达地区优秀教师定向培养计划〉的通知》，http://www.moe.gov.cn/srcsite/A10/s7011/202108/t20210803_548644.html，2021年8月3日。

② 《教育部 中央宣传部 中央编办 发展改革委 财政部 人力资源社会保障部 住房城乡建设部 乡村振兴局关于印发〈新时代基础教育强师计划〉的通知》，https://www.gov.cn/gongbao/content/2022/content_5697984.htm，2022年4月2日。

其提出建立新的体制机制，包括提升学前教育管理的重心与层次，建立积极的投入与运行保障机制，以及建立灵活、多元、开放的办园体制[73]。王延平以全面二孩政策为背景，探讨了该政策对我国义务教育学龄人口结构、数量及其变化趋势的影响，以及对义务教育资源配置的挑战和需求[74]。高凯和刘婷婷构造资源紧缺系数模型，对全面二孩政策背景下我国基础教育资源供需状况进行了研究[75]。黄宸等认为全面二孩时代我国幼儿园班级规模和教师配置面临的巨大压力主要来自有限资源合理配置需回应结构性质量与过程性质量关系的问题[76]。李汉东等研究发现全面二孩政策带来了堆积效应，基于此预测了山东省各学段适龄人口到达峰值的时间，学前教育的需求高峰将在 2017~2025 年出现，小学适龄人口高峰为 2024 年，初中适龄人口高峰为 2030 年[77]。王传毅等在三孩政策背景下对我国 2021~2035 年高等教育阶段的教育规模进行了预测，分析了我国未来师资队伍、各类校舍缺口，并从扩充资源供给、优化高等教育类型结构、重视普及化阶段的硕士研究生培养等方面提出了建议[78]。

总体而言，政策制度的研究揭示了中国教育资源配置的复杂性和多维性。政府在教育资源配置方面的策略正从单一的物质资源分配转向更加注重提高教育质量和公平性的综合措施。反映了政府在追求教育公平和提高教育质量之间平衡的努力。然而，这些政策的实施效果和影响程度，需要根据不同地区的具体情况进行细致分析。未来，中国教育资源配置的优化需要更加注重政策的精准性和实施的灵活性，同时，也需要不断探索和创新，以实现教育资源配置的公平性、效率性和可持续性，更好地适应新形势的要求[79]。

第三，方法导向类的研究，这类研究侧重各种测量工具和模型在教育资源配置领域的应用，是近年来学界试图通过更加科学、系统的方法来理解和优化教育资源配置效率的一种体现。不仅能够对教育资源的配置现状进行评估，还能对影响资源配置效率的各种因素进行深入分析，从而为政策制定提供基于数据和科学分析的建议。

数据包络分析（data envelopment analysis，DEA）和 Malmquist 指数是学者常用的工具，用于评估教育资源配置的效率。DEA 方法是由 Charnes（查恩斯）、Cooper（库珀）、Rhodes（罗兹）基于"相对效率评价"的概念提出的[80]。这三位学者利用 Farrell（法雷尔）的非参数生产前沿理论，在固定规模报酬的条件下构建了一个规划模型，用以评估多投入、多产出的决策单元的相对生产效率[81]。基于这一方法，杜育红等对中国西部农村小学的办学效率进行了研究，并通过建立 Tobit 回归模型来分析影响办学效率的因素[82]。胡咏梅和杜育红评估了西部农村初中的资源配置效率，发现尽管大多数学校的配置效率总体不错，但大约 20%的学校在教育生产技术效率和规模效率方面仍有提升空间[83]。He 等采用三阶段 DEA 和 Malmquist 指数进行静态和动态效率测度，对 2013~2019 年中国境内各地区义务教育资源配置效率进行了全面分析，研究发现义务教育学生人数和比例的增加对资源配置效率具有抑制作用[84]。唐苗苗等通过 DEA-Malmquist 模型对中国 30 个省域的城乡学前教育资源配置效率进行了动态和静态的测评，发现中国学前教育资源的配置效率普遍偏低，且农村相比城市的效率略低，呈现效率逐年下降的趋势[85]。孙俊洁采用了基于最小信息准则（minimum information criterion）构建的综合指标来测算中国 31 个省份的央地财政分权程度，并使用 DEA 方法来评价各省份的教育经费配置效率。研究结果显示，央地财政分权与教育经费配置效率之间存在倒"U"形关系，意味着当财政分权度达到一定水平后，继续增加分权度将导致教育经费配置效率降低。此外，地方政府教育支出偏向的中介效应和经济发展水平的调节效应也在这一过程中发挥作用[86]。动态面板模型[系统 GMM（generalized method of moments，广义矩估计）]是处理时间序列数据的有效工具，特别适用于分析随时间变化的数据。田艳平和王佳利用动态面板数据广义矩估计方法，从人口、经济和土地三个维度分析城市化对城乡基础教育投入差距的影响[87]。在分析中国省域学前教育资源配置的经费投入与支出因素时，杨田等通过这一模型，深入探讨了不同地区教育资源配置的动态变化趋势及其影响因素[88]。这种分析不仅能帮助理解各地区教育资源配置的现状，也为实现资源配置的动态优化提供了理论支持。

还有很多学者积极探索其他方法在教育资源配置问题上的应用。宋珊运用潜在变量模型探究我国各省区市基础教育资源配置的城乡差异和地区差异[89]。刘善槐和王爽利用地理信息系统平台软件 ArcGIS 分析了我国学龄人口时空格局的变化对义务教育资源配置的影响，提出了优化义务教育资源空间布局的策略[90]。白文倩和徐晶晶通过构造均衡性指标，考察了城乡义务教育信息化资源配置的均衡性[91]。樊慧玲从义务教育规模合理增长、资源配置效率、资源配置均衡三个基本点出发，并从规模绩效、效率绩效和效果绩效三个维度构建义务教育资源配置的绩效评估框架[92]。Jiang 设计了促进教育公平的网络学习资源配置模型[93]。Zhao 利用模糊集理论对高等教育资源优化配置进行了研究[94]。Cao 等从极化理论的视角分析了体育场馆配置效率的空间异质性[95]。

此外，还有大量研究着重从人口预测的角度讨论教育资源配置问题，人口预测技术的提升对于教育资源配置至关重要，它使教育规划者能够准确把握未来学龄人口的变化趋势，从而优化学校布局、合理配置教师数量和调整班级规模。这一技术还能预见人口结构变化对教育需求的影响，如老龄化趋势对成人教育的需求增加，劳动市场变化对职业教育的影响，从而使教育资源投入更加科学、有针对性。同时，精准的人口预测有助于实现教育资源的公平分配，特别是向人口增长快、资源相对缺乏的农村和低收入地区倾斜，保障每个孩子都能享有公平而优质的教育机会。总之，人口预测技术的提升为制定更为前瞻性、适应性强和公平的教育政策提供了重要支撑。

在众多人口预测方法中，队列要素法因其精确性和可靠性而被广泛应用。该方法的发展历程和应用情况，揭示了人口预测技术的进步及其对社会科学研究的贡献。队列要素法的基本思想最早由 Cannan 提出，该方法通过将人口细分为不同的年龄组，利用年龄组内的出生率、死亡率和迁移率等要素，来预测未来各年龄组的人口数量[96]。Whelpton 进一步发展了这一方法，并成功将其应用于实际的人口预测中，从而奠定了队列要素法在人口预测领域的核心地位[97]。

之后，Leslie 在 1945 年提出的 Leslie 矩阵模型[98]，将队列要素法的基本原理用矩阵形式表达，极大地提高了计算的效率和精度。Leslie 矩阵模型通过构建一个年龄特定的生育率和死亡率矩阵，可以方便地计算出未来任何时间点的人口结构。这一模型的提出，不仅是人口预测技术的一个重大突破，也为后续的人口学研究提供了强有力的分析工具。赵佳音采用 Leslie 矩阵模型和生均定额标准，对北京市及其各区县在人口变化背景下的义务教育阶段学龄人口及教育资源需求进行了预测[99]。乔锦忠等采用 Leslie 矩阵模型结合实地访谈对这一时期全国义务教育的生源数量、学校数量、教师数量和所需经费进行了预测[100]。

随着计算机技术的发展，人口预测软件的应用成了现代人口预测的另一重要手段。MORTPAK、Spectrum、PADIS-INT[101]以及 CPPS（China population prediction software，中国人口预测软件）等软件的开发和应用，使得人口预测工作更加高效和精确。这些软件根据不同的预测需求提供了多种模型和方法，支持用户进行复杂的人口预测分析，从而在国家政策制定、公共卫生规划、教育资源配置等多个领域发挥了关键作用。李玲等运用 CPPS，对 2016~2035 年中国义务教育学龄人口规模展开预测，结果显示 2022 年后，随着全面二孩政策实施后出生的婴儿步入小学，这将刺激义务教育学龄人口规模迅速扩大，并持续到 2030 年[102]。洪秀敏和马群利用 CPPS 对北京市 2016~2026 年的学龄前人口进行预测，分析了这期间北京学前教育的配置缺口，提出了相应的对策建议[103]。海颖通过 CPPS 对全面二孩政策实施之后，广西壮族自治区学前教育阶段适龄人口总量和增量进行了预测；结合学前教育资源存量数据对各类物力、人力新增需求量进行推算，分析学前教育即将面临的资源配置矛盾[104]。随着全球人口老龄化、城市化加速以及国际迁移等现象的发生，人口预测技术面临着新的挑战和需求。现代人口预测不仅要考虑传统的出生率、死亡率等指标，还需要充分考虑社会经济因素、政策变化、环境变迁等对人口变化的影响。因此，队列要素法及其相关的预测模型和软件，正在不断地进行创新和发展，以适应这些新的挑战。

综合来看，方法导向的研究不仅为中国教育资源配置的科学化、精准化提供了强有力的工具和方法，也为相关政策的制定和调整提供了重要的数据支持与理论依据。其中考虑人口因素的研究占比较高，也在一定程度上说明学者普遍意识到了研究人口变化对于教育资源配置影响的重要性。未来，随着数据分析技术的不断进步和教育资源配置需求的持续变化，技术取向的研究将在优化教育资源配置中发挥更加重要的作用。

1.5.2 国外相关研究

国内外学者在教育资源配置方式的研究方向和领域上存在一些区别，这些区别反映了不同的教育传统、社会经济发展水平，以及政策优先级。研究方法与理论框架方面，国外学者倾向于使用经济学原理和方法论来分析教育资源配置，而国内学者可能更多地依赖于社会学、教育学和政策分析的方法。文化与价值观方面，国外研究可能更注重个体的自由和选择，而国内研究则可能更强调集体利益和社会和谐。

在人口变化对教育资源配置的影响方面。舒尔茨指出学龄人口的结构和数量是持续变化的，这些变化对教育资源的配置产生直接影响，并进一步影响政府在教育资源配置上的思路、方向和决策[105]。Gould 和 Lawton 对 20 世纪 70 年代英国师范教育进行分析时，详细阐述了生育率下降导致出生人口减少，进而学龄人口数量减少，最终使得对教师资源的需求下降，导致师范教育的萎缩[106]。此外，Serge 通过统计和分析亚洲与非洲妇女的生育率情况，发现非洲的高生育率对地区教育资源，尤其是新建教室的需求造成了巨大压力。与此相对，亚洲的生育率下降意味着未来 15 年内学龄儿童人数将减少，从而减少了对教室和学校的需求[107]。Davies 和 Ellison 强调，学校需要根据未来学龄人口数量的潜在变化进行教育发展的前瞻性规划。合理有效的学校教育规划应当基于现实情况，考虑学校的定位和发展目标，从而更有效地促进社会教育的整体发展[108]。经济学家 Friedman 针对美国社会中大量流动儿童的教育问题，从经济学视角提出了"教育券"理论。该理论建议根据各州的具体需求定制教育券计划，使流动儿童能够持政府发放的教育券自由选择学校，确保他们有平等接受教育的权利[109]。同时，Suro 和 Passel 分析了美国社会中移民数量的增加及出生人口的扩张，强调需要及时制订有效的教育规划，以适应不断增长的学龄人口对教育资源的需求[110]。Grob 和 Wolter 研究了人口变化对公共教育支出的影响，重点关注社会中年轻人和老年人需求之间的紧张关系。这项研究利用 1990 年至 2002 年瑞士各州的数据，探讨了人口变化影响教育预算的两个主要途径：学龄儿童人数的减少和老年人在人口中所占比例的增加[111]。

教育资源配置效率方面的研究，主要集中在分析某一类教育投入要素与学生学业成绩的相关度上。比如 Hanushek 通过对 38 个变量进行定量分析来研究决定学生成绩的因素，评估了师生比、教师教育、教师经历、教师工资、生均经费、行政管理投入和设施等的影响，主要结论包括：①学生的人均支出与其学术成绩之间并没有直接的紧密联系；②教师的能力显然是一个与学生成绩密切相关的因素；③学校的课程设置与学生的成绩有关联，尤其是在标准化考试的表现上[112]。许多研究者提出了与 Hanushek 的结论不同的看法，认为他的发现所依据的是不恰当的统计方法和不可靠的数据。如 Hedges 等重新分析了 Hanushek 的研究，发现教育经费与教育产出之间存在积极的关系，而且相关性很大[113]。Berne 和 Stiefel 使用 DEA 方法来评估美国公立大学的相对效率，他们构建的评估模型包括多个输入和输出指标。输入指标涵盖：持有博士学位的教师占教师总数的比例、师生比、学生人均教育支出、学生的平均入学成绩，以及学生人均学费。输出指标则包括：学生的毕业率和新生入学率。这些指标共同构成了衡量大学运行效率的基础[114]。

在教育资源配置策略的研究方面，Johnson 和 Turner 讨论了高等教育机构内部不同学术领域的教师分配差异[115]。他们分析了学生需求的变化、大学目标在资源配置中的作用、不同领域教师工资的差异以及行政约束对学生专业选择的影响等因素对于教师需求的影响。研究全面概述了高等教育中涉及的教师资源配置的复杂性，强调了机构需要平衡经济、教育和政治考虑，以更有效地满足学生的需求和优化教育成果。建议大学在教师分配和资源管理方面考虑更有活力和响应性的战略，承认当前系统的复杂性和限制。Monk 基于五年级数学教室样本的观察数据进行了实证分析，探讨了课堂内的教育资源分配问题[116]。与传统上关注州和学区层面的财政资源分配的观点有所不同，他介绍了一个经济模型来理解教师资源如何在课堂上分配给学生，该模型将教师资源分为私人提供给个别学生的教师资源和采取公共产品形式提供的教师资源，强调了教育系统内部微观层面教育资源分配的复杂性，说明了教师作为有目的的决策者是如何分配这些资源的。

Muharlisiani 等深入探讨了高效配置教育资源以提升教育质量的重要性，研究建立了一个决策支持系统（decision support system，DSS），该系统利用了一种多标准决策方法——技术排序偏好相似度理想解法（technique for order preference by similarity to an ideal solution，TOPSIS）[117]。根据一系列关键标准评估各种教育实体，系统地对它们进行排名，以提供资源配置的明确指导。该研究为教育资源管理提供了一个重要的工具，提供了一个透明、客观和数据驱动的过程，强调了系统化和数据驱动过程在资源配置中的价值，为提升教育质量做出了贡献。

综合来看，国内外学者在人口变化与教育的关系以及教育资源配置两方面进行了长期的深入探索，且大量研究成果也被广泛应用于各个领域。现简单评述如下。

从研究视角看，国外学者倾向于研究如何通过市场机制和提供更多的自由选择来提高教育资源的配置效率，这包括探讨学校选择、学费政策，以及教育券等政策工具的作用和影响。关注教育资源配置对学习成果和教育质量的影响，探讨如何通过有效的资源配置提升教育成果。内容上涉及如何保证不同背景学生的教育机会均等，包括性别、种族、社会经济背景等因素的考量。国内学者更多地研究政府在教育资源配置中的角色，包括政策制定、资源分配，以及教育规划等方面。这些研究强调通过计划和政策引导教育资源配置的方向，侧重于教育资源在不同地区、不同学校之间的均衡分配，探讨如何解决城乡、区域之间的教育资源不均问题，通常将教育资源配置放在更宽广的社会经济发展背景中考虑，探讨教育如何服务于国家的长远发展战略和社会进步。这些区别并非绝对，随着全球化的发展和国际交流的加深，中西方在教育资源配置方式的研究上也出现了越来越多的交叉和融合。

从研究方法看，国外的定量研究占比更高，但由于体制机制、文化等方面的差异，国外的研究主题和范式对国内教育资源配置政策研究的借鉴意义有限。国内关于教育资源配置的研究多聚焦于现状分析或未来需求预测，常采用描述性统计分析方法，其结论多为定性或半定性，对政策提供建议的支撑力度不足。这些研究多仅仅从教育的角度出发，缺乏经济学视角，主要关注最终配置结果的均衡与公平，在探讨配置效率时，更多侧重于对学生表现的考察，而不深入分析教育资源配置的具体过程和细节，忽略了调整过程的成本分析，且在方法论上很少采用数学模型进行深入分析。

我们认为，影响地区教育资源配置的因素众多，如教育需求、财政能力、产业结构、教育发展差异，教育资源配置问题不仅仅是关于人力、财力、物力等不同类型资源的分配，其实质是一个涉及供需匹配的复杂决策过程，影响着教育的质量和公平。这一过程涉及多个系统和主体，是一个典型的复杂性问题，其中人口变化导致的教育需求变化是一个关键因素，其变动态势决定了教育资源配置的格局。

当前教育资源配置的过程中普遍存在两个局限，即：空间维度上，忽视区域差异，采取统一的配置标准；时间维度上，忽略人口变化带来的需求变化，只关注短期配置结果而忽略配置策略调整过程产生的成本。本书聚焦于突破已有教育资源配置方式的局限，通过最优控制理论建立一个基于人口变化的教育资源优化配置框架。该框架根据人口变化带来的教育需求变化动态调整教育资源配置，特别关注基础教育需求，这类需求对人口变化较为敏感。在配置理念上，强调人口、教育、经济等系统之间的关联；在配置目标上，兼顾教育公平与资源的利用效率，关注一段时间内整体效用的最大化；在配置方式上，关注资源配置过程，强调时间维度的重要性和不同时间点之间配置策略的连贯性。我们相信，这种研究方向能为现有研究提供有益的补充，为决策主体提供更科学、合理的教育资源配置方案。

1.6　研究内容和方法

本书的研究内容主要包括以下三个方面。

（1）模型背景分析。通过人口和资源配置数据的描述性分析，研究基础教育阶段学龄人口过去到未来的变动模式，以及不同类型教育资源配置的现状和特点。

（2）理论分析与实证分析。建立区域教育资源优化配置模型，分析不同人口变化模式下的各类教育资源的优化配置问题，重点讨论不同情境下教师资源的最优策略，此外还通过仿真验证了理论模型的结论，提出了应用展望。

（3）政策建议。针对理论分析的结论，结合现实案例对不同情境下的资源配置优化策略进行解读，从资源配置政策优化角度提出建议。

具体的章节安排如下。

第 1 章即为本章，旨在厘清一些基本概念，在研究综述的基础上，界定本书拟研究的内容和方法。

第 2 章通过对教育资源配置相关的人口系统、经济系统、教育系统背景因素的分析，旨在为模型的建立进行铺垫，主要以人口和教育资源的数据为基础，从全国和地区两个维度分析人口从过去到未来的变化趋势、教育资源配置的现状，并对当前教育资源配置的一些政策工具做了梳理。

第 3 章主要介绍本书提出的教育资源配置最优控制基础模型。从优化目标上看，我们关注整个规划周期内的教育资源供给和需求的整体性能，而不仅仅是某个时间点、某个部分，这涉及对教育资源供需各主体之间的相互作用和反馈机制的深入理解。从优化方式看，通过动态调整系统的输入或参数来实现对系统性能的优化。这体现了对系统动态演化的关注，系统的状态和性能在时间上是变化的，需要实时地调整控制策略以适应变化的条件。具体来说，我们将从模型简介、模型假定、模型建立、最优生均资源配置水平、最优资源配置策略几个部分对基础模型展开详细的介绍，并与当前忽略调整成本的配置策略进行对比分析。

第 4 章重点讨论教师资源的优化配置问题。根据教师资源的特点，进一步细化模型参数，特别是针对不同地区人口变化模式的差异，提出更加精细化的函数形式，以便于模型的求解和分析。具体来说，我们分析了学龄人口上升模式、下降模式以及先升后降模式三种情况下教师资源的优化配置问题，其中每种情况下，我们会根据决策部门面临的不同供给能力分类讨论，并给出每种情况的最优配置方案。

第 5 章主要包含三方面工作：其一主要是通过实证数据，验证模型的有效性；其二构建动力学仿真模型，探讨模型理论的应用场景；其三提出政策建议。

第 6 章进行总结的同时对进一步可能开展的研究方向进行展望。

研究方法除了统计分析之外，主要包括数学建模、模拟仿真和情境分析三类，其中数学建模和模拟仿真主要基于最优控制、系统动力学相关的理论。

1.6.1 最优控制理论

最优控制理论是典型的具有系统科学特点的数学建模方法。从优化目标上看，最优控制理论关注整个系统的性能，而不仅仅是某个部分，这涉及对系统内部各组成部分之间的相互作用和反馈机制的深入理解。从优化方式看，通过动态调整系统的输入或参数来实现对系统性能的优化。这体现了对系统动态演化的关注，系统的状态和性能在时间上是变化的，需要实时地调整控制策略以适应变化的条件。最优化问题的解决涉及对系统的建模、性能指标的定义和最优化算法的应用，其核心概念如下。

（1）状态空间。系统的状态通过状态空间表示。这是一种将系统的状态、输入和输出用数学方程描述的方式。

（2）性能指标。最优控制关注的是如何定义和实现系统性能的最优化。性能指标的选择反映了对整个系统效能的关注，可能包括全局最优化目标，如最大化效率、最小化能耗等。

（3）最优化算法。为了解决最优化问题，需要使用各种最优化算法。这些算法可以基于数学分析，也可以是数值计算方法。最优控制往往涉及迭代优化过程，通过反复调整系统的输入或参数，逐步接近或达到最优解。这体现了系统思想中的动态调整和不断优化的概念，强调了对系统演化路径的关注，而不是静态的一次性优化。

（4）约束条件。在实际应用中，系统通常受到各种约束条件的限制，如物理限制、资源限制等。考虑这些约束条件是最优控制理论的一个重要方面，以确保系统在操作过程中满足现实的条件和限制。

（5）鲁棒性。系统的鲁棒性，即系统对于参数变化、外部扰动的抵抗能力，是确保在不确定环境下系统仍能表现良好的重要因素。对鲁棒性的关注反映了对系统在不同环境下的适应性和可持续发展的关注。

总体而言，最优控制理论主要研究如何在一系列允许的控制方案中，找到一个最优方案来管理一个受控的动力系统或运动过程。这一理论的核心目标是确保系统在从初始状态向目标状态转变的过程中，相关的性能指标达到最佳效果。它提供了一个数学框架来确定系统在特定约束下为了达到或维持某一状态的最佳行动[118]。例如：最优控制理论在量子技术中的应用，特别是在量子动态的高效控制方面，已经取得了显著进展。这包括量子光学的基础引入以及对量子最优控制关键概念的讨论[119]。在肿瘤学中，最优控制理论被用来优化放疗和系统治疗，旨在以严谨的方式制订个性化治疗计划，从而显著提高患者的治疗效果[120]。该理论为系统生物学中复杂资源分配决策提供了深刻的见解，尤其是在通过 Pontryagin（庞特里亚金）最大原理解决边界值问题上[121]。在新兴经济模型中，该理论通过调整投资和消费的平衡来最大化社会项目的支出，展示了其在宏观经济学中的潜在应用[122]。

1.6.2　系统动力学

系统动力学（system dynamics，SD）由美国麻省理工学院（Massachusetts Institute of Technology，MIT）教授 J. W. Forrester（J. W. 福瑞斯特）于 1956 年创立，最初名为工业动力学，旨在分析生产管理和库存管理等企业问题。作为一门交叉综合学科，系统动力学主要研究信息反馈系统，并为认识和解决复杂系统问题提供了系统仿真方法。从系统方法论的角度来看，系统动力学将结构、功能和历史方法有机结合，吸收了系统论、控制论和信息论的精髓，是自然科学与社会科学融合的学科。

系统动力学基于"系统结构决定系统功能"的思想，着重分析系统内部要素的相互因果反馈关系。系统动力学通过对系统内部结构的分析，寻找问题根源，而非仅依赖外部干扰或随机事件来解释系统的行为。系统的行为与内在机制之间具有紧密依赖关系，通过构建数学模型，逐步揭示出系统行为的因果关系，即所谓的"结构"。这个结构可以理解为一组相互关联的行动规则或决策机制，如组织中成员行动和决策的准则、惯例或政策，其最终决定了组织行为的特征。

系统动力学采用数学模型与计算机模拟来揭示复杂系统的行为规律和演化趋势。作为一种时间连续性分析方法，系统动力学特别适合分析复杂系统，主要关注系统各组成部分如何随时间相互作用。该方法基于以下三项基本原则。

（1）系统思维：从整体角度理解系统，强调系统各部分的相互作用，避免局部化和片面思考。

（2）动态思维：关注系统随时间的演变，避免将系统状态静态化。

（3）反馈思维：识别系统中存在的反馈机制，理解这些机制如何影响系统的行为与稳定性。

基于这些原则，系统动力学为系统的构建、仿真、实验和应用提供了一个完整的框架，帮助人们更好地理解和预测复杂系统的行为。

此外，系统动力学与最优控制理论紧密相关。系统动力学侧重于理解和描述系统行为，而最优控制理论则着眼于如何改进这些行为。两者相辅相成，共同推动了复杂系统管理与控制的发展。

1.6.3　情境分析

情境分析是一种旨在理解和分析特定环境或情境中的各种因素及其相互作用

的方法，它常用于战略规划、市场研究、项目管理和政策分析等领域。这种分析方法着重于捕捉和评估影响决策和行动计划的外部与内部条件，通过全面审视环境因素、干系人、资源、限制条件和潜在机会，提供了一个系统性的理解框架。它不仅关注单一因素，而且尝试捕捉因素之间的相互作用和依赖关系，从而形成一个整体的视角。通过定期进行情境分析，组织可以识别和预测重要趋势的发展，从而更灵活地调整其战略和计划。情境分析能够提供关于当前环境和未来可能情境的全面分析，以更有效地支持决策制定。它帮助识别关键的成功因素和潜在风险，从而使决策者能够制定更为信息化和战略性的选择。总的来说，情境分析是一个强有力的工具，不过它的有效性在很大程度上依赖于数据的质量、分析的深度以及参与者的专业知识和协作。

1.7 本章小结

本章介绍本书的研究背景，对核心概念进行了描述，并对国内外相关研究的脉络进行了梳理，最后介绍本书的研究内容以及方法。综合来看我们认为本书的理论和应用价值主要体现在以下几个方面。

（1）理论上，我们首次提出用于分析人口变化对教育资源配置的集成框架，该框架考虑了人口系统与教育系统之间的耦合关系及不同教育资源类型的差异，可为研究人口变化下的教育资源配置问题提供基础。

（2）方法上，作为坚持系统观念的案例，本书综合应用人口预测、最优控制、系统动力学等方法，践行整体角度、动态视角，剖析人口变化作为关键要素对教育资源配置的影响，是一种创新。相比之前的统计分析、静态最优决策，更具科学性。

（3）结论上，我们提出具有一定普适性的最优配置方案，针对各种可能的人口变化趋势下的教育资源配置，给出了方案的实现路径，并与行政区域实际情况相对应。强调结果目标管理转向过程目标管理，这为教育行政部门转变管理思路提供了参考，对避免"一刀切"式的管理提供了可能。

第 2 章 从现状到趋势：人口与教育资源配置

教育资源的配置问题是一个关联人口、经济、教育等多个系统的复杂性问题。

首先，从教育需求角度看。人口变化模式是影响教育资源需求地区分布和规模的关键因素。随着社会的发展，人口老龄化、出生率的波动以及城乡迁移等人口结构变化显著，这些变化直接影响对各类教育资源的需求。例如，在城镇化的推进过程中，人口向城市的集中趋势可能会导致城市教育资源面临巨大压力，表现为学校过于拥挤、师资不足等问题；相反，乡村地区可能会遇到学校撤并、教育资源闲置等现象。因此，深入研究人口变化模式对预测未来教育资源需求趋势，以及提供资源合理配置的科学依据是至关重要的。

其次，从教育供给角度看。决策部门所在区域的财政能力在一定程度上决定了教育资源的供给能力，不同的供给能力，对于区域供给策略和供给目标的实现都会产生影响。此外，教育资源可分为人力资源、财力资源和物力资源等不同类型，这些资源在流动性、可替代性以及投入成本等经济学属性方面均存在差异，影响着资源配置策略的选择和优化。例如，人力资源（如教师）的配置需考虑专业性和地域性，财力资源的分配则需考虑效率和公平性，物力资源（如教学设施）的建设与更新则需考虑长期性和可持续性。

最后，从配置现状角度看。对教育资源分布差异的分析能够揭示教育资源配置的现状，识别资源配置中存在的问题和挑战，为提出改进措施和策略提供依据。

本章从人口变化趋势、教育资源配置变化趋势和现状三个方面入手，旨在梳理教育供需格局的同时，为教育资源配置模型后续的参数讨论奠定基础，同时也对现有的一些教育资源配置政策工具做了简单梳理。具体安排如下。

在 2.1 节中，我们将主要探讨人口变化的模式，专注于分析人口分布、流动现状及其未来的变化趋势。主要目的是找到典型人口变化模式，为教育资源配置提供更贴合实际的教育需求场景，确保研究的结论能够有效地适应即将到来的人口变化情况。首先，我们对总人口的现状进行梳理，包括数量、分布以及流动的趋势。通过分析出生率、流动情况等关键指标，我们可以描绘出总人口未来可能的发展轨迹。其次，我们重点关注学龄人口的变化情况。学龄人口不仅反映了国家的未来发展潜力，也直接关联到教育资源的需求和布局。通过分析学龄人口的数量变化、年龄结构和地理分布，我们可以预测未来几年内各教育阶段的学生数量，从而为学校规模扩张、教师配备以及教育财政预算提供依据。

在 2.2.1 节、2.2.2 节我们将从 2013～2022 这十年间教育资源配置的变化和当前配置现状两方面分析不同区域教育资源供给的差异。这一分析将从三个关键指标出发：生师比[①]、生均校舍面积[②]和生均经费[③]。这些指标的分布差异，在一定程度上揭示了教育质量的区域差异。2.2.3 节我们将简单梳理一些教育资源配置相关的政策工具。

2.1 人口资源配置

2.1.1 人口的现状

从 2022 年我国 31 个省份[④]人口的分布来看，整体呈现出东部、南部密集而西部、北部相对稀疏的格局，人口主要集中在中部和东部地区。其中，有两个省份的人口超过 1 亿，分别是广东和山东，紧随其后的是河南、河北、江苏和四川等省份，形成第二梯队；人口不足 1000 万的省区有三个，主要集中在西部地区，分别是宁夏、青海、西藏。

从出生率看，其呈现了与人口完全不同的分布特点，整体呈现西高东低的分布特点。具体看，2022 年在西部的某些省份，出生率相对较高，其中西藏、贵州、青海、宁夏四个省区的出生率均超过 10‰，这可能与当地的经济条件、文化习俗和人口政策等因素有关。而东北地区三个省份的平均出生率不到 4‰，其中最低的黑龙江省只有 3.34‰，显著低于全国平均水平，这可能反映了该地区人口老龄化更严重、年轻劳动力外迁以及生育意愿降低等社会经济现象。东部沿海地区经济发达，但出生率并不高，这可能与居民生活节奏加快、生育成本上升及生育观念变化有关。中部一些省份出生率处于中等水平。这种差异背后是多种因素的交织，包括经济发展水平、教育投资、社会保障体系以及文化背景等。这些地域特征对于理解人口结构变化、预测未来人口趋势以及制定相应的区域发展和人口政策具有重要意义。

从出生人口变化趋势看，2012～2022 年的出生人口在 2016 年达到高峰之后，呈现下降的趋势。如图 2-1 所示，2022 年全国出生人口为 956 万，相较于 2016 年

---

① 生师比=在校生数/教职工数，根据教育部公开数据（http://www.moe.gov.cn/jyb_sjzl/moe_560/2022/gedi）整理。

② 生均校舍面积=校舍建筑面积/在校生数，根据教育部公开数据（http://www.moe.gov.cn/jyb_sjzl/moe_560/2022/gedi）整理。

③ 生均经费=一般公共预算教育经费/在校生数，根据教育部 2013～2022 年全国教育经费执行情况统计公告（http://www.moe.gov.cn/jyb_xxgk/xxgk/neirong/tongji/jytj_jftjgg）整理。

④ 数据来自《中国统计年鉴 2023》。

下降了近 50%，出生率也由 2016 年的 12.95‰ 下降至 6.77‰，也是下降了近 50%。2022 年自然增长率为 –0.6‰，首次出现负增长。

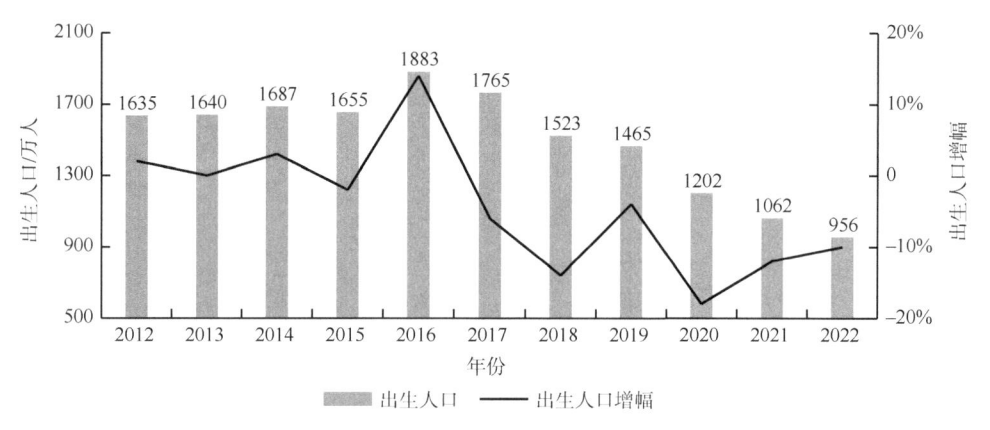

图 2-1 2012～2022 年全国出生人口变化趋势

表 2-1 的数据揭示了 2012 年至 2022 年间我国 31 个省区市人口总量和出生率的变化趋势。大多数省区市的人口总量在这一时间段内呈现增长，但东北三省是个例外，人口总量呈现下降趋势。出生率方面，大部分省区市在 2017 年之前有所上升，但整体上看，十年间还是呈现下降的趋势。

表 2-1 2012～2022 年我国 31 个省区市出生率情况

省区市	2012 年	2017 年	2022 年	出生率下降率	人口年均增长率
北京	9.05‰	9.06‰	5.67‰	−37.3%	0.56%
天津	8.75‰	7.65‰	4.75‰	−45.7%	−0.35%
河北	12.88‰	13.20‰	6.09‰	−52.7%	0.18%
山西	10.70‰	11.06‰	6.75‰	−36.9%	−0.36%
内蒙古	9.17‰	9.47‰	5.58‰	−39.1%	−0.36%
辽宁	6.15‰	6.49‰	4.08‰	−33.7%	−0.44%
吉林	5.73‰	6.76‰	4.32‰	−24.6%	−1.46%
黑龙江	7.30‰	6.22‰	3.34‰	−54.2%	−1.92%
上海	9.56‰	8.10‰	4.35‰	−54.5%	0.40%
江苏	9.44‰	9.71‰	5.23‰	−44.6%	0.75%
浙江	10.12‰	11.92‰	6.28‰	−37.9%	2.01%
安徽	13.00‰	14.07‰	7.16‰	−44.9%	0.23%
福建	12.74‰	15.00‰	7.07‰	−44.5%	1.17%

续表

省区市	出生率 2012年	出生率 2017年	出生率 2022年	出生率下降率	人口年均增长率
江西	13.46‰	13.79‰	7.19‰	−46.6%	0.05%
山东	11.90‰	17.54‰	6.71‰	−43.6%	0.49%
河南	11.87‰	12.95‰	7.42‰	−37.5%	0.50%
湖北	11.00‰	12.60‰	6.08‰	−44.7%	0.11%
湖南	13.58‰	13.27‰	6.23‰	−54.1%	−0.05%
广东	11.60‰	13.68‰	8.30‰	−28.4%	1.95%
广西	14.20‰	15.14‰	8.51‰	−40.1%	0.78%
海南	14.66‰	14.73‰	8.60‰	−41.3%	1.58%
重庆	10.86‰	11.18‰	5.98‰	−44.9%	0.91%
四川	9.89‰	11.26‰	6.39‰	−35.4%	0.37%
贵州	13.27‰	13.98‰	11.03‰	−16.9%	1.07%
云南	12.63‰	13.53‰	8.14‰	−35.6%	0.07%
西藏	15.48‰	16.00‰	14.24‰	−8.0%	1.82%
陕西	10.12‰	11.11‰	7.36‰	−27.3%	0.54%
甘肃	12.11‰	12.54‰	8.47‰	−30.1%	−0.33%
青海	14.30‰	14.42‰	10.60‰	−25.9%	0.38%
宁夏	13.26‰	13.44‰	10.60‰	−20.1%	1.25%
新疆	15.32‰	15.88‰	6.53‰	−57.4%	1.59%

具体来看，出生率下降较为显著的省区包括华北的河北、东北的黑龙江、西北的新疆、中部的湖南，直辖市中上海的下降幅度最大。中部和东部大多数省份的出生率在过去十年中下降了40%～55%，西北地区（除了新疆外）和西南地区大部分省份，下降幅度都略低于全国平均水平，而辽宁和吉林两个省份虽然下降幅度很低，但是它本身出生率水平就很低，尤其是吉林省2012年出生率只有5.73‰，远低于全国平均水平。

可以看到各省出生率变化趋势存在显著的差异，这对应着的是学龄人口年龄的结构性省际差异，每个省份将在不同的时期和节点面临出生率下降对于人口年龄结构的冲击，这对各地教育资源配置的应对能力提出了新的要求。

从人口区域间流动的趋势看2012～2022年31个省区市人口净增长情况。东北地区的人口处于持续流出的状态，而京津冀和东南沿海等经济相对发达区域的人口处于持续流入的状态，其中广东省是这段时间人口流入最多的省份。中部地区除了经济水平相对落后的江西和安徽两省，人口都是净流入状态。西部地区除了新疆外，其他地区基本保持了人口总量上的稳定状况或轻微流出的状态。

从人口城乡二元流动趋势看（表 2-2），2012 年城镇人口占比为 53.10%，到了 2022 年这一比例提升到了 65.22%，接近总人口的三分之二，城乡的人口差距在不断拉大，可以预见的是，随着城市化进程的进一步加深，这种差距有变大的趋势。

表 2-2　2012～2022 年分城镇、乡村人口

年份	城镇 人口数/万人	城镇 比重	乡村 人口数/万人	乡村 比重
2012	72 175	53.10%	63 747	46.90%
2013	74 502	54.49%	62 224	45.51%
2014	76 738	55.75%	60 908	44.25%
2015	79 302	57.33%	59 024	42.67%
2016	81 924	58.84%	57 308	41.16%
2017	84 343	60.24%	55 668	39.76%
2018	86 433	61.50%	54 108	38.50%
2019	88 426	62.71%	52 582	37.29%
2020	90 220	63.89%	50 992	36.11%
2021	91 425	64.72%	49 835	35.28%
2022	92 071	65.22%	49 104	34.78%

总结来看，当前中国人口流动的特点主要是从中西部和东北地区向东部沿海地区以及经济发展水平更高的大城市和都市圈集中。流入地区，特别是大城市和都市圈的教育资源需求急剧增加，尤其是学前和义务教育阶段，而流出地区的学校可能面临生源不足的问题。优质的教育资源如名师、名校往往集中在人口密集的城市，而农村和边远地区的教育资源则相对匮乏。随迁子女在流入地获得与当地孩子同等教育机会的难度加大，加剧了教育资源分配不均的问题。

过去的十年里，中国的人口总量显示出增长的态势，但伴随着全国范围内出生率的持续下滑，我们可以预见未来总人口数量可能会逐渐走向下降。尤其是出生率下降这一趋势，如果持续不变，将在未来数十年里加剧人口老龄化，从而可能给劳动力市场、经济增长以及社会保障体系带来一系列挑战。

此外，各地区出生率的不均衡发展，特别是在经济发达地区和城乡之间人口分布的变化，将深刻影响教育资源的需求和分配。城市化和人口流动加剧了大城市和经济发达地区对教育资源的高需求，而这些地区的学校和教育机构可能面临供不应求的压力。相对而言，人口减少的地区可能会面临教育资源过剩，学校合并或关闭的情况。这种地区间、城乡间的不均衡，要求教育资源配置必须更加精准和高效。因此，政策制定者和教育规划者必须采取灵活和前瞻性的策略，以适

应这一不断变化的人口趋势。

2.1.2 人口的变化趋势

对未来人口变化趋势的预测能够为今后教育资源配置重点提供参考和政策依据，本节我们将从总人口角度对 31 个省区市进行分析，所用数据来自清华大学研究团队[123]2023 年的最新预测数据，该数据包含了中国 2010 年至 2100 年间各城市的历史和预测人口数据，研究使用的人口预测方法基于一种改进的递归多维模型，该模型包含了详尽的城市级人口数据，包括性别和年龄分布。基于不同的情景，该模型做出了关于生育率、死亡率、国际迁移率和性别比例的参数假设。这些假设基于最新的政策趋势和人口统计数据，旨在确保预测结果的相关性和准确性。清华大学研究团队通过使用绝对百分比误差（absolute percentage error，APE）和百分数误差（percentage error，PE）两种指标来评估预测的准确性和偏差，这些指标帮助评估模型对省级总人口和年龄结构预测的准确性。基于此，本书采用了该研究的省级人口数据，选取了中间水平参数对应的情景下的预测数据作为参考。

图 2-2 中展示的是 2024 年至 2044 年 31 个省、自治区、直辖市总人口变化的趋势，可以看到人口整体呈现逐年下降的趋势，其中 2024 年最高为 14.65 亿，2044 年总人口降至约 14.00 亿，相比 2024 年减少了 4.44%。

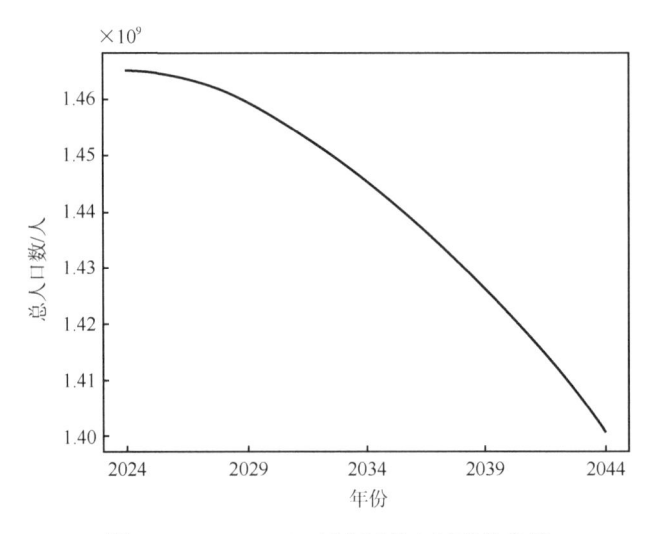

图 2-2　2024～2044 年全国总人口变化趋势

进一步我们将 31 个省级行政区按照东部、中部、西部和东北地区进行划分，如表 2-3 所示：其中东部地区包括北京市等 10 个省级行政区；中部地区包括山西省等共6个省级行政区；西部地区包括内蒙古自治区等12个省级行政区；东北地区包括辽宁省等3个省级行政区[①]。

表2-3 31个省区市所属区域划分标准

区域	所含省区市
东部地区	北京市、天津市、河北省、上海市、江苏省、浙江省、福建省、山东省、广东省、海南省
中部地区	山西省、安徽省、江西省、河南省、湖北省、湖南省
西部地区	内蒙古自治区、广西壮族自治区、重庆市、四川省、贵州省、云南省、西藏自治区、陕西省、甘肃省、青海省、宁夏回族自治区、新疆维吾尔自治区
东北地区	辽宁省、吉林省、黑龙江省

从图2-3中可以看到，在整体人口减少的大趋势下，不同地区之间人口的变化趋势存在一些区别。其中，中部、东北地区的总人口呈现直线下降的趋势；东部、西部地区人口在短期内呈现上升的趋势，随后逐渐下降，西部地区的下降时间点要稍晚于东部地区。具体从数据上看，中部地区人口减少3.88%；东北地区

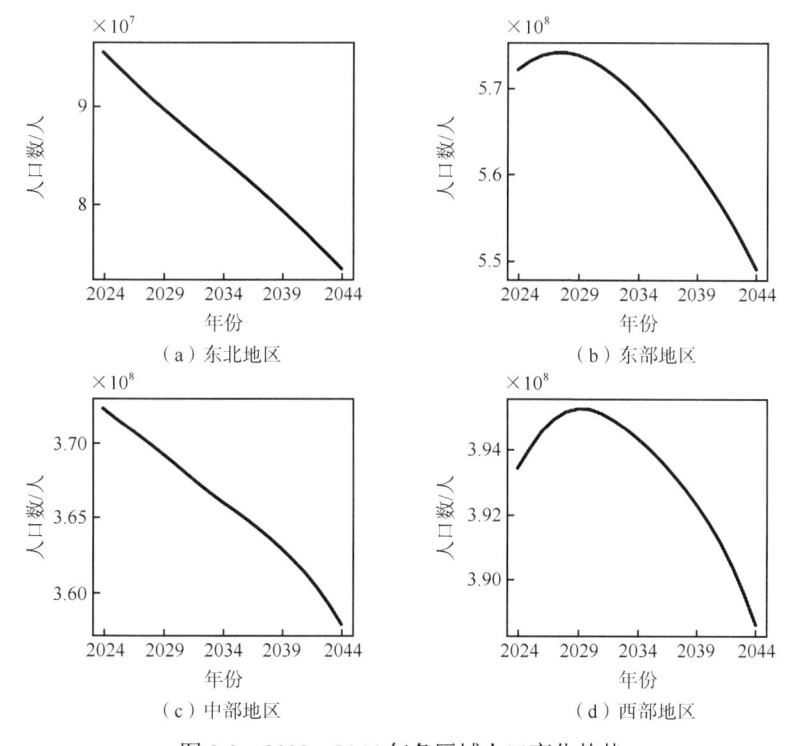

图2-3 2022~2044年各区域人口变化趋势

---

① 划分标准参见《东西中部和东北地区划分方法》，https://www.stats.gov.cn/zt_18555/zthd/sjtjr/dejtjkfr/tjkp/202302/t20230216_1909741.htm，2023年2月16日。

人口减少 23.15%；东部地区人口减少 4.04%，2028 年人口达到最高峰；西部地区人口减少 1.22%，2029 年人口达到最高峰。

从图 2-4 中可以很直观地看到 31 个省区市 2024～2044 年人口分布及随着时间的变化。其中，东北地区和东部沿海大部分地区的人口数量预计将出现显著下降。这一趋势可能是由持续的低出生率、人口老龄化加剧以及年轻劳动力向经济更活跃地区的迁移等因素导致的，不同地区的具体影响因素存在差异。

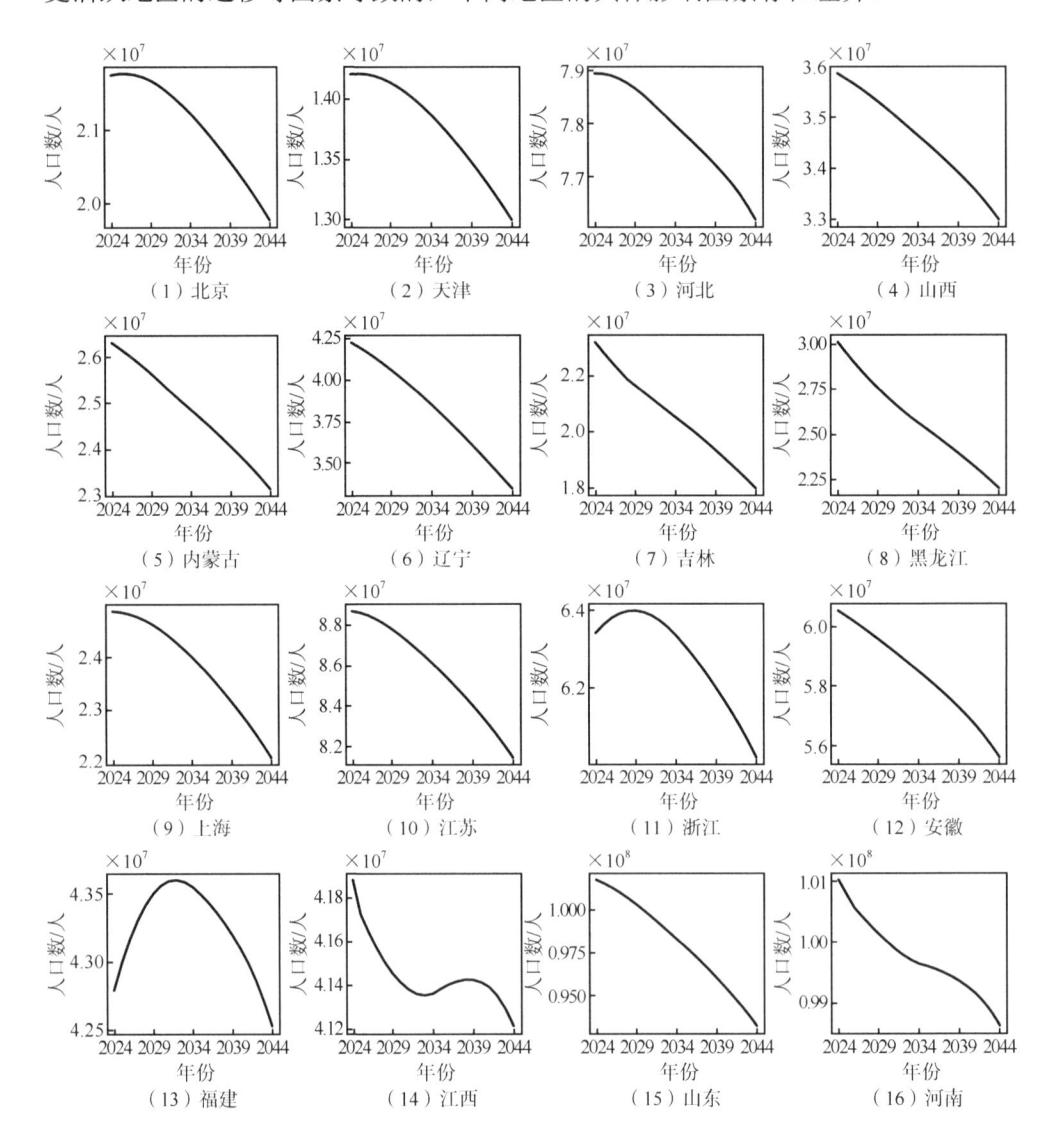

（1）北京　（2）天津　（3）河北　（4）山西
（5）内蒙古　（6）辽宁　（7）吉林　（8）黑龙江
（9）上海　（10）江苏　（11）浙江　（12）安徽
（13）福建　（14）江西　（15）山东　（16）河南

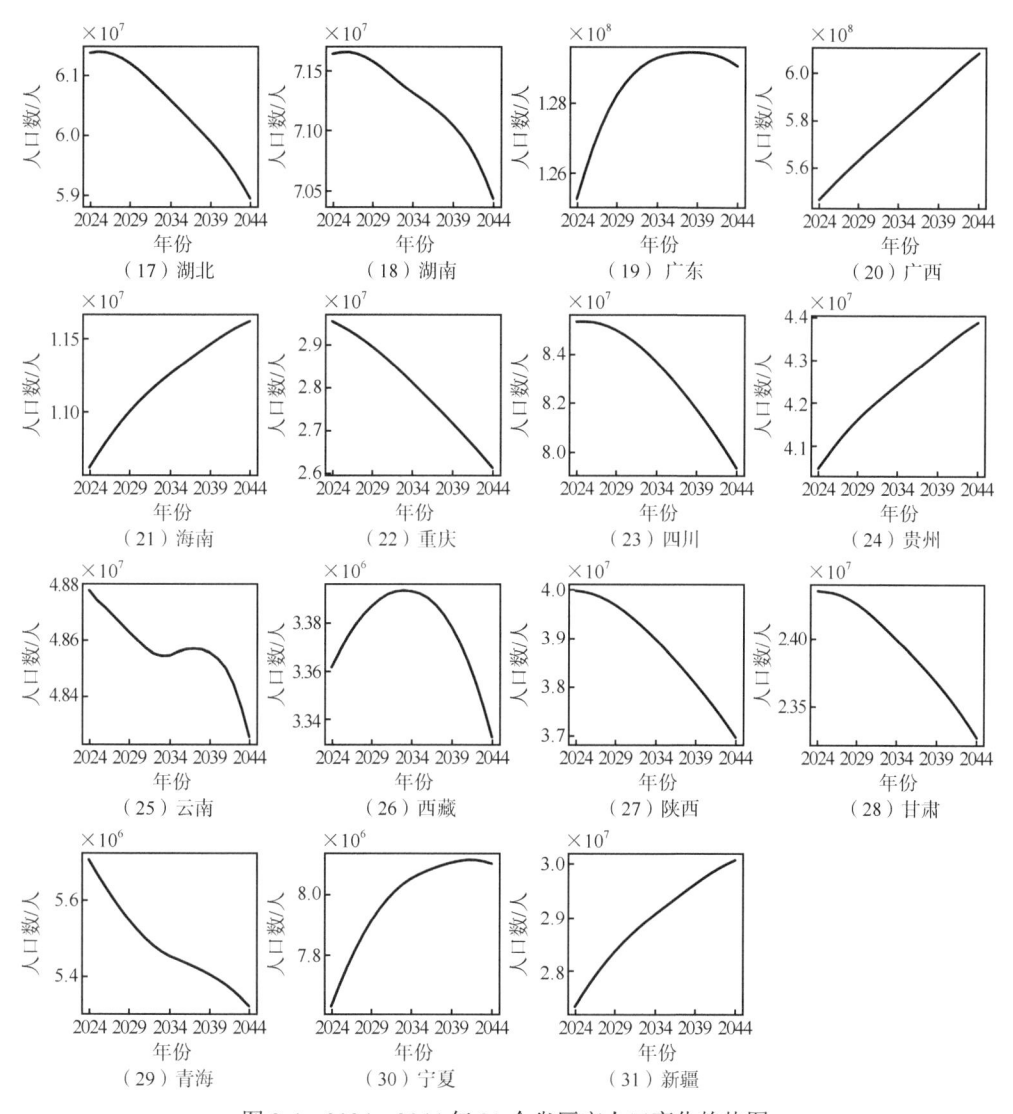

图 2-4 2024~2044 年 31 个省区市人口变化趋势图

中部地区虽然普遍也呈现出人口下降的趋势，但下降幅度相对有所缓和。相比之下，西南和华南地区呈现出更为复杂的人口变化模式，四川和重庆的人口预计将会下降，而广西的人口增长幅度预计最大，贵州人口也有所上升。这可能与当地经济发展、人口迁移政策以及生育率变化等多种因素有关。西部地区的人口变化同样呈现出分化的趋势，新疆和宁夏的人口预计会有所上升，这可能与区域经济开发、人口政策及民族政策有关，而其他地区，如甘肃、青海则可能会经历人口的轻微下降。

这些变化意味着未来 20 年，中国的人口结构将面临重大调整。东北和东部地区的人口减少将对当地经济、社会结构甚至区域文化造成影响，同时中部地区的渐进式人口下降也需要关注。西南、华南部分省份的人口增长和西部部分地区的稳定变化则为当地经济发展和社会稳定提供了人口支持。面对这样的人口变化，政府在进行区域规划、经济布局、社会保障以及教育资源分配时需要考虑到各地区的人口预测情况，实施更为有针对性的政策措施，促进区域均衡发展并提高国家整体的经济社会活力。

为了揭示中国各省的人口变化模式，我们采用时间序列数据对全国 31 个省级行政区的人口趋势进行详细的聚类分析。根据图 2-5 中的时间序列聚类分析结果，这些省份大体上可以被归类为三种典型的人口变化趋势：上升趋势、下降趋势以及先上升后下降。

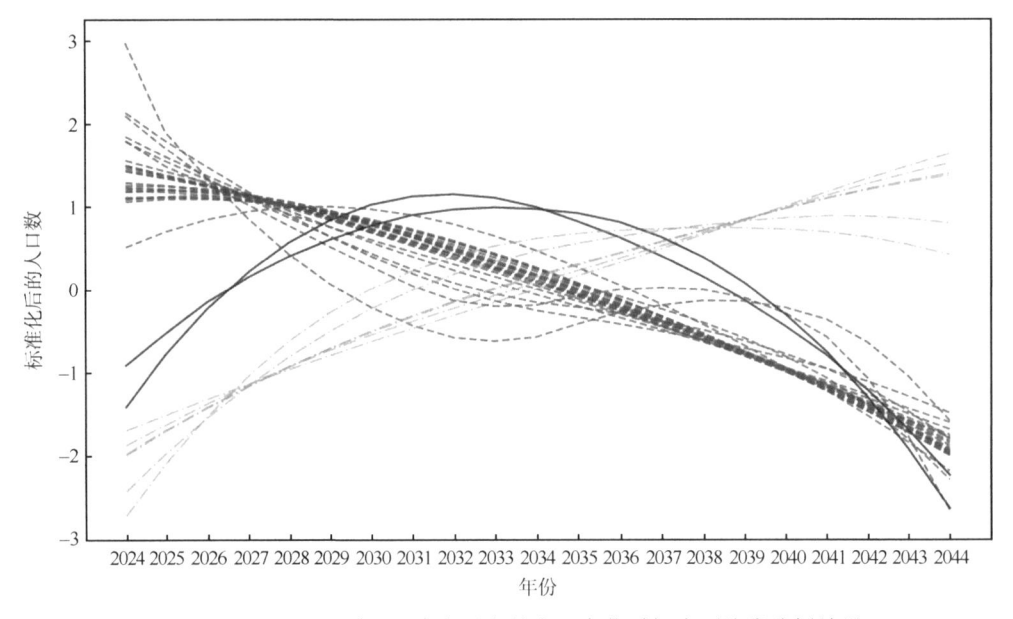

图 2-5　2024～2044 年 31 个省区市的人口变化时间序列聚类分析结果

具体来看，呈现上升趋势的省区共有 6 个，分别为广东、广西、贵州、海南、宁夏和新疆。这些地区的人口增长可能与地区经济发展、人口迁移政策以及地理位置等多种因素有关。而福建和西藏这 2 个省区，人口先是增长后又出现了下降的趋势。其余的 23 个省区市，包括经济发展较为成熟的地区，均显示出人口下降的趋势。这些结果详细展示在表 2-4 中，并为我们理解和预测未来的人口和社会经济发展趋势提供了重要的视角。

表 2-4 时间序列聚类结果（三类）

省区市	人口变化趋势	省区市	人口变化趋势
福建	先上升后下降	青海	下降
西藏	先上升后下降	陕西	下降
安徽	下降	山东	下降
北京	下降	上海	下降
重庆	下降	山西	下降
甘肃	下降	四川	下降
河北	下降	天津	下降
黑龙江	下降	云南	下降
河南	下降	浙江	下降
湖北	下降	广东	上升
湖南	下降	广西	上升
江苏	下降	贵州	上升
江西	下降	海南	上升
吉林	下降	宁夏	上升
辽宁	下降	新疆	上升
内蒙古	下降		

进一步细化分析，在那些呈现上升趋势的省区中，广东和宁夏的人口变化与其他上升趋势省区略有不同。在这 21 年的大部分时间里，广东和宁夏的人口持续增长，但在末期有所回落，显示出一种上升后小幅回调的趋势。这种特殊的变化模式可能与这些地区特定的经济发展政策或人口流动特征有关。

同样，在那些整体显示下降趋势的 23 个省区市中，浙江和江西、云南的情况也值得关注。浙江在研究起始阶段呈现出轻微的人口增长，但随后人口数量一直在下降。与此相反，江西和云南在中间时间段出现了短暂的人口回升，之后再次下降，形成了典型的"S"形变化曲线。这些细节的发现不仅丰富了我们对全国人口变化趋势的理解，也突出了在制定地区人口政策和发展战略时需要考虑的地区差异。

2.1.3 学龄人口现状及变化趋势

本书对学龄人口的分析主要集中在 3 岁至 18 岁的年龄段，这个年龄范围涵盖了从学前教育到高中教育的所有阶段。这样的划分使我们能够详细评估整个基础教育系统的潜在教育需求，并分析不同年龄层次在教育资源分配中可能面临的具体挑战。此外,这一分析也有助于探讨如何优化教育资源配置,以满足不同学段学生的多样化和变化的需求,为未来教育规划和政策制定提供科学依据。

1. 过去的十年(2014～2023 年)

从图 2-6 中 31 个省区市总量数据看,2014～2023 年整体处于上升趋势,在 2022 年达到峰值后,2023 年开始下降,其中 2022 年 3～18 岁总学龄人口约 2.69 亿,较 2014 年提升了近 12%。

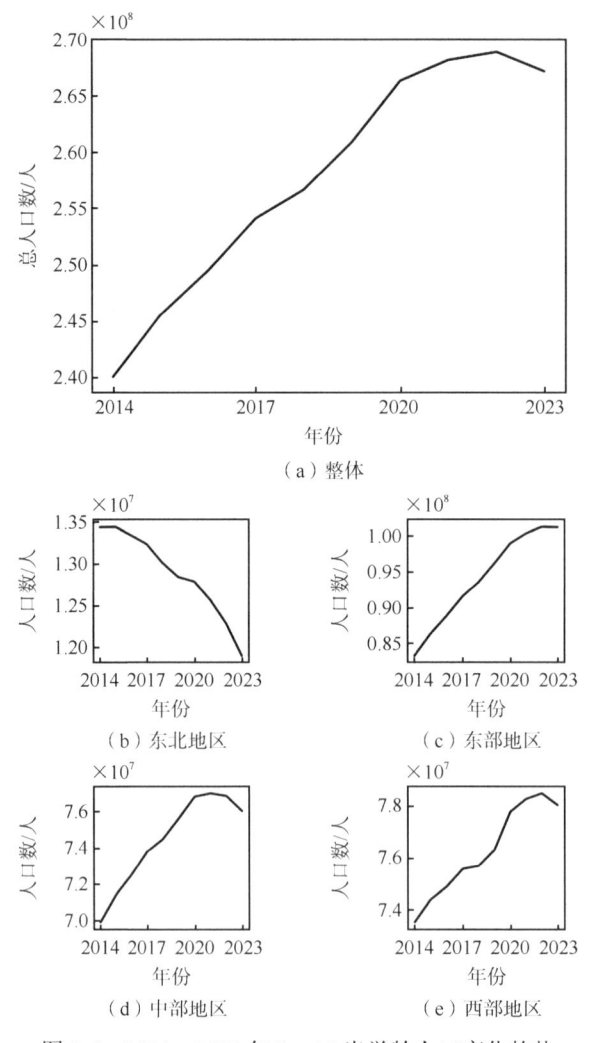

(a)整体

(b)东北地区

(c)东部地区

(d)中部地区

(e)西部地区

图 2-6 2014～2023 年 3～18 岁学龄人口变化趋势

分地区看,中部、东部、西部地区变化趋势基本和全国一致,在提升幅度上从高到低依次为东部、中部、西部地区，和地区之间的人口规模基本对应。东北地区则呈现完全相反的变化，从 2014 年到 2023 年学龄人口持续减少，减少比例为 11.43%。

通过对学龄人口数据的聚类分析，结合各省的学龄人口变化数据，从图 2-7 中我们可以观察到四种主要的变动模式，这不仅反映了人口结构的变化趋势，而且也揭示了背后可能的社会经济动因。

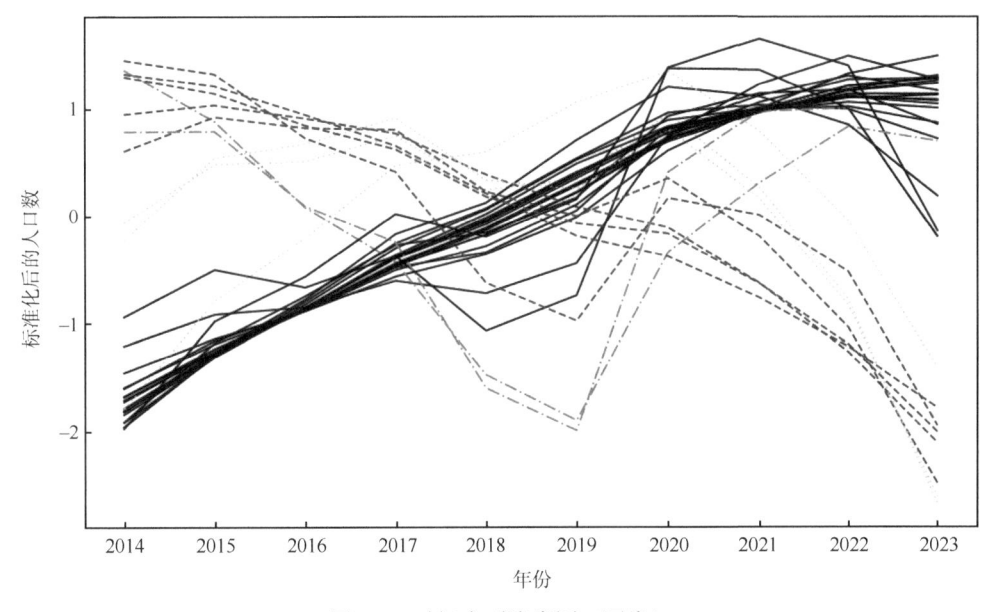

图 2-7　时间序列聚类图（四类）

首先，上升模式是最普遍的一种，说明在大多数地区，学龄人口数量是在增长的。这一现象可能与国家经济的快速发展直接相关，随着人民生活水平的提高，家庭对于教育的需求和重视程度也随之增加。

其次，我们也观察到了以东北三省为代表的下降模式。这可能与当地的经济条件、人口迁移模式有关。比如，经济发展相对落后的地区可能会因为工作机会有限导致年轻人口外迁，进而影响当地学龄人口的数量。

再次是先上升后下降模式，这一模式可能反映了一些地区经历了经济快速发展后进入了稳定期或调整期。在经济快速发展阶段，随着就业机会的增加和生活条件的改善，人口数量会有所增长；而到了经济进入稳定期或调整期，人口增长的速度可能会有所放缓，甚至出现下降。

最后则是先下降后上升模式，这可能与特定地区实施的政策措施有关，例如引进企业或改善当地教育、医疗等公共服务，吸引年轻家庭迁入，从而逆转了学龄人口的下降趋势。

除了这四种主要模式之外，还有一些变动模型表现得更为复杂，可能经历了多个波动周期。这些波动可能受到数据统计口径的影响，也可能与一些特殊的政策事件有关，如生育政策的调整。近年来，二孩、三孩政策的推出，旨在应对老龄化问题和促进人口结构的优化，这些政策的实施对学龄人口数量产生了直接的影响，促进了某些地区学龄人口的增长，各省具体的变化趋势如图2-8所示。

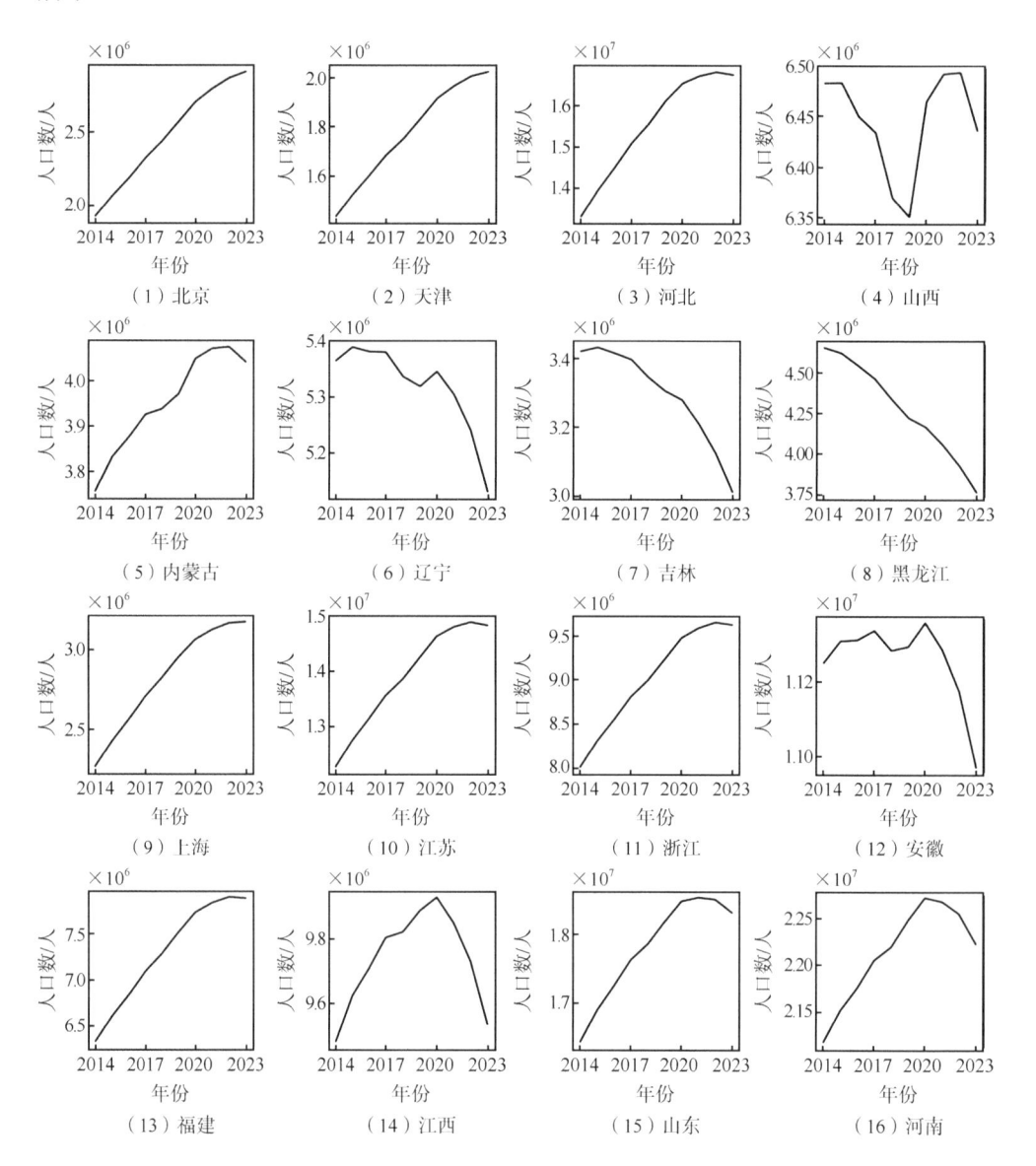

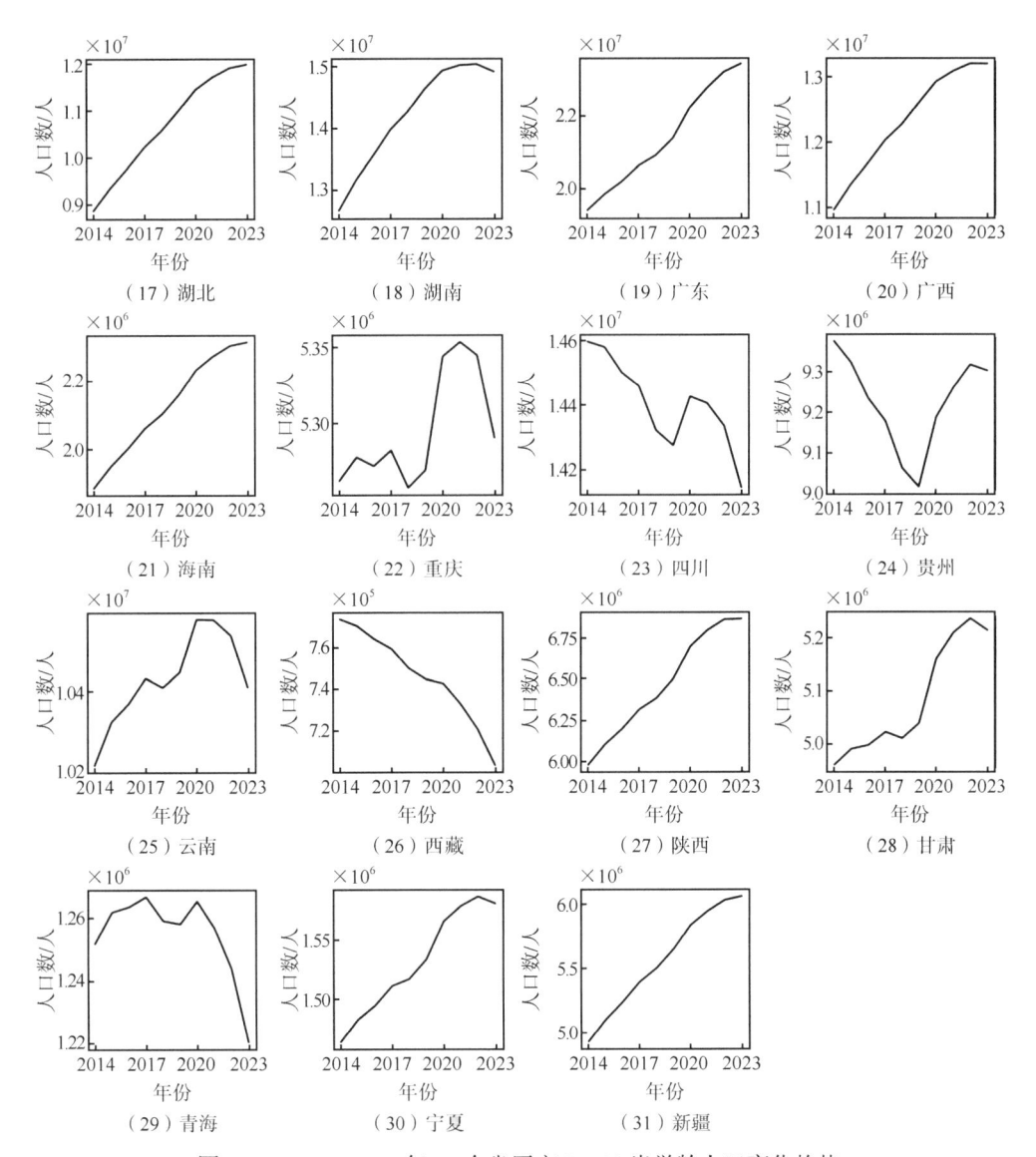

图 2-8　2014～2023 年 31 个省区市 3～18 岁学龄人口变化趋势

总的来看,过去十年学龄人口体量的整体增长是我国经济快速发展的成果,同时也受到了生育政策等社会政策的积极影响。然而,不同省份学龄人口的变动模式差异显著,这对地方政府在教育资源配置上提出了不同的需求和挑战。为了应对这些挑战,地方政府需要根据各地的实际情况,采取更为精细化的管理和规划策略,以确保教育资源的合理分配,满足不同地区学龄人口变化带来的需求变化。

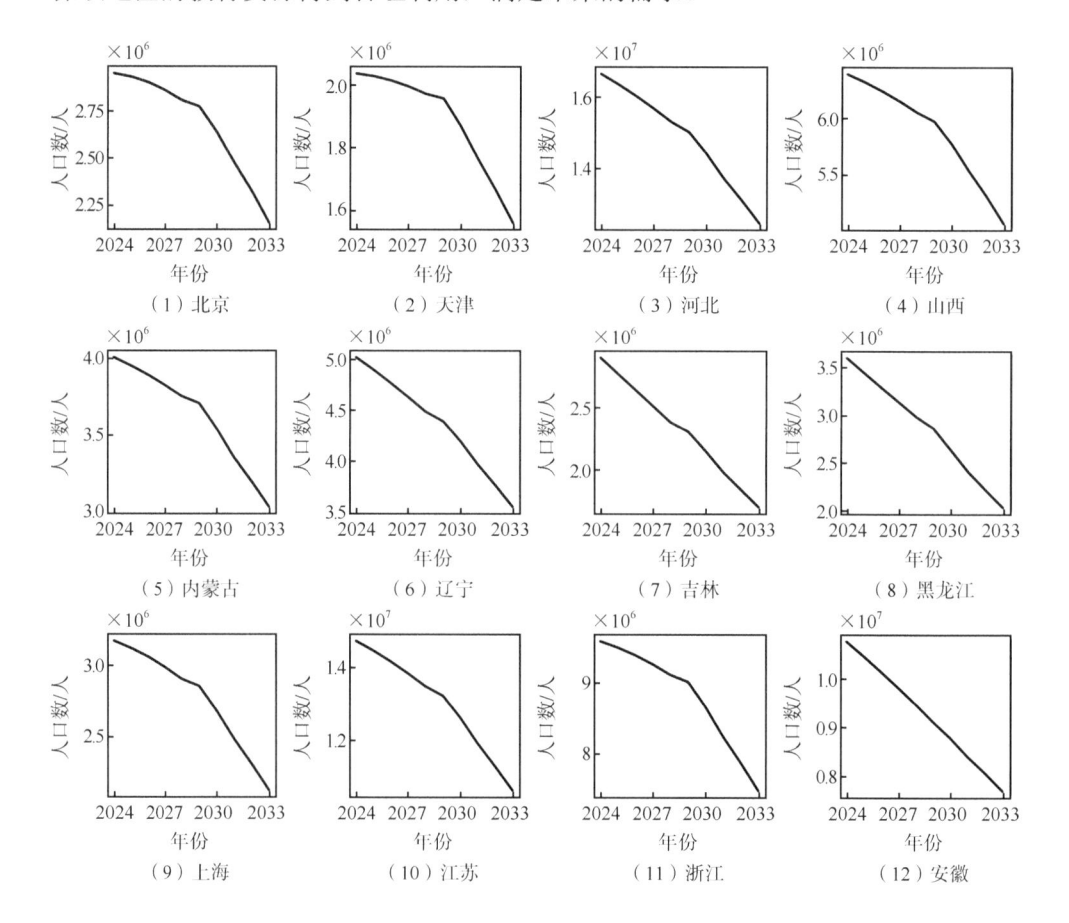

2. 未来的十年（2024～2033 年）

未来十年的学龄人口变化预测显示（图 2-9），除贵州省外，30 个省区市的学龄人口变化趋势呈现出显著的一致性，即在一个相对平缓的下降期之后，将会经历一段快速下降阶段。这一预测结果暗示着未来我国面临的一个共同挑战是如何应对并适应学龄人口的快速减少，这对教育规划和资源配置提出了新的要求。学龄人口数量的减少可能会导致学校数量和规模的调整、教育资源（如师资力量）的重新分配，以及对教育政策的调整以适应人口结构的变化。特别是在快速下降阶段，政府和决策者需要提前做好准备，通过科学规划和政策引导，确保教育质量不受影响，同时优化教育资源的配置，以应对未来的挑战。贵州省异于其他省份的情况也值得关注，可能需要特别的策略来应对其独特的人口变化趋势，以确保该地区的教育资源得到合理利用，满足未来的需求。

（1）北京　（2）天津　（3）河北　（4）山西
（5）内蒙古　（6）辽宁　（7）吉林　（8）黑龙江
（9）上海　（10）江苏　（11）浙江　（12）安徽

(13) 福建　　(14) 江西　　(15) 山东　　(16) 河南

(17) 湖北　　(18) 湖南　　(19) 广东　　(20) 广西

(21) 海南　　(22) 重庆　　(23) 四川　　(24) 贵州

(25) 云南　　(26) 西藏　　(27) 陕西　　(28) 甘肃

(29) 青海　　(30) 宁夏　　(31) 新疆

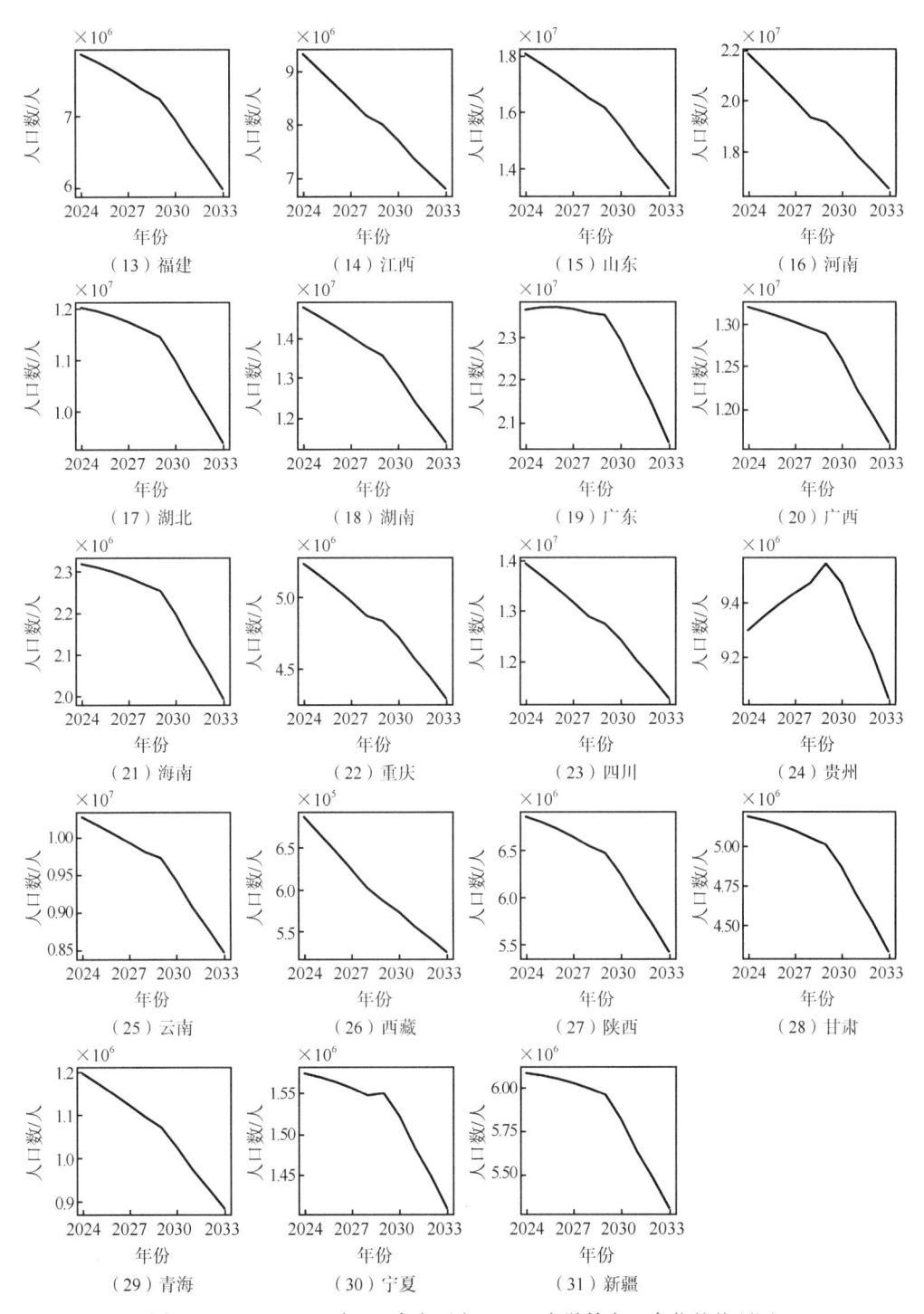

图 2-9　2024～2033 年 31 个省区市 3～18 岁学龄人口变化趋势预测

3. 横跨过去未来二十年（2014～2033年）

观察2014年至2033年这二十年间的学龄人口变化，我们宏观上可以从图2-10中看到一个先上升后下降的总体趋势，其中2022年达到学龄人口峰值，到了2033年，学龄人口相比峰值预计将下降接近23%。东部、中部和西部各地区的变化趋势与全国基本一致，唯独东北地区持续处于学龄人口下降的状态。

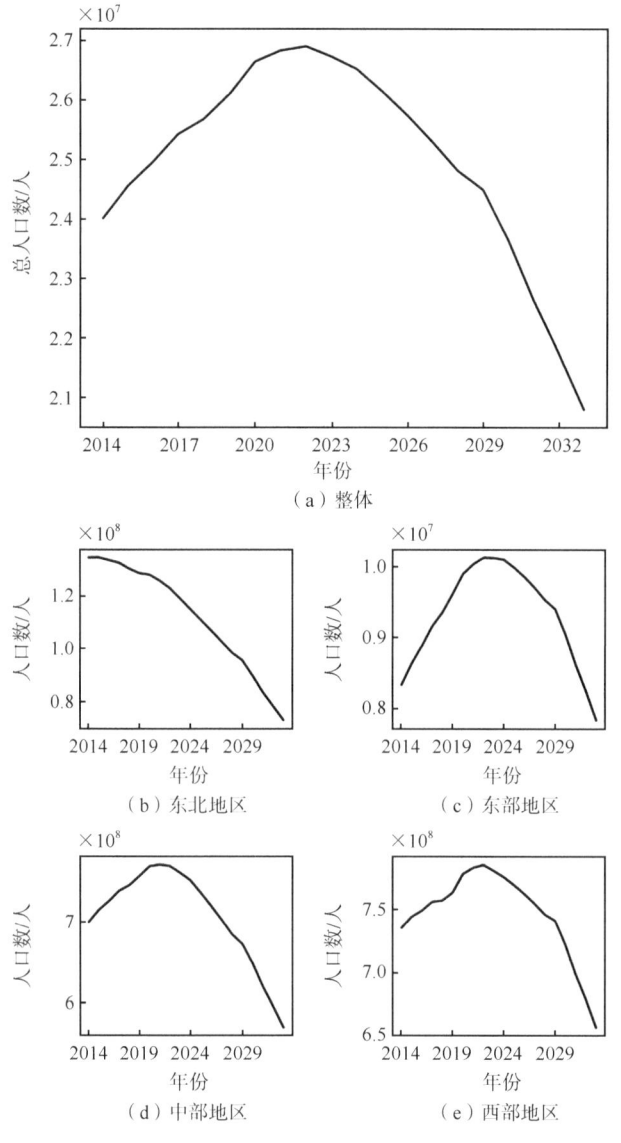

图2-10　2014～2033年3～18岁学龄人口变化趋势

进一步从图 2-11 各省的聚类分析结果来看，学龄人口的整体变化趋势主要分为"下降趋势"和"先上升后下降"两种模式，其中根据峰值点的早晚，先升后降模式根据前期人口上升幅度和峰值点的早晚又可以进一步细分为两种。在那些经历了先上升后下降模式的省份中，不同地区的下降幅度有明显差异。例如，北京、上海、广东等东部经济发达地区到 2033 年的学龄人口水平与 2014 年比较接近，显示出这些地区虽然面临人口下降的趋势，但能够在一定程度上保持学龄人口的稳定。相比之下，中、西部地区如江西、重庆、甘肃等省市在经历了短暂的人口上升后迎来了大幅度的下降，反映出这些地区的人口增长动力不足以维持长期的稳定增长，拥有更发达的基础设施、先进的医疗系统、优质的教育机构和更高收入水平的城市可能会吸引更多的外来人口，因为他们的生活水平更高和机会更多，从而影响人口分布。

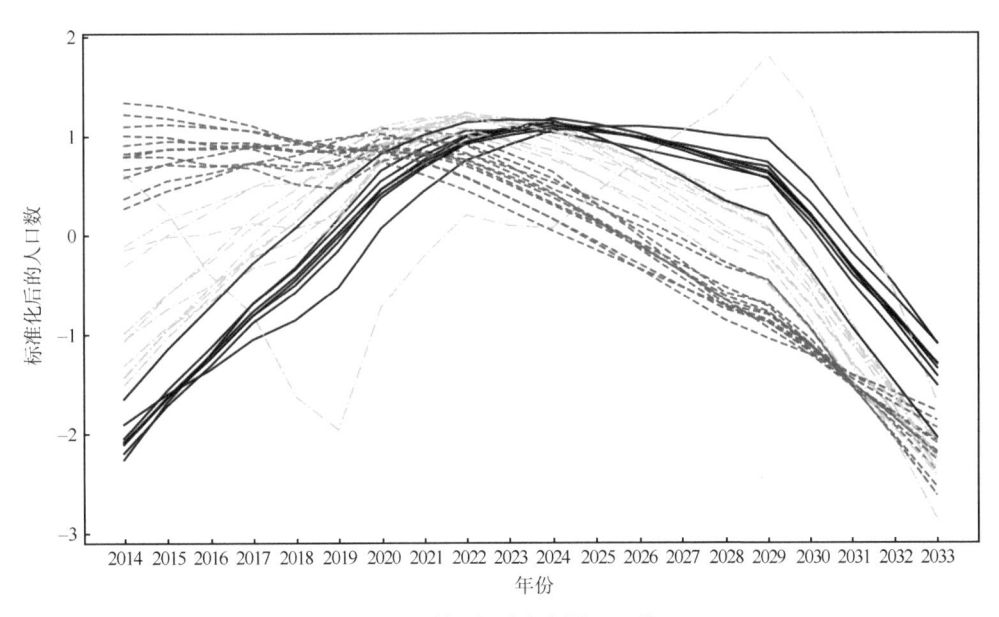

图 2-11　时间序列聚类图（三类）

东北地区的持续学龄人口下降趋势以及安徽、四川、西藏等中、西部省区的类似状况，进一步强调了学龄人口变化对地区发展战略和资源配置的深远影响，图 2-12 具体展示了 31 个省区市学龄人口在这期间的变化。这些趋势不仅揭示了中国各地区在学龄人口变化上的差异，也提醒政策制定者和社会规划者需要针对不同地区的特定情况，制定更为精准和长远的对策。从长期来看，学龄人口的这种变化趋势对教育资源的配置、劳动力市场的结构以及未来的经济发展模式都将产生重大影响。学龄人口的减少将直接影响教育需求的结构，要求教育体系做出相应的调整，如减少或合并学校数量、优化师资力量配置等。同时，劳动力市场也将面临挑战，特别是在学龄人口下降较为严重的地区，可能需要通过提高劳动生产率、引进外来劳动力或推动科技创新等方式来缓解劳动力供给的压力。针对这些挑战，传统的基于当前需求的资源配置模式显然已不适应变化的需求。未来的资源配置和政策制定需要更加灵活，能够适应学龄人口结构变动的长期趋势和区域差异。这可能意味着需要采用动态的规划方法，利用数据分析来预测未来的变化，从而使资源配置更加高效。

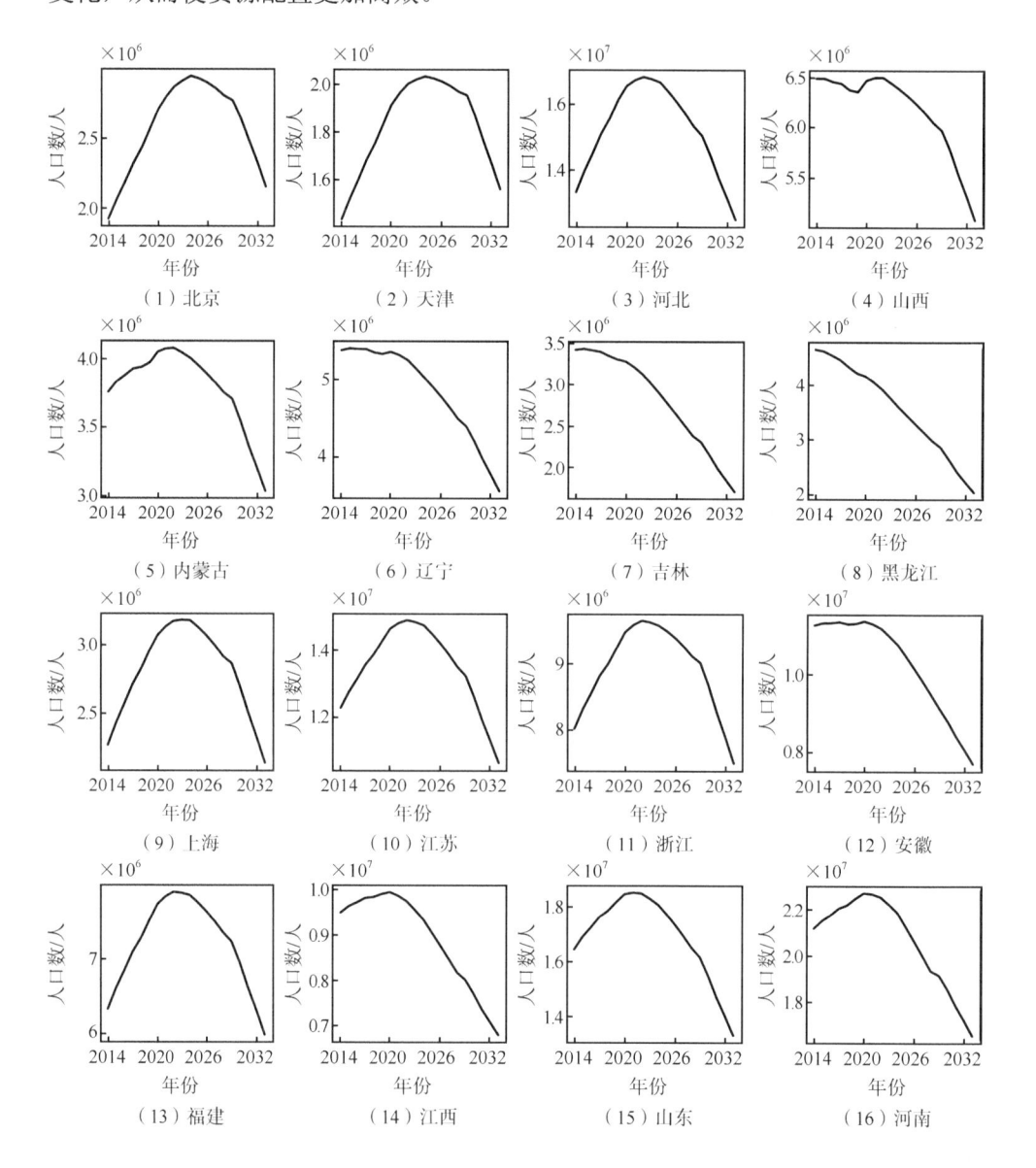

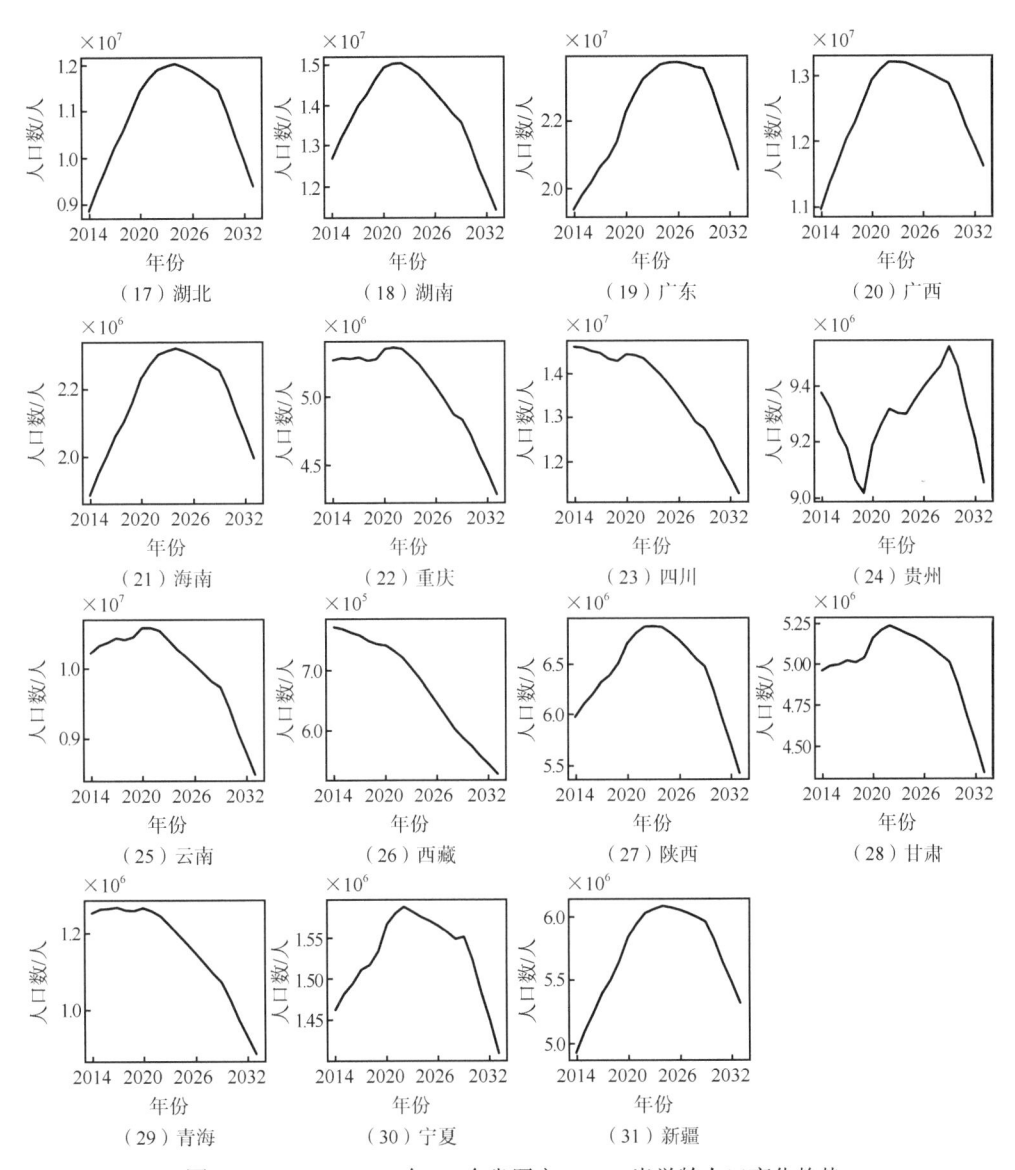

图2-12 2014~2033年31个省区市3~18岁学龄人口变化趋势

2.1.4 人口变化小结

对于总人口分析可以看出,未来二十年我国人口数量将总体呈现下降趋势,同时伴随着明显的地区分化现象。这种变化不仅会对社会经济发展产生深远影响,还将对教育资源的配置提出新的要求和挑战。

从全国层面看,总体人口的逐渐下降反映了低生育率、老龄化加速等因素的共同作用。这一趋势将对教育资源的总体需求造成影响，尤其是基础教育阶段，学龄儿童人数的减少将直接导致对教育资源需求的减少。

从区域层面分析，人口变化的地区差异化特征尤为明显。中部和东北地区的人口直线下降，在一定程度上是由经济发展水平的下降、生育意愿下降以及年轻劳动力外迁等因素造成的。东部和西部地区的人口呈现短期上升后下降的趋势，这可能与这些地区经济快速发展、政策扶持、生育观念等因素相关。短期内人口增长带来教育资源需求增加，长期来看则需关注人口下降对教育资源配置的影响。

从省级行政区层面看，各省份之间的人口变化趋势更加复杂多样。大多数省份呈现人口下降的趋势，而部分经济发展较好的省份，由于能够吸引外来人口，其人口数量仍然保持增长。还有少数省份的人口变化趋势呈现出先上升后下降的倒"U"形，这可能与其特定的经济发展阶段和人口政策调整有关。这些差异化的变化趋势要求在教育资源配置时不能一概而论，需要结合各省份的具体情况进行细致规划。

从学龄人口变化趋势看，当前的大部分地区学龄人口正处于上升到下降的转折点，此时的教育资源投入决策需要综合考虑满足当前的需求，以及之后人口的快速下降期间资源可能出现的闲置问题。

总结来说，在未来教育资源的配置规划中，应当充分考虑到人口数量总体下降及地区分化的双重背景。首先，需要优化教育资源的分配，对于学龄人口减少的地区，可通过合并学校、调整师资力量等方式，提高教育资源的使用效率；对于人口暂时增长的地区，则需要及时增加教育资源的投入，满足短期内增长的需求。其次，要注重教育资源配置的灵活性和前瞻性。最后，政策制定者应根据各地区的实际人口变化趋势和教育需求，制定更加个性化、符合地方实际需要的教育资源配置策略，以实现教育资源的合理配置和高效利用。

2.2 教育资源配置

2.2.1 教育资源配置的变化趋势

本节我们从三个关键指标出发：生师比、生均校舍面积和生均经费，分析教育资源配置变化趋势的区域差异。

生师比这一指标反映了学生与教师的数量比例，是衡量教育资源人力配置充足性的重要参数。生均校舍面积可以直观地显示学校为每位学生提供了多少学习空间。通过对比不同区域的生均校舍面积，我们可以评估学校基础设施的充足程度及其在不同地区的分布情况。生均经费这一指标表明每位学生平均获得的教育经费数量，是衡量教育投入水平的重要指标。通过分析生均经费的地区差异，可以了解各区域对教育的财政支持和优先级，以及这些投入如何影响教育服务的质量。综合这三个指标的分析，将有助于全面理解国内教育资源配置的现状与挑战，特别是在不同地区之间的不均衡问题。通过这样的系统性分析，我们能够为未来的教育政策和资源配置提供更加科学的建议。

从教育供给的角度看，我们主要分析教育经费投入的成长性，包括地方政府总收入的增长和教育经费占总支出的比例。财政经常性收入是指每个财年都能连续且稳定取得的财政收入。根据《国务院关于进一步加大财政教育投入的意见》，要严格落实教育经费法定增长要求，保证财政教育支出增长幅度明显高于财政经常性收入增长幅度[①]。因此，我们用财政经常性收入年均增速来衡量各地区教育供给能力的增长速度。此外，一般公共预算教育经费占一般公共预算支出的比例在一定程度上能反映出教育供给能力的增长潜力，占比低的地区有更大的上升空间，应对需求变化的能力也更强，比例高的地区，教育支出带来的财政负担相对较大，当前的负担比例和上升空间共同构成了衡量地方政府教育投入能力成长性的两个维度。

图 2-13 中展示了 2013～2022 年 31 个省区市财政经常性收入年均增速以及一般公共预算教育经费占一般公共预算支出的年平均比例（简称教育经费年均占比），财政经常性收入年均增速越大的地区，其教育资源供给能力的增速也越大，同时教育经费年均占比越低的地区，相应的教育经费的提升空间也越大。2022 年，

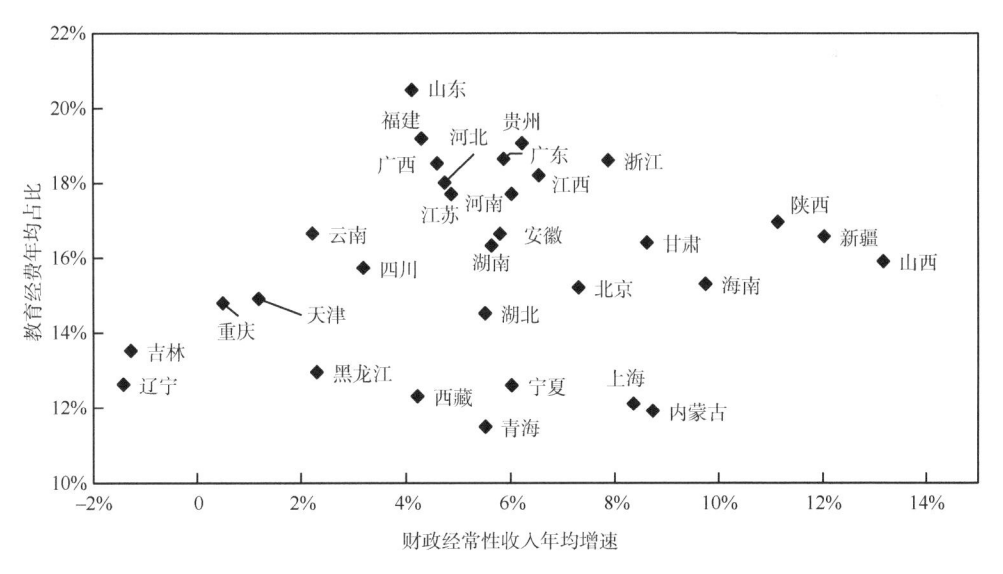

图 2-13　2013～2022 年 31 个省区市财政经常性收入年均增速和教育经费年均占比

---

① 《国务院关于进一步加大财政教育投入的意见》，http://www.moe.gov.cn/jyb_xxgk/moe_1777/moe_1778/201107/t20110701_121857.html，2011 年 7 月 1 日。

中国的国家财政性教育经费占 GDP 的比例为 4.01%，而全国一般公共预算教育经费占一般公共预算支出的比例为 15.07%。教育经费已经成了政府部门预算支出的大头。对于高占比省份，优化教育资源的配置方式，提升教育资源的利用效率，对缓解地区财政压力具有重要意义。

可以看到山西、陕西及新疆等省区财政经常性收入年均增速相对较高，但教育经费年均占比居于中等水平，提升经费占比的空间有限。上海、青海、内蒙古、东北三省等省区市教育经费年均占比相对较低，其中东北三省的财政经常性收入相对较低的年均增速对应其几年来经济发展的弱势状态，低占比也在一定程度上反映了其教育需求持续下降的态势，通过提升占比增强供给能力的潜力较大；上海、内蒙古属于低教育经费年均占比省市中财政经常性收入年均增速较快的。以山东省为代表的高占比相对低增速的省份，教育资源投入能力的成长性空间有限。北京市无论是财政经常性收入年均增速还是教育经费年均占比都处于中等水平，可以作为投入能力成长性比较的标准区域。

2022 年全国一般公共预算教育经费为 39 256.96 亿元，比上年增长 4.79%，占一般公共预算支出的比例为 15.07%。教育支出已经成为大部分地方政府的财政支出的大头，如何在有限的财政预算内最大化教育资源的效益，确保资金投入能够产生最佳的教育成果是政府部门需要重点关注的问题。有效的资源配置可以减少资源浪费，提高财政资金的使用效率。通过科学的规划和管理，政府可以避免重复建设和过度投资，将资金更多地用于亟须改善的领域，从而实现财政支出的优化。

进一步，我们以小学生均资源 2013~2022 年的变化为研究对象，具体分析各省份生师比、生均校舍面积、生均经费三个指标的变化。从 2013~2022 年整体的变化趋势看（图 2-14），生师比呈现先上升后下降的趋势，从宏观上反映了这期间国家对于教育的大力投入取得了一定的效果，同时看到在之后学龄人口下降的

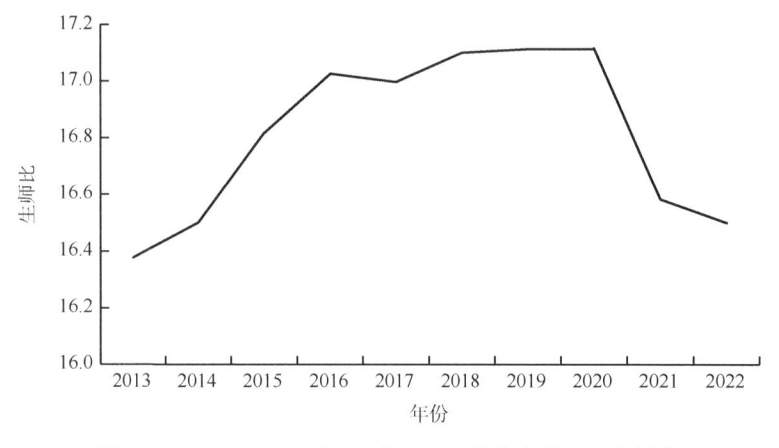

图 2-14　2013~2022 年 31 个省区市整体生师比变化趋势

驱使下，生师比将会进一步自然下降，所以对于 2020 年之后的投入可能存在一定的优化空间。

具体看各省的变化趋势（图 2-15），不同省区市之间变化趋势的差异很大，有呈上升趋势的地区，如北京、天津、山东等；呈下降趋势的地区，如浙江、江西、广西、青海等；先上升后下降的地区，如河北、江苏、黑龙江、福建、湖南等；小范围震动变化的地区，如云南、西藏、宁夏、吉林等。

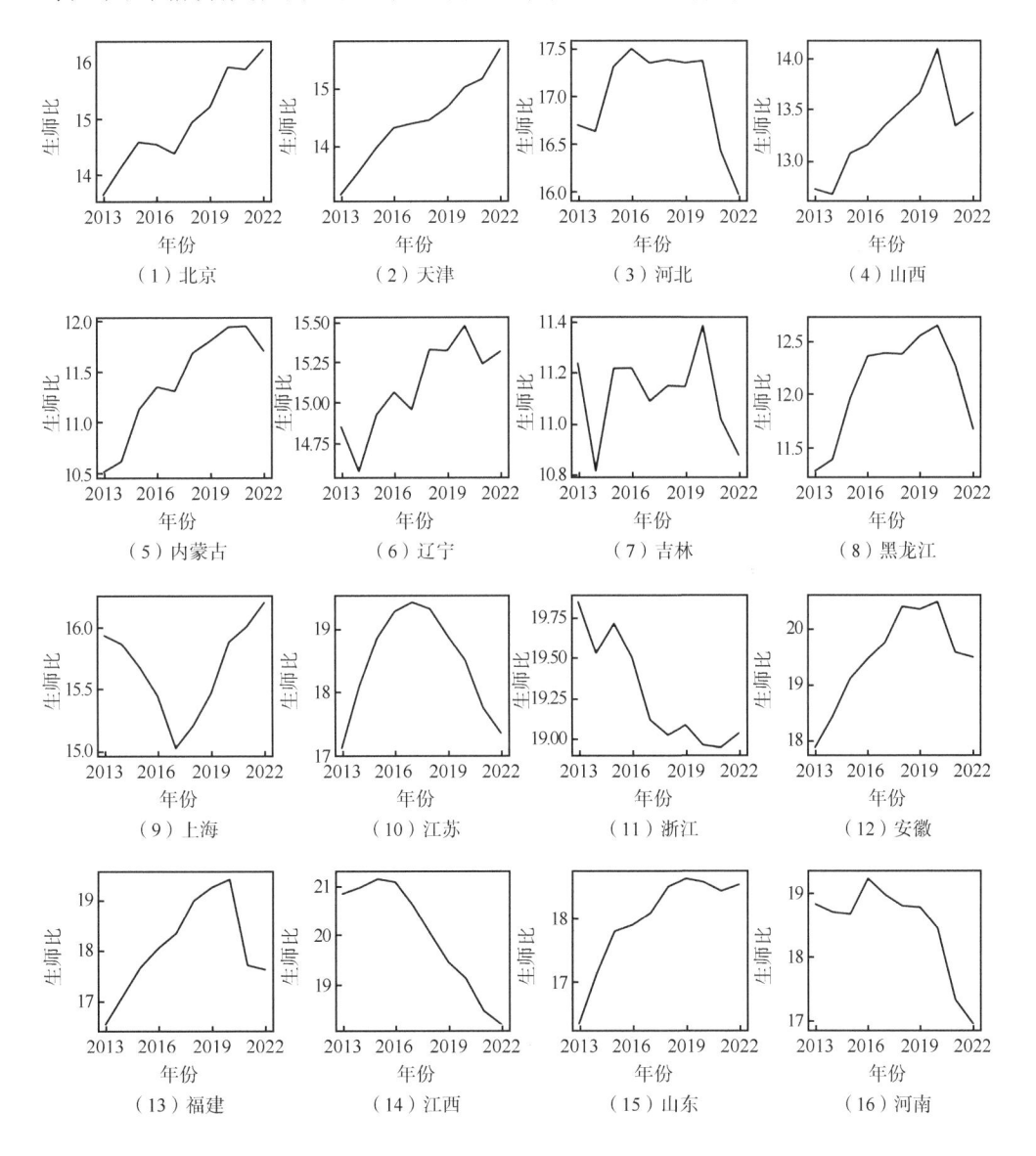

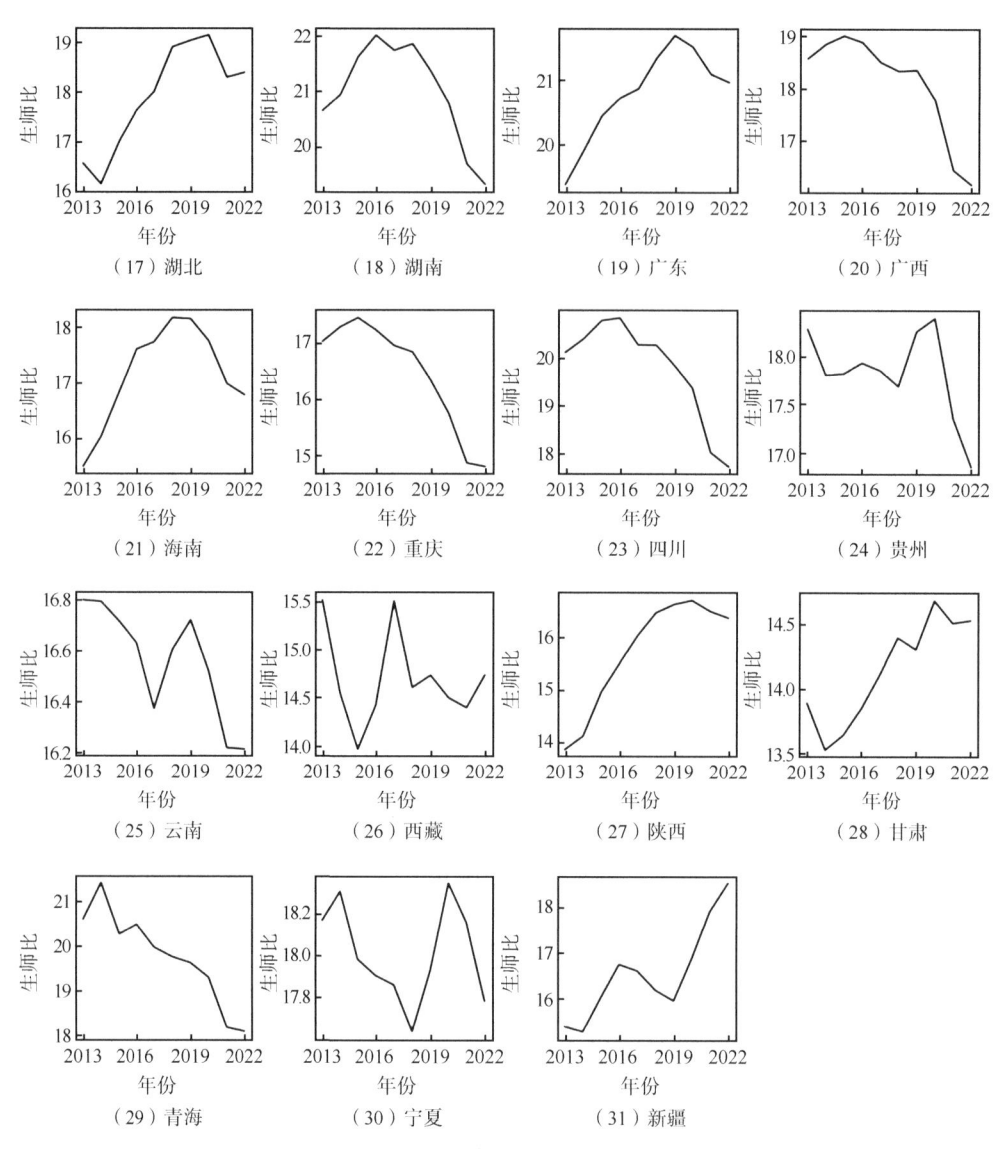

图 2-15　2013~2022 年 31 个省区市生师比变化

从省际分布差异的变化来看（图 2-16），2013~2022 年小学生师比省际基尼系数整体呈现先升后降的趋势，在 2022 年达到最低点，说明生师比省际差异在不断缩小。

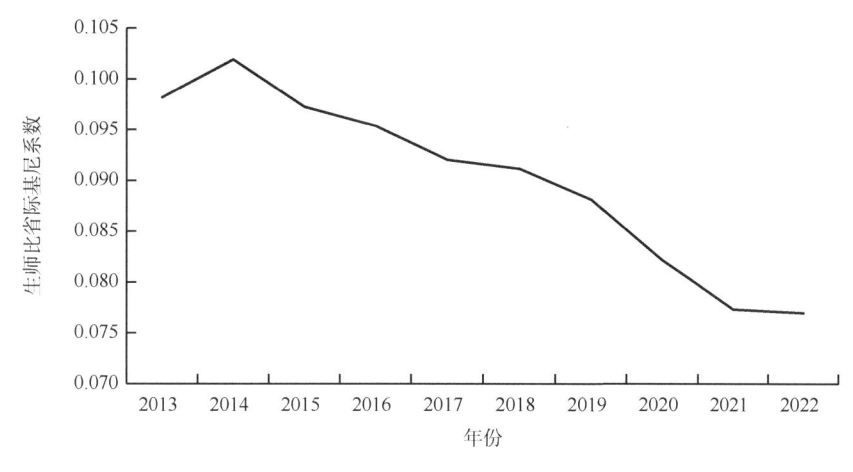

图 2-16　2013～2022 年生师比省际基尼系数

从全国的分布看，对比 2013 年和 2022 年的分布，整体都呈现南紧北松的状况，尤其是东北地区，持续的人口流出，使得其教育资源始终处于相对宽松的状态。从变化上看到西南地区大部分省份生师比都有所下降，东部沿海地区大部分省份都有所上升。2013 年生师比最高的省份包括青海、四川、湖南、江西；2022 年，这些地区的情况相对改善，生师比最高的地区变成了广东，新疆生师比也有显著的上升，这和我们之前对于人口流动方向的分析是匹配的。

进一步，从图 2-17 中展示的生均校舍面积省际基尼系数可以看到，省际分布差异从 2014 年开始减小，保持到 2019 年开始逐渐上升。各省 2022 年生均校舍面积较 2013 年都有所提升，但从空间整体分布格局看，基本没有显著变化，人口密度低的地区生均校舍面积普遍要大于人口密集的地区，西藏要远高于全国平均水平。

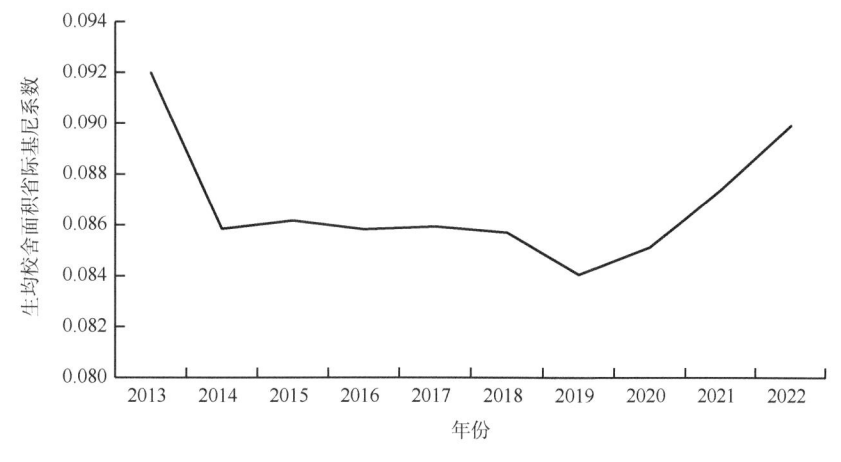

图 2-17　2013～2022 年生均校舍面积省际基尼系数

最后，如图 2-18 所示我们看到生均经费的省际差异是要大于其他两类教育资源的，因为经费的使用也主要是用于购买或完善教学设施、增加教师待遇、提高教学质量等方面，而这些都多少与地区的经济发展水平、物价水平等密切相关，所以这种较大的差异在一定程度上反映了区域之间经济发展水平的差异。

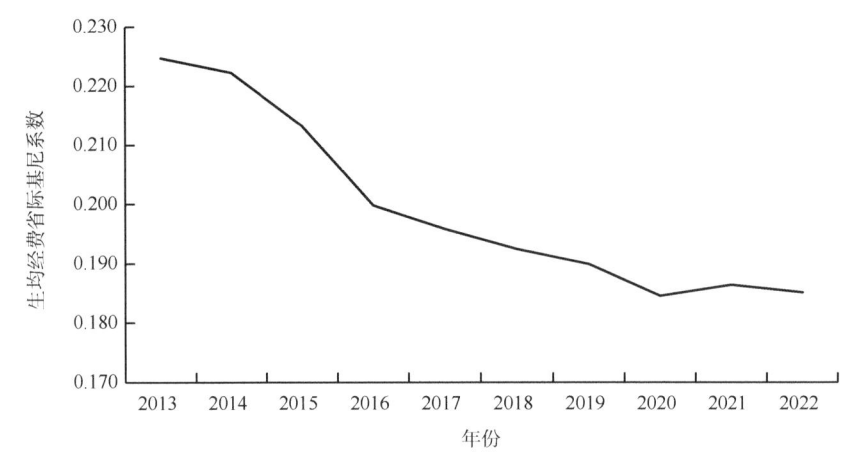

图 2-18　2013～2022 年生均经费省际基尼系数

从全国的分布看：北京、上海生均经费独占鳌头，其他区域中学龄人口较少的东北、西北地区生均经费相对较高。2022 年较 2013 年整体生均经费水平都有所提升，一方面，与这十年全国经济的快速发展分不开；另一方面，可以看到西藏地区的生均经费有很大幅度的提升，生均经费水平接近北京、上海这样的教育水平高度发达的地区，这可能与国家对区域政策的支持有关。西南地区的生均经费水平一直处于靠后的水平，一方面是经济发展水平不高，另一方面是教育需求较高。北方地区河南、河北的生均经费水平也不高，这与其庞大的教育需求有关。而广东省，作为一个人口流入大省，依靠其强大的经济实力，能够在生均经费上保持相对不低的水平。

从 2013 年至 2022 年各类教育资源的分析来看，我们可以观察到各类生均资源水平普遍得到提升，而且省际之间的资源分布差异正在逐步缩小。然而，我们依然能够发现不同区域之间存在着显著的差别，特别是在教师资源的分配上。具体来说，随着人口向北京、上海、广东及其他东部沿海省市的集中流入，这些地区的资源紧张程度持续加剧。相比之下，在人口流出的地区，如东北地区，资源闲置问题仍然要引起人们的广泛关注。因此，在进行资源配置时，我们必须充分考虑不同地区的具体情况，并根据各地的实际需求，因地制宜地制定和调整配置目标。这样采取策略不仅能够有效地缓解资源分配的不均衡问题，还能促进教育资源的合理利用，为不同地区的发展提供坚实的支持。

2.2.2 教育资源配置的现状

本节主要分析 2022 年我国 31 个省区市基础教育生均资源的分布，具体包括对生师比、生均校舍面积、生均经费三个指标的分析。

从 2022 年[①]全国整体情况看，全国共有各级各类学校 51.85 万所，各级各类学历教育在校生 2.93 亿人，专任教师 1880.36 万人。全国一般公共预算教育经费（包括教育事业费、基建经费和教育费附加）为 39 256.96 亿元，比上年增长 4.79%。其中，中央财政教育经费 5715.56 亿元，比上年同口径增长 2.7%[②]。基础教育资源配置情况如表 2-5 所示。

表 2-5　2022 年基础教育资源配置情况

教育阶段	学校数/万所	在校生数/万人	专任教师数/万人	生均经费/元	校舍面积/万米²
学前教育	28.92	4 627.55	324.42	10 198.39	48 558.08
普通小学	14.91	10 732.06	662.94	12 791.64	88 961.80
普通初中	5.25	5 120.60	402.52	18 151.98	78 648.35
普通高中	1.50	2 713.87	213.32	19 117.92	68 034.90

教育资源的配置关联最紧密的三个系统分别是教育、人口和经济，教育系统的需求来自人口系统，教育系统的供给离不开经济系统的支持，配置的具体实施是教育系统的重要职能。作为分母，人口对于生均资源水平的影响是显而易见的。此外，资源的投入能力往往和地方经济发展水平有一定的关联，我们通过人均地区生产总值审视一下 2022 年各省经济发展的地理格局。整体看全国人均 GDP 为 8.54 万元，人均地区生产总值最高的是北京 19.05 万元，最低的是甘肃 4.50 万元，省际差异的基尼系数是 0.21。从地域上看，东南沿海省份相对高一些，东北地区和西部地区省份相对偏低，中部地区省份接近全国的平均水平。从在校学生数的分布看，其呈现由西北到东南逐渐增加的趋势。华中、华北、华东地区紧邻的河南、河北、山东、江苏都是人口大省，华南地区广东的人口数高居全国第一，西南地区的四川也是人口集中区域。下面我们也将从人口分布和经济发展水平的分布具体来看各省生均资源的分布情况。

1. 生师比

通过与人均 GDP 相关性分析（表 2-6）我们发现，学前教育和普通高中生师比与人均 GDP 的相关性是显著的，即经济水平越高的地区这两类教育的生师比越

[①] 《2022 年全国教育事业发展统计公报》，http://www.moe.gov.cn/jyb_sjzl/sjzl_fztjgb/202307/t20230705_1067278.html，2023 年 7 月 5 日。

[②] 《教育部 国家统计局 财政部关于 2022 年全国教育经费执行情况统计公告》，http://www.moe.gov.cn/srcsite/A05/s3040/202312/t20231202_1092896.html，2023 年 12 月 2 日。

低，教师资源相对更充裕，义务教育阶段生师比水平和经济水平相关性不显著。这在一定程度上和不同类别教育中民办教育的占比有关。义务教育阶段的民办在校生占比只有5.23%，而学前教育民办在校生占比达45.96%，普通高中民办在校生占比为18.34%，这意味着这两类教育有更多的社会资本介入，市场化程度更高，更容易与地方的经济水平产生关联。

表2-6 各级教育生师比与人均GDP相关系数

教育阶段	相关系数	p值（显著性水平95%）	民办在校生占比
学前教育	−0.413*	0.021	45.96%
普通小学	0.001	0.996	5.23%
普通初中	−0.293	0.109	
普通高中	−0.611**	0.000	18.34%

学前教育生师比最高的省份是云南19.61，最低的是辽宁11.21。从具体的分布来看，基本也是以这两个省份为重心，由东北向西南呈现逐渐升高的趋势，东北地区以及内蒙古、新疆等省区市生均资源水平相对充裕，这可能与这些地区的人口减少和对教育资源的历史积累有关；华北地区、东南沿海地区省份接近或稍好于全国水平，虽然该区域人口密度相对较高，但是经济发展水平也相对较好，在一定程度上能够弥补人口的稀释作用。西南和华南地区，尤其是广西、云南，生均教师资源相对紧张。这可能与这些地区人口规模大、人口增长迅速或教育投资不足有关。西部地区除新疆、内蒙古之外生师比都低于全国水平，这可能反映了这些地区面临的独特挑战，如地广人稀、教育资源分布不均等因素。

如表2-7所示，普通小学生师比最高的是贵州18.19，最低的是吉林10.95，普通初中生师比最高的是广西14.57，最低的是北京8.88（表2-8）。可以看到，相比学前教育，义务教育阶段生师比较高区域的重心向东南有所移动，较低区域重心继续向东北移动，普通小学和普通初中的分布类似，整体呈现南紧北松的趋势，西部地区出现一些分化，新疆、青海、宁夏、广西、贵州、云南生师比高于全国平均水平，西藏、甘肃和内蒙古低于全国平均水平。义务教育由于其特殊性，民办占比很低，中央对于地方的经费扶持力度也相对更大，此时人口总量和结构的分布对生师比分布的影响更大一些，尤其是义务教育阶段人口占比，例如江西，其普通小学在校生占总学生的比例比周边省份都低，而普通初中在校生占比相对周边大部分省份要高一些，可以很清楚地看到这种变化对于普通小学和普通初中生师比的影响变化。此外，由于教师资源本身跨地域的流动性不强，义务教育阶段本省教师的比例相对较高，所以本省教师的培养能力以及对外省教师的吸引力也是需要重点考虑的因素，这也能在一定程度上解释部分西部省份生师比相对较高的原因。

表 2-7　2022 年 31 个省区市普通小学生师比

省区市	生师比	省区市	生师比
吉林	10.95	河北	16.25
黑龙江	11.10	河南	16.26
内蒙古	12.59	山东	16.27
甘肃	13.30	云南	16.33
山西	13.70	湖南	16.70
辽宁	14.00	浙江	16.93
上海	14.02	宁夏	16.97
北京	14.13	湖北	17.32
西藏	14.78	广西	17.32
海南	15.07	青海	17.40
重庆	15.16	安徽	17.44
天津	15.59	福建	17.58
四川	15.59	新疆	17.66
江西	15.83	广东	18.01
陕西	15.90	贵州	18.19
江苏	16.16		

表 2-8　2022 年 31 个省区市普通初中生师比

省区市	生师比	省区市	生师比
北京	8.88	湖北	12.72
吉林	8.99	新疆	13.19
黑龙江	9.46	湖南	13.25
辽宁	9.66	宁夏	13.25
内蒙古	10.44	安徽	13.37
山西	10.56	海南	13.39
甘肃	10.94	云南	13.45
上海	11.09	福建	13.48
天津	11.78	河北	13.57
江苏	11.83	青海	13.61
西藏	11.94	河南	13.66
陕西	11.98	江西	13.67
浙江	12.38	广东	13.83
四川	12.40	贵州	14.44
山东	12.55	广西	14.57
重庆	12.71		

普通高中生师比最高的是广西 15.07，最低的是北京 8.73，如表 2-9 所示。其分布与学前和义务教育阶段相比，兼具两者的特点。可以看到，整体还是北松南紧，但东北地区资源的充裕程度有所下降，其中吉林生师比甚至高于全国平均水平。具体来看，西部地区的内蒙古、甘肃、陕西、西藏、青海，东北地区的辽宁，东部地区的北京、上海、天津、山东、江苏、浙江，以及中部地区的山西等地，生均资源呈现出相对充足的态势。特别是北京、上海这两个直辖市，其高中生师比水平远低于全国平均水平，显示出这两个地区教育资源配置的优越性。然而，南方多数省份，如广西、重庆、江西，其生师比水平普遍高于全国平均。

表 2-9 2022 年 31 个省区市普通高中生师比

省区市	生师比	省区市	生师比
北京	8.73	海南	12.86
上海	9.59	福建	12.94
内蒙古	10.45	新疆	12.98
山西	10.57	河北	13.07
甘肃	10.96	四川	13.15
浙江	11.03	湖北	13.18
江苏	11.13	宁夏	13.20
辽宁	11.40	贵州	13.25
天津	11.64	安徽	13.32
山东	11.76	河南	13.59
陕西	11.81	云南	13.78
西藏	12.03	湖南	13.91
青海	12.41	江西	14.79
黑龙江	12.68	重庆	15.00
吉林	12.80	广西	15.07
广东	12.86		

深入分析人均地区生产总值与普通高中生师比的分布，我们发现二者之间呈现出负相关关系，如图 2-19 所示，皮尔逊相关系数为 –0.579（p=0.001），背后可能的原因是：与义务教育相比，高中教育在资源配置上更受户籍制度的制约，受人口流动的影响较小，此外高中教育的投入成本较其他类都有所提升，其资源配置现状更多地受到各地区财政能力的影响。比如北京、上海等经济发达地区，其凭借雄厚的财政实力，能够保持较低的生师比。财政实力较弱的甘肃等地也能保持低生师比，这可能归功于国家对西部地区教育的政策扶持及当地政府对教育的高度重视。

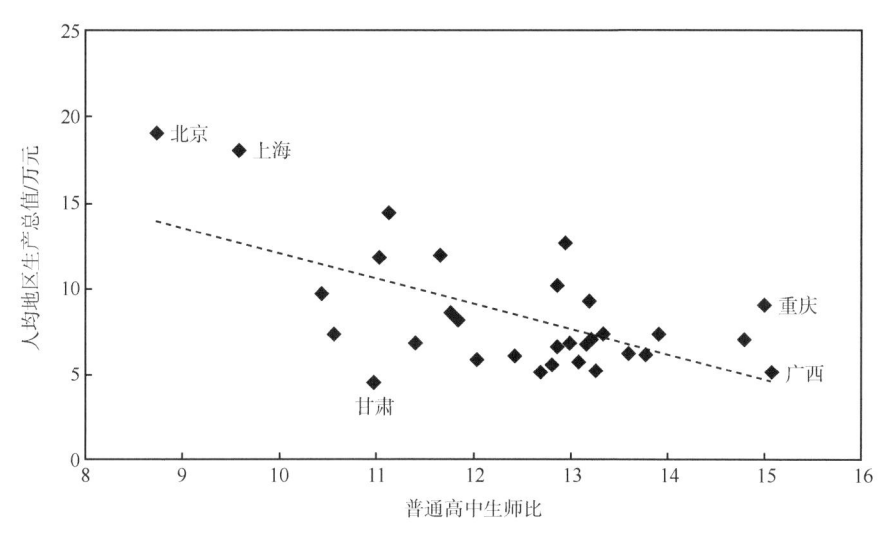

图 2-19　2022 年 31 个省区市普通高中生师比与人均地区生产总值散点图

2024 年，甘肃省教育厅在全省县中振兴工程（陇中东南片区）推进会上明确指出，将支持每个县（市、区）重点办优办强一所优质高中，显示了对高中教育质量提升的决心。与此同时，重庆尽管财政能力不俗，但生师比却较高，这可能是由于近年来越来越多的四川、贵州学生涌入重庆就读高中，稀释了当地的教师资源。从高考数据可以看出，2023 年重庆的一本上线率达到了 36.90%，而四川与贵州分别仅为 17.29% 与 18%，重庆的高考报名人数为 19.4 万人，而贵州与四川的报名人数分别为 34.1 万人与 60.77 万人，这进一步凸显了重庆高中教育资源对周边地区的强大吸引力。

总体来看，义务教育阶段生师比的分布和人口流动情况呈现出一定的关联性，人口流入地区的生均教师资源相对紧张一些，而人口流出地区的生均资源相对宽松，整体呈现南紧北松的局面，根据 2.1.1 节人口变化的预测，这一局面将会持续存在，值得关注。而高中阶段生师比分布更多和地区的财政能力相关，财政能力强的地区资源相对丰富。

从全国的角度来看，生师比的这种分布差异提示我们教师资源的地域流动可能受到多种因素的影响。例如，经济发展水平、地方政府的教育政策、生活成本、工资水平以及职业发展机会等都可能成为影响教师流动的重要因素。为了进一步提高教师资源的均衡分配，可以通过提高教师待遇、增加教育投资、优化教师招聘政策等措施，吸引和留住教师，特别是在那些生师比高于全国平均水平的地区。同时，也需注重促进教育资源内部优化配置，尤其是在人口密集的南方省份，以及资源相对欠缺的西部地区。

2. 生均校舍面积

对于学前教育和高中教育的生均校舍面积分布,二者分布上呈现很大的反差。高中的校舍面积中包含了更多类似实验室、室内体育设施、图书馆、学生宿舍、心理辅导室等学前教育不包含的条目,这需要相当一部分财政的投入,所以西部和东北地区地广人稀的优势并不明显,在学前教育阶段表现出较高的生均校舍面积,但在高中校舍面积中无法体现,相反这时候地方的财政能力更多地发挥了支撑作用,所以我们会看到这种明显的分布格局的反转。义务教育阶段生均校舍面积整体分布介于学前教育和高中教育之间的,但由于本身校舍面积涉及的因素过多,各地的统计口径无法确保完全一致,所以整体的规律不太明显。

3. 生均经费

整体来看各级教育生均经费水平最高的都是北京,如表 2-10 所示。学前教育和普通高中最低的是广西,义务教育阶段最低的是河南,从省际差异基尼系数看,省份之间还存在一定差异,学前教育阶段的差异最大,其次是普通高中和义务教育阶段。如前文所述,不同教育类型之间的分布差异的区别,在一定程度上对应了各级教育中民办教育的占比。2023 年 8 月教育部、国家发展改革委、财政部三部门联合印发《关于实施新时代基础教育扩优提质行动计划的意见》[①],提出到 2027 年,学前教育阶段公办园在园幼儿占比力争达到 60%以上(2022 年为 54%),义务教育阶段扩增一批新优质学校,扎实推进普通高中多样化发展,适龄残疾儿童义务教育入学率保持在 97%以上。所以政府的政策、财政能力、教育市场需求和活力都会影响公立和民办教育机构的经费投入格局。

表 2-10　2022 年基础教育生均经费基本情况

教育类型	最高 省区市	最高 生均经费/元	最低 省区市	最低 生均经费/元	省际差异（基尼系数）
学前教育	北京	37 950.54	广西	4 354.63	0.31
普通小学	北京	35 896.90	河南	7 339.47	0.20
普通初中	北京	62 214.95	河南	10 541.81	0.21
普通高中	北京	67 497.57	广西	11 596.08	0.25

在中部地区,学前和小学阶段的生均教育经费预算分布普遍略低于全国平均水平,对比之前的人口分布不难发现这可能与该地区的高人口密度相关。相较之下,东北和西部地区的生均教育经费预算略高于全国平均水平,这一现象可能得

[①] 《教育部　国家发展改革委　财政部关于实施新时代基础教育扩优提质行动计划的意见》,https://www.gov.cn/gongbao/2023/issue_10726/202309/content_6906513.html,2023 年 9 月 30 日。

益于国家对于这些地区教育的特别支持和投资,叠加人口密度综合影响产生的。

值得注意的是,尽管北京、上海以及部分东南沿海地区人口密度较大,但得益于其较高的经济发展水平,这些地区能够保持较高水平的生均教育经费预算,从而提供更优质的教育资源。这一现象在一定程度上揭示了经济实力在教育资源配置中的重要作用,强调了财政能力对于提高教育投入、确保教育质量的重要性。

进入初中和高中阶段,教育资源的分配模式与小学阶段类似,但也有其特殊性。东北地区在这一阶段的生均教育经费水平相较于全国平均水平有所下降,这可能反映了该地区经济增长放缓及人口减少等问题对教育投入的影响。而其他地区的分布模式仍然显示出财政实力与生均教育经费之间的正相关关系。

通过对人均地区生产总值与各级教育生均经费预算的关系进行皮尔逊相关分析,我们发现两者之间都存在显著的正相关关系,其中普通高中阶段的相关系数最高如图2-20所示,达到了0.827($p<0.001$),这表明经济发展水平越高的地区,其教育投入也越充裕。这一数据不仅印证了经济实力对教育资源配置的重要影响,也提示了提高地区经济发展水平能够有效提升教育投入和教育质量。当然虽然西藏的人均地区生产总值水平并不高,但是生均经费水平却处于较高的水平,这可能得益于国家对西部地区的政策支持。

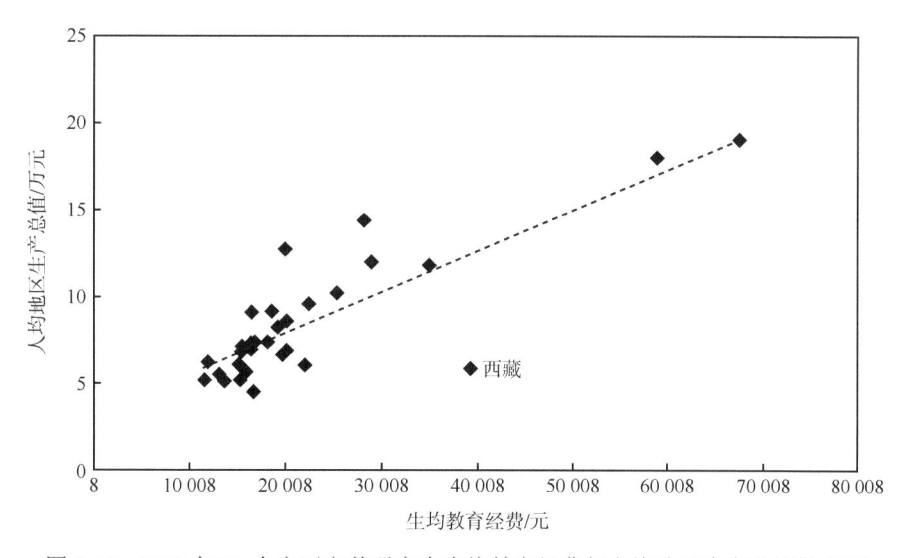

图2-20 2022年31个省区市普通高中生均教育经费与人均地区生产总值散点图

总的来看,2022年中国各地区教育经费预算的省际分布差异受到人口分布和经济水平分布的共同影响,其中对比未来的人口变化趋势可以看到,东北地区在人口方面带来的生均经费压力会进一步减轻,而西南地区持续增长的人口变化趋势,将会对其本就较低的生均经费基础产生进一步的冲击。在这一背景下,为了提升教育公平性和质量，不仅需要加大对经济较弱地区的教育投入，以缩小区域间的教育差距，也需要通过提升经济发展水平来增强教育资源的整体供给能力。这要求政策制定者在规划教育资源配置时，综合考虑经济发展和人口分布等多重因素，采取更为精细化、有针对性的策略，以促进教育资源的均衡分配和教育质量的全面提升。

4. 各省综合生均资源比较

进一步，我们按照资源类型，对每个省份2022年在学前、小学、初中、高中四类教育中生均资源拥有量进行综合排名，换算成相应的生均资源相对充裕程度得分，得分越高，生均资源相对越充裕。

整体来看，对于教师资源，整个北方地区的生均教师资源要好于南方，教师资源的配置关注重点应该是南方地区，尤其是西南地区；对于生均经费，中部和西南地区排名相对靠后，需要重点关注；生均校舍资源方面，除了地广人稀的内蒙古、青海、西藏，以及经济发达省份江苏、浙江排名靠前之外，其他地区之间的差异相对较小。

教师资源的分布不均衡问题，南方特别是西南部分地区的生均教师资源较少，反映出这些地区可能面临教育质量和均衡发展的挑战。这种不均衡不仅影响了当地学生接受优质教育的机会，也可能加剧区域之间的教育差距。因此，提高南方特别是西南地区的生均教师资源，不仅是提升教育质量的关键，也是促进教育公平的重要措施。

生均经费方面，中部和西南地区的排名相对靠后，表明这些地区的教育投入相对不足，可能影响到教育质量和学校的基础设施建设。经费是支撑教育发展的重要资源，包括师资培训、教学设施更新、学生福利等方面的投入，对于提升教育服务质量具有直接影响。因此，加大对中部和西南地区教育经费的投入，对于平衡区域教育资源、提升教育公平性和质量具有重要意义。

生均校舍资源方面，地广人稀的内蒙古、青海、西藏以及经济发达的江苏、浙江等省份排名靠前。这反映出人口密度和经济水平是影响校舍资源分配的重要因素。对于人口密集或经济相对落后的地区，由于资金和空间的双重限制，提升生均校舍资源成为一个挑战。为了缩小地区间的差异，优化校舍资源的配置，不仅需要增加财政投入，还需要通过科学规划和技术创新来提高校舍利用效率和质量。

对策建议包括：首先，加大对教师培训和引进的投入，尤其是在教师资源匮乏的西南地区，通过提高教师待遇、加强师资培训、引进优秀教育人才等措施来提升教育质量。其次，提高对中部和西南地区教育经费的投入，优化经费使用效率，确保资金用于提升教育服务质量的关键领域，如基础设施建设、学生福利、教学研发等。最后，利用科技手段和创新理念优化校舍资源配置，提高使用效率，尤其是在人口密集和经济发展水平较低的地区。

5. 全国城区、镇区、乡村生均资源差异

在对全国各级教育阶段的生均资源进行城区、镇区、乡村三个维度的比较中，我们发现不同教育阶段在生师比和生均校舍面积这两个关键指标上有一些差异（图2-21～图2-23）。特别是，学前教育阶段乡村的生师比最高，说明乡村地区的幼儿园师资资源较为紧张，而城市地区则相对充足；但是，生均校舍面积在城区、镇区、乡村之间基本持平，显示出在基础设施方面的投入，城乡之间较为均衡。

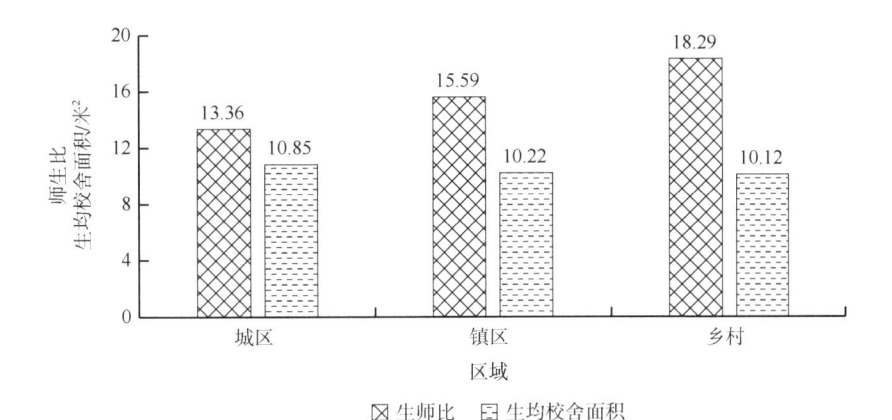

图2-21 全国城区、镇区、乡村学前教育生均资源对比

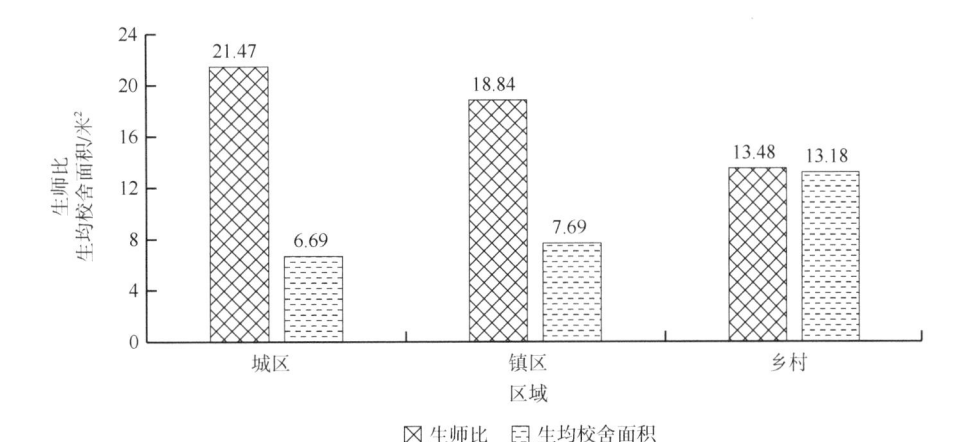

图2-22 全国城区、镇区、乡村普通小学生均资源对比

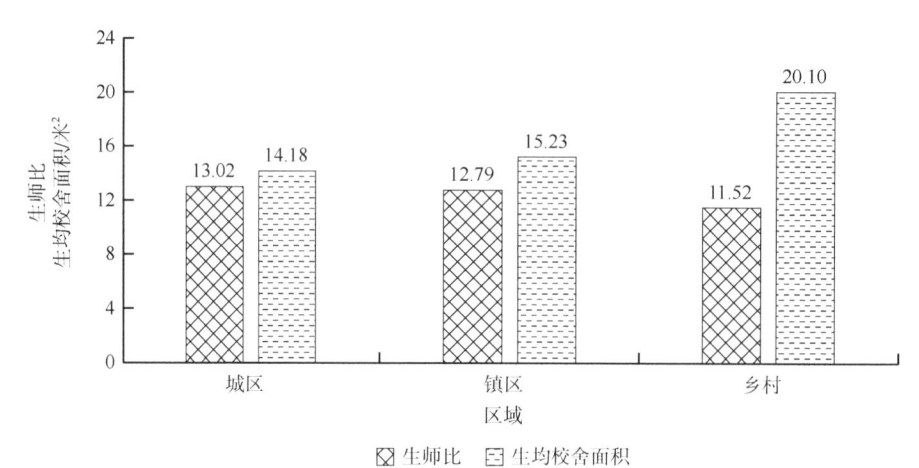

图 2-23　全国城区、镇区、乡村普通初中生均资源对比

城区：生师比 13.02，生均校舍面积 14.18
镇区：生师比 12.79，生均校舍面积 15.23
乡村：生师比 11.52，生均校舍面积 20.10

进一步观察普通小学和初中阶段，我们发现与学前教育阶段的情况正好相反，城区的生师比最高，而乡村最低，这表明义务教育阶段城市地区的教师资源较为紧张。同时，乡村在生均校舍面积方面表现最优，城区最低，这可能与乡村地区较低的人口密度和相对充足的土地资源有关，乡村学校能够提供更宽敞的教学和活动空间。

这些差异的背后，反映了中国城乡教育资源分布的复杂性。在学前教育阶段，城镇资源的优势可能与其教育供给的市场化程度较高和经济发展水平较高紧密相关，家长对于幼儿教育的需求与经济能力成正比，城市家庭更倾向于投入更多资源以确保孩子能够获得良好的学前教育。相比之下，乡村地区由于经济条件限制，家庭对幼儿教育的投入相对有限，导致师资和其他资源不如城镇充足。

而在义务教育阶段，城市的生师比高于乡村，部分原因在于城市化进程中的人口流动。随着城市化的推进，大量的乡村居民迁往城镇，导致城镇学校学生数量增加，师资资源相对紧张。与此同时，乡村人口的减少使得当地学校的学生数量下降，从而相对提高了生均校舍面积，但也可能导致师资和其他教育资源的相对过剩。

根据人口预测数据，未来这种城乡间教育资源分配的不平衡趋势可能会进一步加深[24]。面对这一挑战，需要国家和地方政府采取更有针对性的政策和措施。例如，加大对城镇学校的师资和设施投入，改善过度拥挤的学习环境，同时在乡村学校推行小班化教学，提高教育质量。此外，还可以通过提高乡村教师的待遇和职业发展机会，吸引和留住优秀教师，缩小城乡教育质量差距。

2.2.3 教育资源配置政策工具梳理

政策工具是实现政府治理目标的手段和路径，其定义在学术界有多种理解，体现了对政策工具功能和作用的不同认识。第一种定义从政策工具的属性出发，认为它们是政府治理的手段和途径，起着连接政策目标与结果的桥梁作用。这一定义强调了政策工具在实现政府目标中的媒介角色。第二种定义从制度角度出发，将政策工具看作政府将其实质目标转化为具体行动的路径和机制。这个观点着重于政策工具在转化政府目标和实际行动之间的衔接功能，突出了政策实施的系统性和结构性。第三种定义则从主体角度出发，将政策工具视为公共部门或社会组织为解决社会问题或达成政策目标采取的具体手段和方式的总称。这种理解方式强调了政策工具的多元性和主体的广泛性，不仅限于政府行为，也包括社会组织在内的多方参与。

教育政策工具在教育资源配置中扮演着至关重要的角色，恰当的政策工具可以有效指导和调整教育资源的分配，确保教育资源能够满足社会和个体的需求，实现教育目标。从资源分配效率看，教育政策工具可以通过财政拨款、补贴、奖学金等形式，确保资源能够流向最需要的领域和个体，提高教育资源使用的效率。例如，针对农村和边远地区的额外资金支持可以减少城乡之间的教育差距。从教育公平看，通过教育政策工具，政府可以实施平等的教育机会，特别是对于弱势群体，如低收入家庭、残疾学生等，通过提供特殊的资助和支持措施，确保他们也能够获得高质量的教育资源。从教育质量看，教育政策工具还可以用于激励和奖励表现优异的教育机构和教师，通过设立标准和考核机制来促进教育质量的提升。例如，通过绩效工资和学校评估等措施，激励教师和学校不断改进教学方法和提高教育成果。从教育创新看，政策工具还可以鼓励和支持教育创新，包括新技术的应用、新教学法的开发等，通过提供资金支持和政策便利，推动教育领域的创新和进步。

具体来看，教师资源政策工具主要涉及的是总量和结构性供给的调整。主要目标包括两个层次：一是加强教师资源的调整灵活性；二是促进教师资源向基础薄弱地区流动。目前各地执行的教师编制标准是参考 2001 年国务院办公厅转发中央机构编制委员会办公室、教育部、财政部《关于制定中小学教职工编制标准的意见》的通知，2013 年国家提出"严控地方政府机构编制总量，确保财政供养人员只减不增"[①]和各地学校执行"严控总量、盘活存量、优化结构、增减平衡"[②]

[①] 《李克强：确保地方政府机构财政供养人员只减不增》，https://www.chinanews.com.cn/gn/2013/11-01/5455261.shtml，2013 年 11 月 1 日。

[②] 《教育部 财政部 人力资源和社会保障部关于推进县（区）域内义务教育学校校长教师交流轮岗的意见》，http://www.moe.gov.cn/srcsite/A10/s7151/201408/t20140815_174493.html，2014 年 8 月 13 日。

的编制管理规定，中小学教职工编制标准不作修订，在外来人口流入多的省、市再核增编制以及在事业编制总量内通过内部挖潜、区域统筹来解决教职工编制短缺问题。"教师的聘用制""教师的退出机制"这些处于试点阶段的政策工具，旨在减少编制制度对于教师资源调整灵活性的限制。"县管校聘"下放义务教育教师管理权限，定期强制教师流动到县域内的所有学校，将"学校人"改变为县义务教育系统的"系统人"，这一措施在一定程度上促进了城乡之间教师资源配置的均衡。"扩大免试认定中小学教师资格范围""银龄讲学计划"在提升教师资源供给流量的同时，盘活存量教师资源的使用效率。"特岗计划""国培计划""强师计划""'三区'人才支持计划"等通过定向的人才输送，促进资源向基础薄弱区域倾斜。"兼职教师"解决艺术、体育等教师结构性缺失的问题。

对于教学用地类资源的政策工具，"撤点并校"出发点是为了整合资源，但如果没有严格规范学校撤并程序和行为，容易出现一些社会性问题。对于经费类的政策工具，多是配合其他资源调整政策的实施，与其他政策工具的互补性较高，中央对于教育经费投入的整体目标是"一个一般不低于、两个只增不减"[①]，即保证国家财政性教育经费支出占国内生产总值比例一般不低于 4%，确保财政一般公共预算教育支出逐年只增不减，确保按在校学生人数平均的一般公共预算教育支出逐年只增不减。具体可以通过调整中央财政教育经费在不同区域之间的转移支付比例来促进教育经费配置的均衡发展。

当然这只是讨论了国家层面的部分政策工具，各地根据中央政策的精神，结合自身的实际情况，也推出了大量教育资源配置相关的政策工具。但值得注意的一点是，教育政策的制定和执行是一个多层级、包含多参与者的过程。中央教育行政部门制定出宏观的指导方针，这些方针随后由省级教育行政部门进行地方化处理，以适应具体地区的实际情况。最终，这些政策由基层教育行政机构和学校执行。执行过程中涉及省级教育行政部门、基层教育行政单位、学校以及家长。从政策的性质来看，刚性的政策规则提供了明确且具体的执行标准，这不仅有利于执行者的理解和操作，也便于政策评估人员对执行效果进行比较和分析。而软性规则更注重提供原则性的指导，其执行标准相对灵活，这种灵活性允许执行者根据具体情况做出调整，以适应不同的环境和需求。然而，模糊规则包含较为笼统的表述和少量明确的执行标准，虽然看似为执行过程带来了更高的灵活性和自由度，但这可能导致不同的执行者根据自己的理解，以个性化和创造性的方式解释和执行政策，从而影响政策的最终效果和一致性。

综合来看，教育政策工具需要不断调整和优化，以适应社会经济发展、技术

---

① 《三部门召开全国财政教育投入和教育经费统计工作推进会》，http://www.moe.gov.cn/jyb_xwfb/gzdt_gzdt/moe_1485/202311/t20231124_1092025.html，2023 年 11 月 24 日。

进步和人口结构变化等外部条件的变化，确保教育资源配置能够及时响应社会和经济的需求，此外好的政策工具应该有相对清晰的、可量化的执行标准，从而提升政策工具的可行性和有效性。

2.3 本章小结

本章我们主要从三个方面对我国教育资源配置相关的背景进行了分析，旨在为第 3 章的教育资源配置建模提供实证数据的支持。首先，我们对人口变化的模式进行了探索；其次，评估了当前教育资源供给和配置的现状，并探讨了影响资源配置的关键因素；最后，对教育资源配置的政策工具进行了梳理。

（1）人口变化模式的探索。我们的研究发现，未来全国人口总体呈现出持续减少的趋势，但不同省份之间的人口变化模式却大相径庭，主要可以归纳为三种典型模式：上升趋势、下降趋势以及先升后降。这些差异化的人口变化模式对教育资源需求具有深刻影响，尤其是在学龄人口数量和结构上。例如，上升趋势的地区可能面临更加紧迫的教育资源需求压力，而下降趋势的地区则可能需要考虑如何优化现有教育资源，以应对学龄人口减少的挑战。

（2）教育资源配置现状及影响因素分析。通过对当前教育资源配置现状的分析，我们发现各类教育资源的分布呈现出了地域间的差异、城乡二元结构的差异。人口分布、人口流动以及经济水平的地区差异对教育资源配置产生了影响。地区间人口密度的不均匀分布以及人口迁移趋势，对教育资源需求的地理位置和规模提出了新的要求。同时，地区经济发展水平的高低直接影响到教育资源的投入能力进而影响教育质量。此外，不同教育阶段和类型的资源受到的影响程度存在差异，如学前教育和高等教育对于经济条件和政策支持的依赖度较高。

（3）教育资源配置政策工具。整体上看，教师资源的政策工具相对丰富，经费和校舍资源相关政策工具与教师政策工具之间体现出了一定的互补性，好的政策工具应该有清晰可量化的目标规则。在后续的建模工作中，我们将充分考虑上述背景因素的特点和影响机制，尝试构建一个能够反映当前教育资源需求场景的资源配置优化模型，旨在根据不同人口变化模式下教育资源需求的动态变化，给出不同类型教育资源的优化配置方案，为制定合理的教育政策和资源投入计划提供科学依据。

总之，本章的工作不仅深化了我们对人口变化模式对教育资源需求影响的理解，也为理解教育资源配置的复杂性和动态性提供了重要视角。

第 3 章　从理想到现实：教育资源配置的优化

在国家政策的制定过程中，政策制定者往往依赖全国整体的宏观数据作为决策依据，其政策内容多指向宏观层面，提供方向性的导引。然而，地方行政主体面对的实际情况更为复杂多样，直接套用中央政策往往难以达到预期效果。地方政府需要根据自身的具体情况，进行政策的本土化调整，这一过程要求对地方具体数据进行细致的量化分析，以确保政策的有效实施和最大化地方利益。

已有的研究在提出政策建议时，往往基于当前情况，从公平性的角度出发，关注缩小城乡教育资源差异、平衡不同经济发展水平区域之间的教育资源配置。这种方法虽然看似针对性强，能够解决眼前的不均衡问题，但实际上往往只是治标不治本。因为这样的策略未能深入分析导致教育资源不均衡的深层次原因，以及这些因素随时间变化的趋势，从而可能忽略了教育资源配置问题的系统性和动态性。

真正有效的教育政策需要考虑到教育资源配置不均衡现象背后的复杂因素，如人口结构的变化、经济发展的不平衡、技术进步对教育方式的影响等，以及这些因素随时间的演变。此外，教育政策的制定和调整还需要充分考虑地方的实际需求和特点，通过精准的数据分析，制定出既符合中央政策导向，又贴合地方实际、可持续发展的教育资源配置方案。这样的策略不仅能够更有效地缓解当前的教育资源不均衡问题，也能为未来可能出现的新问题提供预见性解决方案，从根本上促进教育资源配置的公平与效率。

本章将主要介绍本书提出的教育资源配置最优控制模型。从配置目标上看，关注整个规划周期内的教育资源供给和需求的整体性能，而不仅仅是某个时间点、某个部分的需求满足，这涉及对教育资源供需各主体之间的相互作用和反馈机制的深入理解。从配置方式看，基于人口变化引致的教育需求变化，通过动态调整系统的输入或参数来实现对系统性能的优化。这体现了对系统动态演化的关注，系统的状态和性能在时间上是变化的，需要实时地调整控制策略以适应变化的条件。

具体来说，我们将从模型背景、模型假定、模型建立、最优生均资源配置水平、最优资源配置策略、与现有配置方式的对比和模型扩展几个部分对基础模型展开详细的介绍。

3.1 教育资源配置的典型问题和案例

在以公立教育为主的基础教育领域的教育资源配置上,中央政府主要掌握着制定政策、明确方向、拨付资源和实施监督的权力,省级政府主要掌握着资源配套、资源统筹和政策协调的权力,县级政府则掌握着部分资源的实际配置权[124]。

从投资体制来说,教育资源配置基本上仍然是计划方式[62]。尤其是当前的基础教育资源配置体系在面对人口和区域发展变化时,存在一些效率和适应性上的问题。这些问题主要表现在以下几个方面。①信息沟通滞后。中央和省级政府之间存在信息流通的延迟,导致制定的教育政策可能无法实时响应地方的具体需求和变化。这种滞后影响了资源配置的及时性和准确性。②政策实施的通用性问题。中央政府为了确保全国教育资源的基本均衡,往往制定较为通用的政策。这种方式有时会导致资源分配不够精细化,无法满足某些地区更高或特殊的发展需求。③地方执行能力受限。地方政府在执行中央政策时,往往受到本地实际情况和资源限制的影响,难以进行有效的策略调整。这种情况尤其在县级政府层面更为明显,他们需要在上级政策框架和地方实际需求之间找到平衡,但常常资源不足以支持这种平衡。④资源使用效率问题。政策的统一性和执行的滞后性可能导致教育资源在一些地区得不到充分利用,而其他地区则可能面临资源匮乏的情况。这种不匹配进一步加剧了教育资源配置的不合理性。

"普九"工作和"撤点并校"政策是两个非常典型的案例,它们反映了教育政策在应对人口与区域发展变化时可能遇到的问题和挑战。20世纪90年代全国大力推动普及九年义务教育,确保全国儿童都能接受基本教育。各地纷纷建设学校,扩大教育设施,以满足入学需求。虽然大大提高了教育普及率,但由于建设过程中地方政府和学校负债增多,中央政府在2007年提供专项补助资金解决债务问题。在"普九"工作结束不久后,随着人口结构的变化(尤其是农村地区),许多新建学校因生源不足而被迫撤销,导致大量资产闲置[125]。随后中央推动了"撤点并校"政策,目的在于对教育资源进行优化配置,提高资源使用效率,主要是合并人数较少的学校。但由于各地区情况的差异,部分地区缺乏足够的资金和配套措施,导致部分学生面临就学困难(如住宿、交通问题),家庭负担加重,甚至影响了学生的学业持续性[126]。2012年,中央政府对政策进行了修改,要求撤并学校必须经过民主程序和省教育厅的审批。

为此,我们认为教育资源配置的规划需要从结果目标导向转变为过程目标导向。以发展的眼光看待当前的状态,要更多关注整个规划实施过程中的整体效用,这包括对资源调整成本、资源利用效率、需求满足程度的整体权衡,有时候短期内需求满足程度的牺牲能够换来长期资源利用效率的提升,避免一些因为资源调整带来的社会性问题。同时，我们还必须充分考虑区域自身的实际情况，因地制宜地制定适合区域的配置规划。

3.2 最优控制理论的引入

从系统科学的角度看，上述问题的优化是一个典型的最优控制问题，最优控制理论在公共资源管理领域展现出了广泛的应用前景。公共资源管理通常涉及复杂的决策问题，需要在多个利益相关者和目标之间进行平衡。最优控制理论通过提供一种系统化的方法，帮助决策者在不同的资源使用策略之间做出最佳选择，从而实现效益最大化。

（1）环境资源管理。在环境保护和资源管理领域，最优控制理论可以用于制定资源开采、污染控制以及生态系统管理的最优策略。例如，在渔业管理中，最优控制理论可以帮助确定渔获量的最优控制，防止过度捕捞的同时确保渔业资源的可持续性。通过优化资源使用策略，最大限度地延长资源的利用期限，同时保护生态环境。

（2）医疗资源分配。在医疗资源管理中，最优控制理论可以用于优化资源分配以应对公共卫生危机。例如，在疫情暴发期间，医疗物资和人员的配置往往面临巨大挑战。最优控制理论可以帮助确定物资分配、人员调度和疫苗接种策略，以最大限度地减少疫情传播和死亡人数。同时，该理论还可以应用于长期的公共卫生规划中，如优化健康资源的配置，预防和控制慢性疾病。

（3）交通系统管理。交通系统中的最优控制问题通常涉及交通流量的调节、信号灯的优化配置以及道路建设规划等方面。通过最优控制理论，可以设计出有效的交通管理策略，减少拥堵、降低交通事故发生率，并提高整个交通网络的效率。例如，城市交通管理者可以利用该理论优化红绿灯的切换时间，从而减少车辆的等待时间和燃油消耗。

（4）能源管理。在能源管理中，最优控制理论用于优化能源的生产、分配和使用策略。通过对能源供需的预测和分析，可以确定最优的能源调度方案，减少能源浪费并降低成本。在可再生能源系统中，最优控制理论能帮助决策者平衡能源的供应和需求，最大化可再生能源的利用率，并减少对化石燃料的依赖。

然而对于最优控制理论在教育资源配置领域的研究，国内外学者做过一些探索，早在1972年，Lee和Clayton就利用目标规划（goal programming）模型研究了高等教育学术资源配置的优化问题[127]。通过以多维度的方案评价指标最大化为目标，寻找最优的配置方案。李生滨通过建立最优控制模型，探索了教育投资在区域之间分布的最优方案，其优化目标包含了对教育投资效率和整体教育公平的综合考虑[128]。上述模型都采用的是离散模型，结合面板数据进行计量分析。李克强等通过建立连续最优控制模型探讨了劳动者最优受教育年限的选择问题[129]。本书将建立连续型最优控制模型，通过对参数的分情况讨论，来对各种情境下的最优控制策略进行分析，有助于建立更为全面的教育资源优化配置分析框架。

3.3 理想教育资源配置标准

对理想配置标准进行讨论，有助于描述不同地区、不同规模学校的义务教育资源配置状况，以及资源配置目标的现实意义。现实中相关部门对教育资源的配置也是要参照一定标准的,例如生师比，根据2014年中央机构编制委员会办公室、教育部、财政部《关于统一城乡中小学教职工编制标准的通知》，将县镇、农村中小学教职工编制标准统一到城市标准，即高中教职工与学生比为1:12.5、初中为1:13.5、小学为 1:19①。对于生均校舍面积，也有诸如《城市普通中小学校校舍建设标准》、《农村普通中小学校建设标准》、《特殊教育学校建设标准》和《中小学校建筑设计规范》、《特殊教育学校建筑设计规范》等标准文件②。

没有理想标准的参照，模型的调整方式就没有意义，理想标准的制定应该是看得见、摸得着的。下面主要对生师比、生均教学面积进行分析。我们认为对于教师理想的标准，一方面要满足客观条件的限制，比如教师的工作量标准，另一方面需要对相关的变量进行相对合理的假定。例如，同样的生师比，在不同的班级规模条件下，对教师数量的需求是不一样的。这样选择一个合理的班级规模就成为一种必须要考虑的问题，有研究表明班级规模与学业能力之间存在倒"U"形的非线性关系，当班级规模在一定范围内时，同伴效应带来的正面影响会逐渐增大，而当超过一定规模后，拥挤带来的负面影响会逐渐占据上风[130]。所以我们可以假定存在一个相对合理的班级规模 M，同样合理年级的规模 N 也是我们需要假定的。

3.3.1 生师比标准

在不考虑教师跨年级、跨学科代课的情况下，假设某个年级有 m 门课程，第 i 门课程的教学计划为 J_i（单位：节/周），按规定该课程专任教师应承担的课时

---

① 《中央编办 教育部 财政部关于统一城乡中小学教职工编制标准的通知》，http://www.moe.gov.cn/s78/A10/tongzhi/201412/t20141209_181014.html，2014年12月9日。

② 《教育部关于进一步加强中小学校校舍建设与管理工作的通知》，http://www.moe.gov.cn/srcsite/A03/s7050/200611/t20061114_172008.html，2006年11月14日。

量为 G_i（单位：节/周）。则该年级第 i 门课程所需教师人数为

$$Y_i = \frac{\text{周总课时数}}{\text{教师周课时量}} = \frac{\text{平行班数} \times \text{班周课时数}}{\text{教师周课时量}} = \begin{cases} \frac{N \times J_i}{G_i}, & \frac{N \times J_i}{G_i} \text{为整数} \\ \left[\frac{N \times J_i}{G_i}\right] + 1, & \frac{N \times J_i}{G_i} \text{不为整数} \end{cases}$$

其中，[ ]是对结果进行取整运算，该年级的班师比标准为

$$b = \frac{\text{平行班数}}{\text{年级所需总教师数}} = \frac{N}{\sum_{i=1}^{m} Y_i}$$

设该年级的平均班额为 M，则该年级的生师比标准为：$\bar{x} = Mb$。在给定学校规模时，设总共有 n 个年级，第 j 个年级的平均班额为 M_j，平行班数为 N_j，第 i 门课程所需教师数为 Y_{ji}（其中 Y_{ji} 的计算类似 Y_i），则该校的生师比标准为

$$\bar{x} = \frac{\text{额定学生数}}{\text{该校所需总教师数}} = \frac{\sum_{j=1}^{n} N_j \times M_j}{\sum_{j=1}^{n} \sum_{i=1}^{m} Y_{ji}}$$

同理，可以计算特定地区的生师比。下面以北京市独立设置的初中为例。

我国中小学没有制定统一的教师工作量，主要根据教育部或编制部门拟定教师编制标准制定教学任务课时量（即任课课时工作量）。不同地区、不同学校教师的实际工作量一般不同，工作量标准也不尽相同。鉴于无法得到北京市制定的各学科教师标准课时量，下面的计算仅采用全国普遍的平均课时量。

考虑到教师的教学方式、教学氛围及对学生的教育关照度等对教学质量的影响，北京市教育部门制定的学校规模和班额上限如表3-1所示。

表3-1 北京市学校和班级规模

学校类型	适宜规模	班额
独立设置的小学	每年级2～4班，合计12～24班	≤40人
独立设置的初中	每年级6～10班，合计18～30班	≤40人
九年一贯制学校	每年级2～4班，合计18～36班	≤40人
完全中学	每年级4～6班，合计24～36班	初中段和高中段分别执行初中和高中的班额
独立设置的高中	每年级8～12班，合计24～36班	≤45人

下面仅计算独立设置的初中的生师比标准。初中教师平均周课时量为：语文、数学、外语12课时；物理、化学、生物、体育与健康14课时；其他学科16课时

（假定综合实践活动和校本课程以年级为单位授课）。

根据北京市实施教育部《义务教育课程设置实验方案》的课程计划，设某独立设置的初中课程计划表如表 3-2 所示。

表 3-2 某独立设置的初中课程计划表 　　　　　　　　　　　单位：课时

课程		七年级	八年级	九年级
思想品德		2	2	2
历史与社会	历史	2	2	2
	地理	2	2	0
	小计	4	4	2
科学	物理	0	2	3
	化学	0	0	3
	生物	3	2	0
	小计	3	4	6
语文		5	5	5
数学		5	5	5
外语		4	4	4
体育与健康		3	3	3
艺术	音乐	1	1	1
	美术	1	1	1
	小计	2	2	2
综合实践活动		3	3	3
地方与校本课程		3	2	2
周课时总量		34	34	34

每年级 6 个班，总共 18 个班，班额≤40 人，则由

$$\sum_{j=1}^{n} Y_{ji} = \frac{\text{各课程平均周课时数} \times \text{平行班数}}{\text{教师平均周课时量}}$$

可计算得各课程所需教师数，如表 3-3 所示。

表 3-3 教师需求数量表

课程		平均周课时数/课时	所需教师数/人	取整/人
思想品德		6	2.25	3
历史与社会	历史	10	3.75	4
	地理			

续表

课程		平均周课时数/课时	所需教师数/人	取整/人
科学	物理	13	5.57	6
	化学			
	生物			
语文		15	7.5	8
数学		15	7.5	8
外语		12	6	6
体育与健康		9	3.86	4
艺术	音乐	6	2.25	3
	美术			
综合实践活动		9	0.56	1
地方与校本课程		7	0.44	1
总计		102		44

由表 3-3 可得该校所需总专任教师数：

$$\sum_{j=1}^{n}\sum_{i=1}^{m}Y_{ji}=44（人）$$

则该校的生师比标准：

$$\beta_X = \frac{额定学生数}{该校所需总教师数} = \frac{40\times18}{44} = 16.4:1$$

因为班额≤40 人，则 $\beta_X \leq 16.4:1$。

如果有不同班级、不同课程的更具体的教师周标准课时量，就可以进一步计算更精确的班师比和生师比标准，但是与通过平均周标准课时量计算出来的结果应该相差不大。此外，可以进一步考虑专任教师跨年级、跨学科代课等更具体、更细致的情况下的周标准工作量的折算情况，此处不做展开，这里主要是给出生师比标准的一个范围。

3.3.2 生均教学面积标准

教学及教学辅助用房包括专用教室、普通教室、多功能教室，设其面积为 S，其中专用教室总面积为 S_1，普通教室总面积为 S_2，多功能教室总面积为 S_3，即 $S = S_1 + S_2 + S_3$。

不同地区、不同规模的学校各类教室的规定面积不同，并且普通教室的面积还跟额定席位课桌椅尺寸及平面布置方式等因素有关，所以生均教学面积标准需要根据给定地区的一定规模学校的办学条件标准中的规定来计算。

在特定地区，学校规模一定时，设总共有 n 个年级，第 i 个年级的平均班额为 M_i，平行班数为 N_i，学校班级总数为 $\sum_{i=1}^{n} N_i$，学校平均班额为 M。则生均教学面积标准为

$$\bar{x} = \frac{\text{教学及教学辅助用房面积}}{\text{额定学生数}} = \frac{S}{\sum_{i=1}^{n} M_i N_i}$$

下面以北京市的一个独立设置的小学为例。

根据《北京市中小学校办学条件标准》，对于一个独立设置的小学，其适宜规模为每年级 2~4 班，合计 12~24 班，班额不高于 40 人，其教学及教学辅助用房建筑设施标准如表 3-4 所示。

表 3-4 不同规模班级下的教学及教学辅助用房建筑设施标准

项目		12 班	18 班	24 班
专用教室	教室数/个	10	12	13
	总面积/米²	1104	1424	1544
普通教室总面积/米²		（班级数+2）×72		
多功能教室总面积/米²		普通教室总面积×0.1		

设班额为 40 人，可计算得出当总班级数为 12 班时，$\bar{x} = \frac{S_1 + S_2 + S_3}{M \times N} = \frac{1104 + (12+2) \times 72 \times (1+0.1)}{40 \times 12} = 4.61$（米²/人），当总班级数为 24 班时，$\bar{x} = 3.75$（米²/人）。同理，可以计算其他地区、其他规模的学校生均教学面积标准的范围。通过计算生师比标准、生均教学面积标准，可以与实际的专任教师配置状况及实际的生均教学面积进行比较，来衡量这些教育资源的配置状况，以及其承载能力。

当然理想标准的选取并非一个绝对的概念，不同地区、不同阶段在不同情况下并不适用统一的理想标准，某些情况下，也可能是政策直接要求的标准。本节只是给出一个选取理想标准的模式和方法。

3.4 最优控制模型

本模型描述了"一定时间段内，某区域、某级教育的某类教育资源"的配置

场景，例如：未来 20 年北京市海淀区小学教师配置计划。如图 3-1 所示，我们把区域看作一个封闭系统，假定区域的教育资源供给由某决策部门负责，而区域教育需求则是根据学龄人口变化外生给定的，其中决策部门会根据当前"实际生均资源"与"理想标准"之间的差距，实时调整资源的投入。目标是使得整个规划时期内"两个负效用之和"最小，这两个负效用分别是"资源调整带来的负效用"和"实际生均资源偏离理想标准带来的负效用"。

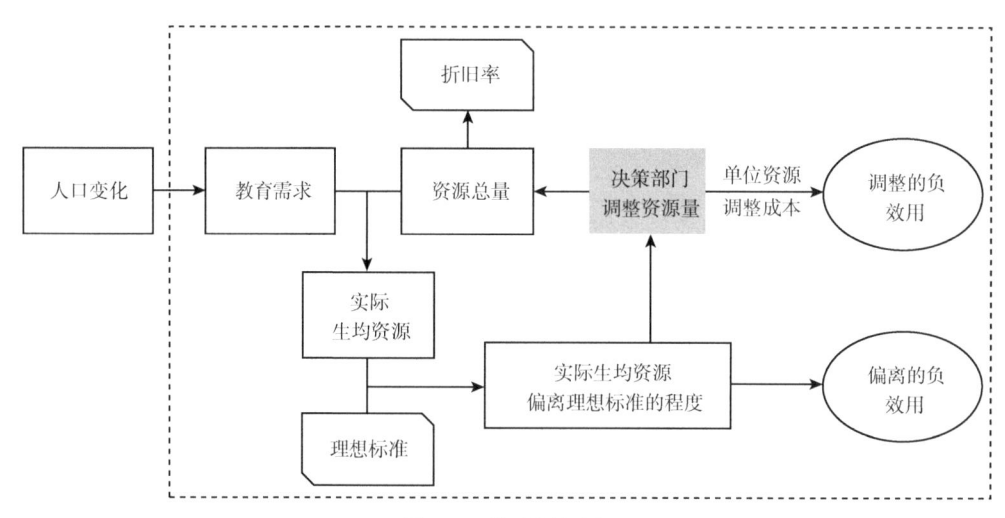

图 3-1 模型框架图

其中，调整的负效用对应决策部门资源调整的成本，而偏离的负效用是决策部门对理想配置标准的一种追求。整个优化过程，本质上是在考虑教育需求变化趋势的情况下，对调整成本和配置效果的一种权衡。本模型对教育资源的供给、教育需求、教育资源配置标准、教育资源配置方式以及教育资源配置目标的假定如下。

（1）教育资源的供给：假定区域内在 t 时刻某级教育、某类教育资源总量为 $R(t)$，其随时间变化方式为 $\dot{R}(t) = I(t) - \delta R(t)$，其中 $I(t) \in [I_{\min}, I_{\max}]$ 为 t 时刻决策部门新投入的该类教育资源，$I_{\max} \geq 0$ 为 t 区域内可用于投入的最大资源数，$I_{\min}$ 的符号对于不同类型的资源会有所不同，有可能为负值，δ 为该类教育资源的折旧率，可以理解为非决策部门主动调控导致的资源减少。

（2）教育需求：教育需求可以理解为 t 时刻区域的在校学生人数 $S(t)$，令 $x(t) = R(t) / S(t)$，我们可以得到此时生均教育资源量为 $x(t)$，进一步可以推断出 $\dot{x} = (\dot{R} - x\dot{S}) / S = I / S - (\delta + \dot{S} / S)x$。

（3）教育资源配置标准：我们假定纯粹从教育质量的角度考虑存在一个理想的生均教育资源配置标准 $\bar{x}>0$，高于或低于该标准都会因为教育质量的损失而给决策部门带来负效用。

（4）教育资源配置方式：决策部门需要制定一个 0 到 T 时刻的教育资源投入计划 I(t)，该计划包含了每个时间点决策部门的投入决策，正为增加，负为减少。

（5）教育资源配置目标：决策部门对于教育资源配置的目标是在 0 到 T 时刻内实际生均教育资源水平 x(t) 偏离理想标准 $\bar{x}$ 带来的负效用与调整成本带来负效用之和最小，即最小化式（3-1）。p 是权重系数，它越大，偏离给决策部门带来的负效用就越大，意味着决策部门越看重教育质量的保障；c 是单位教育资源调整成本带来的负效用；r 是贴现率，于是有目标函数如式（3-1）所示。

$$J = \int_0^T \left[\frac{1}{2} pS(x-\bar{x})^2 + cI \right] e^{-rt} dt \tag{3-1}$$

模型的具体形式如下所示。

最小化目标函数：

$$\min J = \int_0^T \left[\frac{1}{2} pS(x-\bar{x})^2 + cI \right] e^{-rt} dt \tag{3-2}$$

状态变化方程：

$$\dot{x} = I/S - (\delta + \dot{S}/S)x \tag{3-3}$$

边界条件：

$$x(0) = x_0 \tag{3-4}$$

控制变量约束：

$$I_{\min} \leqslant I \leqslant I_{\max} \tag{3-5}$$

3.5 最优生均资源配置水平

本节将对模型进行求解，推导出最优生均资源配置水平，通过与理想标准进行比较，我们可以发现在模型假定中的各参数是如何影响最优生均资源配置水平的选择的。

将公式（3-3）代入目标函数整理后可以得到：

$$J = \int_0^T \left[S\frac{p}{2}(x-\bar{x})^2 e^{-rt} + cx(S\delta + \dot{S})e^{-rt} + Sce^{-rt}\dot{x} \right] dt \tag{3-6}$$

令

$$M(x,t) = S\frac{p}{2}(x-\bar{x})^2 \mathrm{e}^{-rt} + cx(S\delta + \dot{S})\mathrm{e}^{-rt} \tag{3-7}$$

$$N(x,t) = Sc\mathrm{e}^{-rt}$$

于是有

$$J = \int_0^T \left[M(x,t) + N(x,t)\dot{x}\right]\mathrm{d}t \tag{3-8}$$

进一步我们可以将目标函数变换为路径积分：

$$J = \int_\Gamma M(x,t)\mathrm{d}t + N(x,t)\mathrm{d}x \tag{3-9}$$

我们使用格林公式，把曲线积分变为由闭合曲线构成的面积分，如图 3-2 所示。

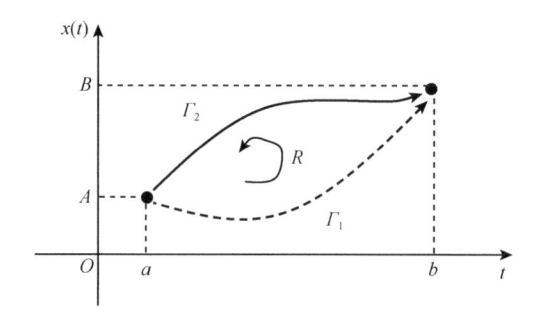

图 3-2　积分路径图（一）

$$\begin{aligned}J &= \int_\Gamma M(x,t)\mathrm{d}t + N(x,t)\mathrm{d}x = \iint_R \{\partial N(x,t)/\partial t - \partial M(x,t)/\partial x\}\mathrm{d}x\mathrm{d}t \\ &= \iint_R \{c(\dot{S}-rS) - S[p(x-\bar{x}) + c(\delta + \dot{S}/S)]\}\mathrm{e}^{-rt}\mathrm{d}x\mathrm{d}t\end{aligned} \tag{3-10}$$

记 $\Gamma = \Gamma_1 - \Gamma_2$，$L = c(\dot{S}-rS) - S[p(x-\bar{x}) + c(\delta + \dot{S}/S)]$，有

$$J_\Gamma = J_{\Gamma_1} - J_{\Gamma_2} = \iint_R L(x,t)\mathrm{e}^{-rt}\mathrm{d}x\mathrm{d}t \tag{3-11}$$

令 $L(x,t) = 0$，得到 $x^* = \bar{x} + \left[c(\dot{S}-rS)/S - c(\delta + \dot{S}/S)\right]/p$，由泛函单调性和连续性可知，当 x 处于 x^* 上方时，$L(x,t) < 0$；当 x 处于 x^* 下方时，$L(x,t) > 0$。又令 $\Gamma_1 = x^*$，Γ_2 在 x^* 上方，如图 3-3 所示，易知此时在 R 内有 $L(x,t) < 0$，于是有

$$J_\Gamma = J_{\Gamma_1} - J_{\Gamma_2} = \iint_R L(x,t)\mathrm{e}^{-rt}\mathrm{d}x\mathrm{d}t < 0 \Rightarrow J_{\Gamma_1} < J_{\Gamma_2} \tag{3-12}$$

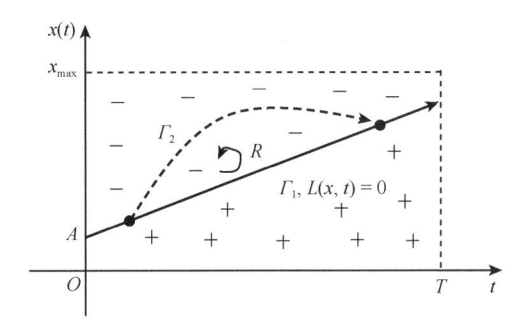

图 3-3　积分路径图（二）

同理，当 Γ_2 在 x^* 下方时，如图 3-4 所示，此时在 R 内有 $L(x,t)>0$，于是有

$$J_\Gamma = J_{\Gamma_2} - J_{\Gamma_1} = \iint_R L(x,t)\mathrm{e}^{-rt}\mathrm{d}x\mathrm{d}t > 0 \Rightarrow J_{\Gamma_1} < J_{\Gamma_2} \tag{3-13}$$

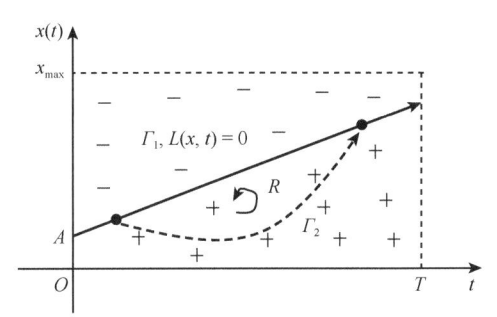

图 3-4　积分路径图（三）

于是我们可以得到当 $L(x,t)=0$ 且 $\partial L(x,t)/\partial x < 0$ 时，所形成的曲线积分的路径为最优路径 Γ^*，此时，$J[x(t)]$ 取最小值，决策部门规划过程的负效用最小。进一步求解最优生均资源水平

$$\begin{aligned} x^s = x^* &= \bar{x} + \left[c(\dot{S}-rS)/S - c(\delta + \dot{S}/S) \right]/p \\ &= \bar{x} - \frac{c}{p}(\delta + r) \end{aligned} \tag{3-14}$$

最优生均资源水平对应的控制策略为

$$I^s = (\delta S + \dot{S})x^s \tag{3-15}$$

式（3-14）说明最优生均资源水平为常数，不随时间变化。意味着如果不考虑教育资源投入能力的限制，在整个规划期内将生均教育资源维持在最优状态 x^s 对应的水平，能够使得政府在整个规划期内的负效用最低，为了描述方便，后文统一将 x^s 称为最优配置标准，简单分析，我们可以得到以下结论。

（1）$\partial x^s/\partial S=0$ 说明最优配置标准和教育需求 S 没有关系。因为配置标准本身是对于办学标准的选择，办学标准是指为确保教育质量和规范教育活动而设立的一系列具体标准和规范，其本身是政府向公众的价值承诺，以什么样的原则为指导，追求怎样的现代化教育，准备为学生提供怎样的物质条件等是政府作为公众的"代理人"对自己使命和任务的一种诠释。这些具体标准和规范的制定，就像上文对于理想标准的讨论一样，它应该是基于客观的教育质量与资源配置的规律，综合决策部门的配置目标得到的，更多反映的是价值判断问题，而和教育需求的规模没有关系。

（2）$x^s<\bar{x}$ 说明最优配置标准低于理想标准 $\bar{x}$。这一结论深刻反映了模型的核心理念：当我们考虑资源调整成本时，最优配置标准应当低于理想标准。理想标准主要从教育质量的理想状态出发，考虑的是在理想情况下应有的资源配置水平。然而，现实情境下，决策部门必须考虑所处区域的具体条件，如财政承受能力、资源可用性等因素，从而确定一个既实际又可行的配置目标。这种做法不仅体现了对教育资源合理分配的追求，也体现了对区域实际情况的深刻理解和尊重。通过这种方式，可以确保教育资源配置更加贴合实际需求，同时在可持续发展的框架内促进教育公平和质量的提升。此外，这也强调了进行政策制定时灵活性和适应性的重要性，反映了决策部门在资源有限的情况下做出的价值判断和权衡。

（3）由 $\Delta x=\bar{x}-x^s=c(\delta+r)/p$ 可以得到当决策部门越看重生均资源配置状态时（也就是 p 值越大时），最优配置标准就越接近理想标准；当资源调整的成本越大时（也就是 c 值越大时），最优配置标准低于理想标准的幅度就越大，决策部门更倾向于降低一部分办学水平，来减少资源的投入。

极端情况下，当调整成本无限小（c 趋近于 0）或者决策部门对于偏离理想状态无限厌恶（p 趋近于无穷大）时。决策部门将会以理想标准作为自己的最优配置标准。c/p 的比例大小在一定程度上反映了政府在制定办学标准时，在避免财政压力过大和保证办学条件之间的权衡。

（4）$\partial\Delta x/\partial\delta>0$、$\partial\Delta x/\partial r>0$ 说明资源的折旧率 δ 和收益的贴现率 r 越大，最优配置标准低于理想标准的幅度就越大。也就是说，当资源的折旧率很大时，变相地增加了维持某一配置标准的成本，决策部门更倾向于维持更低的配置标准来节约投入成本。而贴现率体现了在当前的目标函数设定下，越注重眼前利益的决策部门（可以理解为 r 较大），其越关注当前的投入成本，因此短期内改变现状的意愿越小；目光越长远的决策部门（r 较小），其越关注长时间内的整体收益，则越倾向于靠近理想标准的状态。

3.6 最优资源配置策略

3.5 节中我们得到最优解生均资源配置状态为一条从 0 时刻到 T 时刻不变的

水平线，我们称之为最优配置标准。也就是说，如果能在整个规划期$[0,T]$内把生均资源维持在最优配置标准解上，决策部门的负效用最小。接下来我们考虑如何在不同的情况下实现最优配置标准，并维持住。

易知基础模型的现值哈密顿为

$$H = \lambda\left[I/S - (\delta + \dot{S}/S)x\right] - \left[\frac{1}{2}pS(x-\bar{x})^2 + cI\right]$$
$$= (\lambda/S - c)I - \frac{1}{2}pS(x-\bar{x})^2 - \lambda(\delta + \dot{S}/S)x \quad (3\text{-}16)$$

由庞特里亚金定理可知，使式（3-16）取到极值的最优控制策略是

$$I^* = \begin{cases} I_{\min}, & \lambda/S < c \\ I_{\max}, & \lambda/S > c \end{cases} \quad (3\text{-}17)$$

此时正则方程是

$$\begin{cases} \dot{x} = \dfrac{\partial H}{\partial \lambda} = I/S - (\delta + \dot{S}/S)x \\ \dot{\lambda} = \lambda r - \dfrac{\partial H}{\partial x} = \lambda r + pS(x-\bar{x}) + \lambda(\delta + \dot{S}/S) \end{cases} \quad (3\text{-}18)$$

将共态方程变形有

$$\dot{\lambda}S = S^2 p(x-\bar{x}) + \lambda S(\delta + r) + \lambda \dot{S}$$
$$\frac{\dot{\lambda}S - \lambda \dot{S}}{S^2} = p(x-\bar{x}) + \frac{\lambda}{S}(\delta + r) \quad (3\text{-}19)$$

记 $f = \lambda(t)/S(t)$，有 $\dot{f} = p(x-\bar{x}) + f(\delta + r)$，$f$ 在一定程度上可以理解为 t 时刻提升一单位生均资源对应的规划期$[t,T]$内总收益的提升幅度。

当 $f < c$ 时，根据式（3-17），有 $I^* = I_{\min}$，对应状态方程最优轨迹：

$$\begin{cases} \dot{x} = I_{\min}/S - (\delta + \dot{S}/S)x \\ x(0) = x_0 \end{cases}$$
$$\Rightarrow x(t) = \frac{1}{Se^{\delta t}}\left(\int I_{\min}e^{\delta t}dt + x_0 S_0 - \int I_{\min}e^{\delta t}dt\Big|_{t=0}\right) \quad (3\text{-}20)$$

当 $f > c$ 时，根据式（3-17），有 $I^* = I_{\max}$，对应状态方程最优轨迹：

$$\begin{cases} \dot{x} = I_{\max}/S - (\delta + \dot{S}/S)x \\ x(0) = x_0 \end{cases}$$
$$\Rightarrow x(t) = \frac{1}{Se^{\delta t}}\left(\int I_{\max}e^{\delta t}dt + x_0 S_0 - \int I_{\max}e^{\delta t}dt\Big|_{t=0}\right) \quad (3\text{-}21)$$

当 $f = c$ 时，根据式（3-14）可知此时状态方程最优轨迹为一条直线，

$x^s = \bar{x} - c(\delta + r)/p$,我们称之为最优配置标准,对应的最优控制策略是:$I^s = (\delta S + \dot{S})x^s$。

假定在 t^* 时刻实现最优配置标准,决策部门能在 t^* 后通过控制手段使得 $x(t^*) = x^s$,易知此时:

$$\dot{f} = p(x^s - \bar{x}) + f(\delta + r),\quad \ddot{f} = \dot{f}(\delta + r) \quad (3\text{-}22)$$

又知道 $f(t^*) = c$,$\dot{f}(t^*) = 0$,从而 $\ddot{f} = 0$,因此 t^* 之后 $f = c$ 的状态将维持下去,进而可以通过采取最优控制手段 I^s 来维持最优配置标准 x^s。

那么对于 t^* 之前的最优控制手段,我们可以证明如下:

$$\begin{aligned}\dot{f} &= p(x^s - \bar{x} + x - x^s) + f(\delta + r) \\ &= -c(\delta + r) + p(x - x^s) + f(\delta + r) \\ &= (f - c)(\delta + r) + p(x - x^s)\end{aligned} \quad (3\text{-}23)$$

当 $x_0 > x^s$,也就是初始生均资源高于最优配置标准时,由于 $\delta + r > 0$,则在 $[0, t^*]$ 内,$p(x - x^s) > 0$。若 $f(t) > c$,则 $\dot{f} > 0$。由于 $f(t)$ 是连续函数,与 $f(t^*) = c$ 矛盾,因此 $f(t) < c$,得到此时的最优控制手段是 $I^* = I_{\min}$。

同理,当 $x_0 < x^s$,也就是初始生均资源低于最优配置标准时,$p(x - x^s) < 0$。若 $f(t) < c$,则 $\dot{f} < 0$。由于 $f(t)$ 是连续函数,与 $f(t^*) = c$ 矛盾,因此 $f(t) > c$,于是此时的最优控制手段是 $I^* = I_{\max}$。

总结来看,基础模型中得到的最优调控结论就是,当生均教育资源低于最优配置标准时,我们的最优策略应该是以最大的投入能力来提升生均教育资源水平;当生均教育资源高于最优配置标准时,我们应当将教育资源的投入控制在最小水平(不投入,甚至是减少已有资源存量);当生均教育资源保持最优配置标准水平时,我们只需要根据资源的自然折旧情况,以及教育需求变化带来的生均资源水平影响,适时投入,保持已有水平即可。

3.7 与现有配置方式的对比

首先,我们对现有的配置方式做一个简单的定义,那就是"有一份需求就提供一份教育,忽略资源调整成本,按照一定配置标准满足当前时刻的资源需求",这里面的标准就可以理解为模型中的理想标准 $\bar{x}$,与模型中考虑调整成本的配置方式的主要区别在于彼此的配置目标不一样,考虑调整成本的配置目标要低一些

（$x^s < \bar{x}$）。我们从师生比变化趋势和资源投入量两个维度对比两种方式的区别，作图时实线代表模型中配置方式对应的师生比轨迹，虚线代表忽略调整成本的配置方式对应的师生比轨迹。我们假定教育需求从开始时匀速上升。

（1）当 $x_0 < x^s$，即初始生均资源低于最优配置标准时。决策部门通过投入资源让生均资源上升。此时，在投入能力足够大的情况下，"以 $\bar{x}$ 为目标的方式"到达 x^s 后继续加大投入直至到达 $\bar{x}$；而"以 x^s 为目标的方式"则会在到达 x^s 后维持住投入水平，相当于提前结束了资源的全力投入期，如图 3-5 所示。

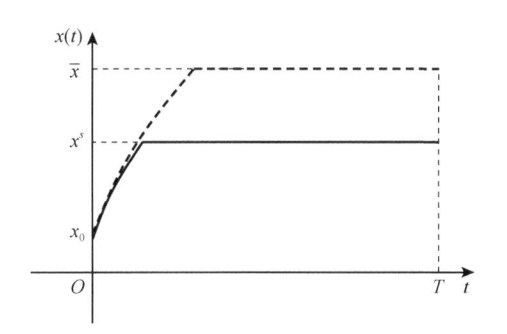

图 3-5 初始师生比低且教育需求匀速增加

如果后续教育需求持续加速上升到一定程度，"以 $\bar{x}$ 为目标的方式"会率先维持不住，下降到 x^s 水平后，两种方式共同下降。整体对比来看，"以 x^s 为目标的方式"牺牲了一定的办学质量，获得了更长的生均资源稳定期和更少的投入，如图 3-6 所示。

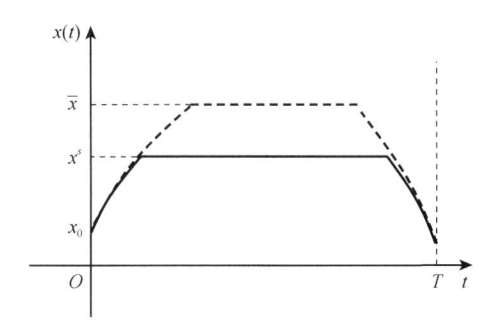

图 3-6 初始师生比低且教育需求加速上升

如果后续教育需求降低，那么"以 $\bar{x}$ 为目标的方式"在生均资源从 x^s 提升到 $\bar{x}$ 期间投入的资源将面临闲置，如图 3-7 所示。

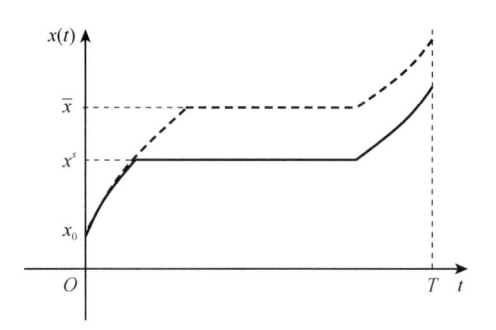

图 3-7 初始师生比低且教育需求先升后降

（2）当 $x_0 > \bar{x}$，即初始生均资源高于理想标准时。"以 x^s 为目标的方式"与"以 $\bar{x}$ 为目标的方式"对比，相当于推迟了资源投入的时间点。如果后续教育需求匀速上升，那么两种方式都会继续增加投入维持各自生均资源水平，如图 3-8 所示。

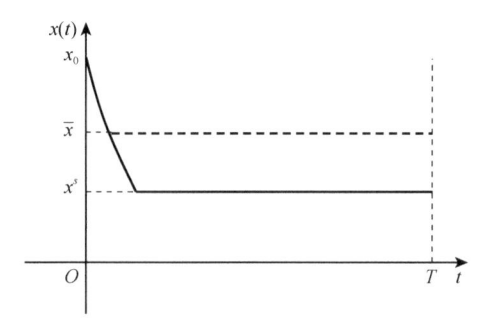

图 3-8 初始师生比高且教育需求匀速上升

如果后续教育需求加速上升到一定程度，"以 $\bar{x}$ 为目标的方式"会率先维持不住 $\bar{x}$，下降到 x^s 水平后，二者共同下降，对比来看，"以 x^s 为目标的方式"虽然牺牲了一定的办学条件，但节约了资源投入量，如图 3-9 所示。

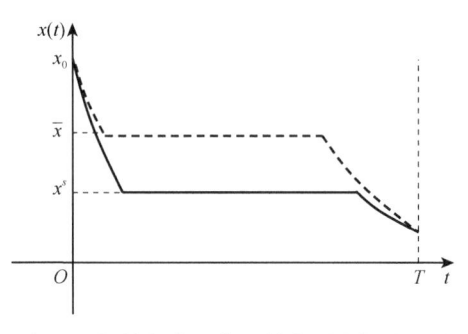

图 3-9 初始师生比高且教育需求加速上升

如果后续教育需求下降，那么"以 $\bar{x}$ 为目标的方式"在前期通过提前投入资源维持理想标准 $\bar{x}$ 的策略，既付出了额外的投入成本，又将面临资源的闲置，如图 3-10 所示。

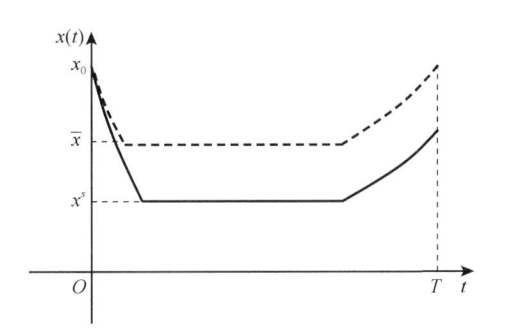

图 3-10　初始师生比高且教育需求先升后降

（3）当 $x^s < x_0 < \bar{x}$，即初始生均资源介于理想标准和最优生均配置水平之间时。"以 x^s 为目标的方式"与"以 $\bar{x}$ 为目标的方式"对比，相当于推迟了资源投入的时间点。如果后续教育需求匀速上升，那么两种方式都会继续增加投入以维持各自生均资源水平，如图 3-11 所示。

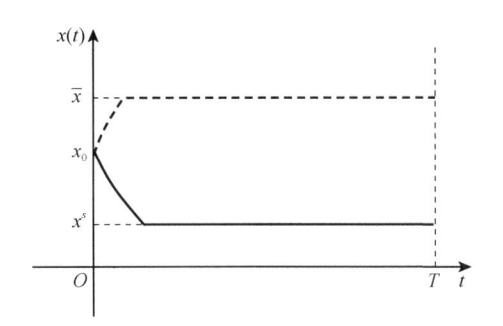

图 3-11　初始师生比适中且教育需求匀速上升

如果后续教育需求加速上升到一定程度，"以 $\bar{x}$ 为目标的方式"的师生比会率先维持不住 $\bar{x}$ 开始下降，对比来看，"以 x^s 为目标的方式"以牺牲一定的办学条件为代价，减少资源投入量，并在更长的时期内维持师生比的稳定，如图 3-12 所示。

如果后续教育需求下降，那么"以 $\bar{x}$ 为目标的方式"在前期通过提前投入资源维持理想标准 $\bar{x}$ 的策略，既付出了额外的投入成本，又将面临资源的闲置，如图 3-13 所示。

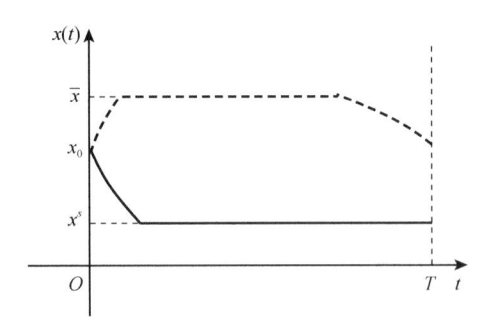

图 3-12　初始师生比适中且教育需求加速上升

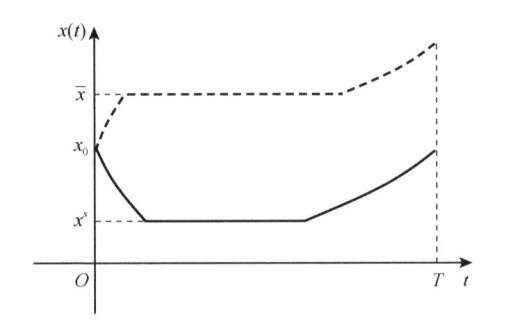

图 3-13　初始师生比适中且教育需求先升后降

上述是针对初始教育需求增加情况下的分析，初始教育需求下降情况的分析和前者是类似的，不作赘述。综合来看，两种方式整体师生比轨迹的变化趋势是一致的。区别在于，当教育需求单调变化时，"以 x^s 为目标的方式"因为维持的生均资源水平更低，能节约一定的资源投入成本，但同时要付出生均资源低可能带来的教育质量的损失，这需要决策部门根据所在区域的实际情况进行权衡；但是在需求波动变化时期，"以 x^s 为目标的方式"能通过提前结束全力投入期或者推迟资源投入时间点，减少投入成本的同时，在一定程度上避免教育需求波动带来的资源闲置。

这种方式与现有"以 $\bar{x}$ 为目标的方式"相比，灵活性更强，更适应学龄人口的变化，同时也给了决策部门更多的决策空间，决策部门可以根据其所在区域的实际资源供给能力、教育基础等实际情况选择合适的配置目标。这也是我们认为科学的资源配置方式需要具备的重要特质。

3.8　模型扩展

本节我们根据 1.3 节中各类资源的配置特点，在对基础模型进行扩展的基础上给出各类资源配置对应的最优控制模型。

3.8.1 教师资源配置最优控制模型

教师资源是所有教育资源中替代性最弱的资源,是决定教育质量的紧约束,其配置的状况将直接影响地区教育质量水平,也是本书重点关注的教育资源。对于教师资源,我们调整了决策部门控制手段的取值范围,由于当前教师的退出机制仍然处于试点探索阶段,因此我们假定教师资源调整下限为 0,也就是说决策部门不会主动减少教师资源数量,而教师资源唯一减少的途径就是折旧率,对应教师资源的实际情况可以理解为教师资源因为退休、离职等非决策部门主动调控带来的教师人员减少,在后文我们又称之为教师自然减员率。

另根据中央对于教育经费投入的整体目标是"一个一般不低于、两个只增不减",即保证国家财政性教育经费支出占国内生产总值比例一般不低于 4%,确保财政一般公共预算教育支出逐年只增不减,确保按在校学生人数平均的一般公共预算教育支出逐年只增不减。假定决策部门 t 时刻的教师资源投入能力上限为 $I_0 e^{\alpha t}$,最大投入能力以 α 的固定比例增长。其中,I_0 是最大投入能力基准值,对应现实来说,可以理解为初始时刻决策部门教师资源的供给能力,包括可用编制、相关的经费、可投入的教师等因素的综合考量。于是有教师资源配置的最优控制模型,如下所示:

$$\begin{cases} \min J = \int_0^T \left[S \dfrac{p}{2}(x-\overline{x})^2 + cI \right] e^{-rt} dt \\ \dot{x} = I/S - (\delta + \dot{S}/S) \\ x(0) = x_0 \\ 0 \leqslant I \leqslant I_0 e^{\alpha t} \end{cases}$$

现值哈密顿为

$$H = \lambda \left[I/S - (\delta + \dot{S}/S)x \right] - \left[\dfrac{p}{2} S(x-\overline{x})^2 + cI \right]$$

$$= (\lambda/S - c)I - \dfrac{p}{2} S(x-\overline{x})^2 - \lambda(\delta + \dot{S}/S)x$$

最优控制策略为:$I^* = \text{bang}\{0, I_0 e^{\alpha t}, \lambda/S - c\}$。

3.8.2 教学用地资源配置最优控制模型

教学用地规划需要具备一定的灵活性,以适应人口和社会经济条件的变化。

从人口变化的趋势看,在人口快速增长的地区,教学用地规划需要预见性地增加,特别是在基础教育阶段。这可能需要政府和规划者增加学校用地的预留,确保有足够的空间来建设新学校,以满足未来的需求。在人口增长缓慢或减少的地区,教学用地的规划可能需要更加灵活,考虑学校的合并或再利用空闲的教育设施,以更高效地利用资源。从人口迁移看,随着人口向城市聚集,城市地区的教学用地规划需要加强,尤其是在扩大城市边缘地区。此外,在人口从城市向郊区或其他地区迁移的情况下,可能需要在新的人口集中地区增加教育设施。综合来说,教学用地的规划需要具有前瞻性,考虑长期的人口和发展趋势,确保教育资源的可持续利用。

对于教学用地配置模型的讨论,最重要的是决策部门控制条件的约束。一方面,教学用地投入是一项长期资本投资,涉及土地购买、校园建设、设施配套等,需要较大的一次性资金投入,且一旦决策执行后,修改成本极高。另一方面,中国教育体系庞大,覆盖城乡,不同区域和层级的学校在资源配置与使用效率上存在差异。有效利用空闲的教学资源不仅能提高资源的使用效率,还能服务社区发展,促进教育的多元化发展。从社区服务的角度,将空闲的教室和场地用作社区教育中心,为社区成员提供各类兴趣班、技能提升培训、成人教育等,这不仅能满足社区居民对于继续教育的需求,还能增强社区的凝聚力。从文体服务的角度,利用学校的体育设施和室外场地举办体育比赛、文化表演、展览等活动,这样既能丰富老百姓的文化生活,又能在一定程度上带动文体产业发展。从产业服务的角度,可以考虑将空闲资源转化为创新创业孵化基地,为学生和社区居民提供创业辅导、项目展示、资源对接等服务。这样既能激发学生和社区居民的创业热情,又能促进地方经济发展。从公共服务的角度,学校的图书资源在假期或者非教学时间可以对社区开放,成为公共图书馆或者自习室,为社区居民提供学习和研究的场所。教学用地在资源空闲时的其他利用价值不仅能提高资源利用效率,还能为社区发展、教育创新、经济增长和文化交流等做出贡献。实现这些价值需要政府、学校和社区三方的协调与合作,以及相应的政策支持和资源投入。此外,"撤点并校"也是教学用地退出的一个重要方式。为此我们假定 t 时刻决策部门教学用地的最大投入能力和教师资源一样为 $I_0 \mathrm{e}^{\alpha t}$,单位成本为 c,每年可用于其他用途的教学用地数量固定为 $\bar{I}$,单位收益同样为 c,教学用地配置最优控制模型如下所示:

$$\begin{cases} \min J = \int_0^T \left[S\frac{p}{2}(x-\bar{x})^2 + cI \right] \mathrm{e}^{-rt} \mathrm{d}t \\ \dot{x} = I/S - (\delta + \dot{S}/S)x \\ x(0) = x_0 \\ -\bar{I} \leqslant I \leqslant I_0 \mathrm{e}^{\alpha t} \end{cases}$$

现值哈密顿为

$$H = \lambda\left[I/S - (\delta + \dot{S}/S)x\right] - \left[\frac{p}{2}S(x-\bar{x})^2 + cI\right]$$

$$= (\lambda/S - c)I - \frac{p}{2}S(x-\bar{x})^2 - \lambda(\delta + \dot{S}/S)x$$

最优控制策略为：$I^* = \text{bang}\left\{-\bar{I}, I_0 e^{\alpha t}, \lambda/S - c\right\}$。

3.8.3 教育经费资源配置最优控制模型

教育经费资源包括国家、地方政府和非政府组织为教育活动提供的资金支持，它直接关系到教育系统能够提供的服务质量和范围。教育经费资源具有较强的替代性，理论上只要保证有教师和场地就能正常提供教育服务，教育经费主要用于购买或改善其他教育资源如：购买教学设施、提高教师待遇等，其本身并非必需的。教育经费的区域间流动性相对较好，可以通过中央经费的转移支付，或者帮扶项目等实现，调整灵活度高，调整成本低。2019 年，国务院办公厅印发《教育领域中央与地方财政事权和支出责任划分改革方案的通知》，明确规定义务教育总体为中央与地方共同财政事权，并按具体事项细化，其中：涉及学校日常运转、校舍安全、学生学习生活等经常性事项，所需经费一般根据国家基础标准，明确中央与地方财政分档负担比例，中央财政承担的部分通过共同财政事权转移支付安排；涉及阶段性任务和专项性工作的事项，所需经费由地方财政统筹安排，中央财政通过转移支付统筹支持[①]。

为此我们假定 t 时刻决策部门教育经费的最大投入能力和教师资源一样为 $I_0 e^{\alpha t}$，忽略经费的调整成本，根据 3.8.1 节中提及的"两个只增不减"原则，保证在校学生生均经费只增不减，实际从历年数据来看，各省份也是如此执行。我们不限制生均资源调控手段的下限 $\tilde{I}$，只要保证生均经费不下降就行。

教育经费的最优控制问题为

$$\begin{cases} \min J = \int_0^T \left[S\frac{p}{2}(x-\bar{x})^2\right] e^{-rt} dt \\ \dot{x} = I/S - (\delta + \dot{S}/S)x \\ x(0) = x_0 \\ \tilde{I} < I \leq I_0 e^{\alpha t} \end{cases}$$

---

① 《国务院办公厅关于印发教育领域中央与地方财政事权和支出责任划分改革方案的通知》，https://www.gov.cn/zhengce/zhengceku/2019-06/03/content_5397093.htm，2019 年 6 月 3 日。

现值哈密顿为

$$H = \lambda\left[I/S - (\delta + \dot{S}/S)x\right] - \frac{p}{2}S(x-\bar{x})^2$$

$$= (\lambda/S)I - \frac{p}{2}S(x-\bar{x})^2 - \lambda(\delta + \dot{S}/S)x$$

最优控制策略为：$I^* = \text{bang}\{\tilde{I}, I_0 e^{\alpha t}, \lambda/S\}$。

由于此时忽略了调整成本，问题本质上退化为多个单一时间决策的叠加，此时配置目标，也就是模型的理论最优生均经费水平和理想标准是一致的，即 $x^s = \bar{x}$，对应的经费需求不仅要考虑学龄人口变化，还要考虑物价随时间的变化。

3.9 本章小结

本章用动态的视角将教育资源配置的过程看成一个最优控制问题，将生均资源状态看成是系统的性能指标，用教育资源的投入作为控制手段，旨在将整个规划期决策部门的负效用控制在最低的水平，这其中包含了对教育公平和配置效率的综合考量。与传统的教育资源配置方法相比，该模型的一个核心优势在于，通过匹配教育需求随时间的变化，建立了不同时间点决策之间的内在联系，从而克服了单个时间点独立决策的局限性。

基础模型的初步结论是，在考虑投入成本的情况下，决策部门追求的最优生均资源的水平是要低于理想标准的，最优的控制方式是将生均资源状态尽量维持在模型求解的最优水平，而该最优水平偏离理想标准的程度与诸多因素相关，包括：决策部门对于生均资源偏离理想标准的容忍程度，资源的投入成本和折旧，以及收益的贴现率，等等。此外，我们给出了教师、教学用地、教育经费三类资源配置的最优控制模型，接下来我们将重点讨论教师资源在不同学龄人口变化模式下[包括单调变化（上升、下降）和波动变化（先升后降、先降后升）]的配置策略，深入讨论不同参数条件下最优控制手段的选择以及生均资源轨迹随时间的变化情况。这些讨论将进一步丰富我们对教师资源动态优化配置过程的理解，并提供更具针对性和实用性的策略建议。

第 4 章 关注核心资源：教师资源配置的优化

基于第 3 章的基础模型分析结论，本章将专注于讨论教师资源的优化配置问题。我们将根据教师资源的特性，详细定义决策部门控制手段的约束条件，以及教育需求随时间变化的具体函数。教育需求函数的选择依据第 2 章中对人口变化模式的分析，根据学龄人口的变化模式，我们将教育需求变动分为三类：上升趋势、下降趋势和波动变化趋势。我们认为不同的学龄人口模式的教育配置重点需要考虑的问题是不一样的。对于处于学龄人口呈上升趋势的地区，由于教师资源需求相对较高，决策部门需考虑如何在有限的财政预算下增加教师数量，同时确保教育质量。而在学龄人口呈下降趋势的地区，可能面临教师资源过剩的问题。在这种情况下，优化配置的策略不仅涉及减少教师数量，还可能包括专任教师的再培训和转岗等退出机制，以适应教育需求的变化。对于学龄人口数量呈波动趋势的地区，决策部门面临的挑战则更为复杂，需要灵活地调整教师资源配置，以应对学龄人口数量的不确定性。

此外，每种变动模式下，不同地区教师资源供给能力和配置现状的差异也会影响配置策略的选择。为此，本章将综合人口变化模式和地区特点分情境讨论教师资源的优化配置问题，旨在为决策部门提供不同情境下教师资源配置优化的理论依据，并从机制角度探讨产生现有教育资源配置问题的背后的原因。

4.1 学龄人口变化模式

在建立和求解不同情境下教师资源优化配置模型之前，我们需要根据学龄人口变化模式，给出具体的教育需求函数。为了找到合适的函数，我们需要做一些基本假定。

（1）对于人口单调变化的模式，我们假定：学龄人口随着时间按照固定比例 β 变化，于是有

$$\Delta S(t)/S(t) = \beta \Delta t \tag{4-1}$$

求解微分方程有

$$S(t) = Ce^{\beta t} \tag{4-2}$$

进一步假定 0 时刻学龄人口基数为 S_0，得到 $C = S_0$，于是得到学龄人口随时

间变化的指数函数，其中 $\beta>0$ 代表人口持续增长的情况，$\beta<0$ 代表人口持续减少的情况：

$$S(t) = S_0 e^{\beta t} \tag{4-3}$$

（2）对于人口波动变化的模式，结合第2章的分析，我们将考虑先升后降的波动变化模式，因为人口变化是一个漫长的过程，所以我们假定规划期内只存在一次波动。于是学龄人口随时间变化的比例如式（4-4）所示，其中 β 理解为人口变化比例的加速度，β 越大代表学龄人口数量的变化对时间的变化越敏感。当 $\beta>0$ 时，可以看到此时 0 时刻增长速度最快，随后增长速度逐渐减小，至 t_m 时刻变为 0，之后开始加速下降直至 T 时刻：

$$\Delta S(t)/S(t) = \beta(t_m - t)\Delta t \tag{4-4}$$

求解微分方程，代入边界条件 0 时刻学龄人口数 S_0，有

$$S(t) = S_0 e^{\beta(t_m - t/2)t}, \quad \beta>0, 0<t_m<T \tag{4-5}$$

如图 4-1 所示，学龄人口在 t_m 时刻达到最高峰：

$$\bar{S} = S(t_m) = S_0 e^{\beta t_m^2/2} \tag{4-6}$$

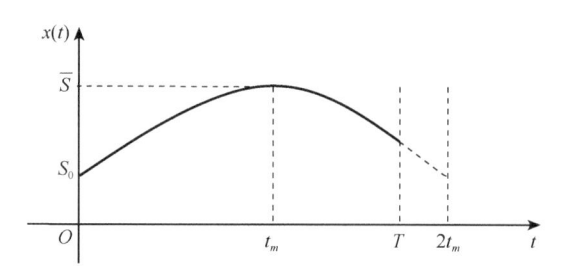

图 4-1 学龄人口先升后降

指数增长模型是最简单的人口增长模型，它假定在没有资源限制的情况下，人口会以恒定的比率增长。它在数学上以简洁性著称，能够提供一个清晰的框架来理解种群增长的动态变化，在描述早期人口增长或者其他生物种群增长时很有用，但它忽略了环境承载力的限制，不适用于长期的人口预测。在给出了三种学龄人口变化模式后，我们将在 4.2～4.4 节中分别讨论每种变化模式的教师资源配置的优化问题。

4.2 学龄人口上升模式

本节将重点分析在学龄人口呈上升趋势的时期教师资源配置的优化问题，根

据不同参数下决策部门可能面临的各种教师资源供需情境进行分类讨论。这些情境的分类包含了两方面的参数：一方面，决策部门教育资源配置的现状，包括资源存量、教育需求规模及变化速度等；另一方面，决策部门的教育资源供给能力，包括资源投入能力，以及投入能力的变化速度等。

4.2.1 模型简介

将式（4-3）代入哈密顿正则方程，有

$$\begin{cases} \dot{x} = \dfrac{\partial H}{\partial \lambda} = I/S_0 e^{\beta t} - (\delta + \beta)x \\ \dot{\lambda} = \lambda r - \dfrac{\partial H}{\partial x} = \lambda r + S_0 e^{\beta t} p(x - \bar{x}) + \lambda(\delta + \beta) \end{cases} \quad (4\text{-}7)$$

由3.6节的结论可知道如下内容。

最优控制策略1：当 $x > x^s$ 时，有 $\lambda/S < c$，此时

$$I^* = 0, \quad x(t) = \frac{x_0 S_0}{S} e^{-\delta t} = \frac{x_0 S_0}{S_0 e^{\beta t}} e^{-\delta t} = x_0 e^{-(\delta+\beta)t}$$

最优控制策略2：当 $x < x^s$ 时，有 $\lambda/S > c$，此时

$$I^* = I_0 e^{\alpha t}, \quad x(t) = \frac{e^{(\alpha-\beta)t}}{S_0}\left[\frac{I_0}{\delta+\alpha}\left(1 - e^{-(\delta+\alpha)t}\right) + x_0 S_0 e^{-(\delta+\alpha)t}\right]$$

最优控制策略3：当 $x = x^s$ 时，有 $\lambda/S = c$，此时

$$I^* = I^s = (\delta S + \dot{S})x^s = S_0 e^{\alpha t}(\delta + \beta)x^s$$

此时，最优控制手段可实现的必要条件是

$$I^s \leqslant I_0 e^{\alpha t} \Rightarrow (\beta - \alpha)t \leqslant \ln \frac{I_0}{S_0(\delta + \beta)x^s} \quad (4\text{-}8)$$

为了方便讨论，我们将从初始时刻师生比相对位置（$x^s - x_0$）和决策部门的教师资源最大投入能力相对增速（$\alpha - \beta$）两个维度，对决策部门可能面临的情形进行分类讨论，不同情形对应决策部门面临的不同教育供需情境，如图4-2所示。

情境1：压力较大，即规划开始时刻实际师生比水平 x_0 低于目标师生比水平（模型求解的最优师生比水平 x^s），且最大教师资源投入能力的增长率 α 小于教育需求的增长速率 β。无论从当前的供需情境，还是未来发展的角度看，决策部门都面临着供给压力。

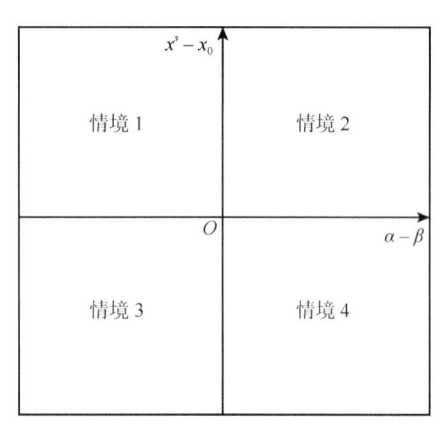

图 4-2 情境分类图

情境 2：当前压力大，未来压力小，即规划开始时刻实际师生比水平 x_0 低于 x^s，但最大教师资源投入能力的增长率 α 大于教育需求的增长速率 β。此时，从当前的供需情境看，存在一定压力，但随着投入能力的增长，决策部门的供给压力会逐渐减小。

情境 3：当前压力小，未来压力大，即规划开始时刻实际师生比水平 x_0 高于 x^s，但最大教师资源投入能力的增长率 α 小于教育需求的增长速率 β。此时，从当前的供需情境看，没有压力，但随着教育需求的不断增加，决策部门的供给压力会逐渐增大。

情境 4：压力较小，即规划开始时刻实际师生比水平 x_0 高于 x^s，且最大教师资源投入能力的增长率 α 大于教育需求的增长速率 β。此时，无论从当前的供需情境，还是未来发展的角度看，决策部门都能够做到无压力地应对。

4.2.2 分类讨论

接下来，我们将对前文提出的四种情境进行深入分析。考虑到不同决策部门的资源投入能力和配置现状，每种情境将进一步细分为若干情况。对于决策者而言，理想状态是在规划期内尽可能将师生比维持在最优水平上。尽管这一最优水平未必达到理想标准，但它代表了成本效益最高的选择，保证了资源的稳定性，从而减缓资源波动对教育质量的负面影响。本节重点探讨在各种不同条件下，如何实现最优资源配置的目标及其对应的策略，并结合现实参数的具体意义进行讨论。此外，第 5 章的实证分析将以各省实际数据为基础，验证本节的结论。

1. 情境 1：$x_0 < x^s$，$\alpha < \beta$

当前时刻决策部门规划区域内的教师资源相对比较紧张，未来的投入压力也比较大。因为初始的师生比是低于最优配置标准的（模型最优解 x^s），所以要想达到最优配置标准，必须满足两个条件：首先是师生比 x 能够持续提升至 x^s，其次决策部门的最大投入能力能够使师生比 x 维持在最优配置标准上。

首先，对最大投入能力进行讨论，由于能够维持最优配置标准的必要条件是

$$I^s \leq I_0 e^{\alpha t} \Rightarrow (\beta - \alpha)t \leq \ln \frac{I_0}{S_0(\delta+\beta)x^s} \tag{4-9}①$$

此时 $\beta - \alpha > 0$，于是有

$$t \leq \frac{1}{\beta - \alpha} \ln \frac{I_0}{(\delta+\beta)x^s S_0} = \bar{t} \tag{4-10}$$

当 $I_0 > (\delta+\beta)x^s S_0$ 时，$\bar{t}$ 有意义，我们记为维持最优配置标准的时间上限，也就是说在 $\bar{t}$ 之前，决策部门的最大投入能力能够使师生比 x 维持在最优配置标准上。

其次，对师生比 x 的变化情况进行分析。在初始时刻，实际师生比 x_0 小于最优解 x^s，根据 3.6 节中的结论可知，此时达到最优配置标准之前的最优控制手段是 $I^* = I_0 e^{\alpha t}$。如果能够达到最优配置标准，则转换时间 t^* 必然存在。

又因此时：

$$x(t) = \frac{e^{(\alpha-\beta)t}}{S_0}\left[\frac{I_0}{\delta+\alpha}\left(1-e^{-(\delta+\alpha)t}\right) + x_0 S_0 e^{-(\delta+\alpha)t}\right]$$

$$= \frac{I_0}{S_0(\delta+\alpha)} e^{(\alpha-\beta)t} - \left[\frac{I_0}{S_0(\delta+\alpha)} - x_0\right] e^{-(\delta+\beta)t}$$

通过泰勒展开，取一阶近似：$e^{(\alpha-\beta)t} \approx 1+(\alpha-\beta)t$，$e^{-(\delta+\beta)t} \approx 1-(\delta+\beta)t$。

代入 $x(t^*) = x^s$ 求得转换时间的近似值为

$$t^* = \frac{S_0(x^s - x_0)}{I_0 - S_0 x_0(\delta+\beta)} \tag{4-11}$$

可以看到，只有决策部门的投入能力达到一定程度，才会有转换时间，在转换时间存在的情况下，投入能力越大，转换时间越早；资源的折旧叠加人口的增长速度之和越大，转换时间越晚；初始的人口规模越大，生均资源基础越差，转换时间越晚。需要注意的是，由于泰勒展开的一阶近似要求 $(\alpha-\beta)t$ 和 $(\delta+\beta)t$ 非常小，所以上述转换时间的表达式的适用范围有限。

---

① 为方便读者阅读，本章按照不同的情境（情况）对相同公式进行分别编号。

又有 $\dot{x} = I/S_0 e^{\beta t} - (\delta+\beta)x$，令 $g(t) = I_0 e^{(\alpha-\beta)t}/(\delta+\beta)S_0$。因为 $\beta-\alpha>0$，所以 $g(t)$ 是单调递减函数。当决策部门以最大能力投入教师资源时，师生比的变化 $\dot{x}$ 满足式（4-12）：

$$\dot{x} = (\delta+\beta)[g(t)-x(t)] \quad (4-12)$$

我们根据 $g(t)$ 与 $x(t)$ 的大小关系来判断 $\dot{x}$ 的符号，进而掌握 $x(t)$ 的变化方向。基于上述的参数分析，我们可以讨论不同的供给能力情况下最优解（最优配置标准的解）的达成情况。

情况 1：当 $I_0 < x_0 S_0 (\delta+\beta)$ 时。

因为 $\alpha < \beta$，易知此时 $g(0) < x(0)$，从而有 $\dot{x}(0) < 0$，也就是说即便在初始时刻就以最大能力投入资源，生均资源水平仍然处于下降趋势，由于学龄人口是不断增加的，那么之后生均资源水平将会进一步减少，永远无法达到最优配置标准，如图 4-3 所示。其中 $x_0 S_0$ 为初始总教师数，$\delta+\beta$ 是教师自然减员率和学龄人口增加的稀释共同作用带来的减少比例。当决策部门最大投入能力基数 I_0（初始时刻最大教师资源投入能力）小于初始时刻教师的自然退出叠加学龄人口增长的稀释作用之和时，决策部门的最优控制手段是从一开始全力引进教师资源，但这并不能提升师生比，教师资源的紧张情况会不断加剧。

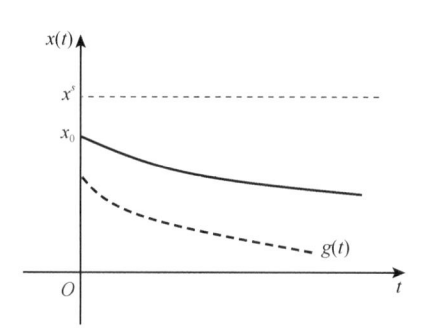

图 4-3 情况 1 最优师生比轨迹

情况 2：当 $x_0 S_0(\delta+\beta) < I_0 < x^s S_0(\delta+\beta)$ 时，易知此时 $g(0) > x(0)$，$\dot{x}(0) > 0$，在初始时刻选择最大投入的情况下，$x(t)$ 开始时会逐渐增加，由于 $g(t)$ 单调递减，当 $g(t) = x(t)$ 时，$x(t)$ 达到最大值，然后开始逐渐减少。

如图 4-4 所示，由于控制手段限制，此时仍然无法达到最优配置标准，也就是说当初始时刻最大教师资源投入能力 x_0 大于初始时刻教师的自然减员和需求增长的稀释作用之和时，一定时期内师生比能够得到提升，但受限于最大投入能力的增长率低于学生人数的增长率，师生比会在某个时间点达到最

第 4 章 关注核心资源:教师资源配置的优化

大之后逐渐下降,教师资源的紧张情况在短期得到一定程度的缓解,之后又重新加剧。

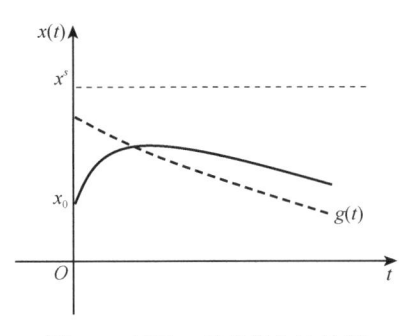

图 4-4 情况 2 最优师生比轨迹

情况 1 和情况 2 主要描述了人口快速增长时期,一些财政能力薄弱、成长性不足且教育资源基础匮乏的地区在教师资源供给上的困境,一方面,不具备将师生比维持在合理水平的资源投入能力;另一方面,学龄人口的快速增长令本就脆弱的财政基础雪上加霜,生均资源状况会越来越恶化。与传统单独年份决策的方式对比,尽管放低了对目标师生比的要求($x^s<\bar{x}$),但由于投入能力的限制,因此无法维持在目标水平,教育质量无法得到保障。

情况 3:当 $I_0>x^s(\delta+\beta)S_0$ 时,虽然从投入能力看,初始时刻决策部门的最大投入能力能够将师生比维持在理论的最优水平 x^s 上,但前提是,要能在最大投入能力被需求规模增长稀释之前达到最优配置标准。

由于 $g(\bar{t})=I_0 e^{(\alpha-\beta)\bar{t}}/(\delta+\beta)S_0=x^s$,因此我们可以通过比较 $x(t)$ 到达最大值的时间 t' 和维持最优配置标准解的时间上限 $\bar{t}$ 之间的关系,来判断是否能达到最优配置标准。根据式(4-12),$x(t)$ 会在 $g(t)=x(t)$ 时达到最大值,令 $\alpha(t')=g(t')$,则

$$t'=\frac{1}{\alpha+\delta}\ln\frac{(\delta+\beta)[S_0\alpha_0(\delta+\alpha)-I_0]}{I_0(\alpha-\beta)} \quad (4\text{-}13)$$

当 $t'>\bar{t}$ 时,即

$$\frac{1}{\alpha+\delta}\ln\frac{(\delta+\beta)[S_0 x_0(\delta+\alpha)-I_0]}{I_0(\alpha-\beta)}>\frac{1}{\beta-\alpha}\ln\frac{I_0}{(\delta+\beta)x^s S_0}$$

$x(t)$ 的最大值将会在 x^s 的下面取到,从而无法达到最优配置标准,如图 4-5 所示。

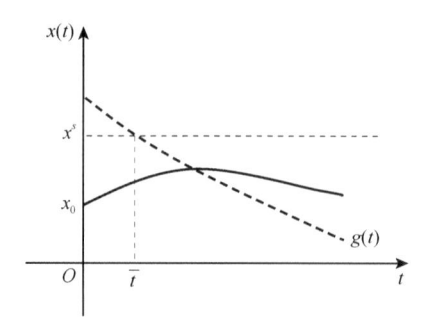

图 4-5　情况 3 最优师生比轨迹

情况 4：当 $I_0 > x^s(\delta+\beta)S_0$，且 $t' < \bar{t}$ 时，此时只要转换时间 t^* 满足 $t^* < t' < \bar{t}$，$x(t)$ 就能满足最优配置标准，如图 4-6 所示，进一步如果维持最优配置标准解的时间上限 $\bar{t} < T$，$x(t)$ 会在规划末期开始回落直至规划期结束，即

$$\frac{1}{\beta-\alpha}\ln\frac{I_0}{(\delta+\beta)x^s S_0} < T \Rightarrow I_0 < (\delta+\beta)x^s S_0 \mathrm{e}^{T(\beta-\alpha)}$$

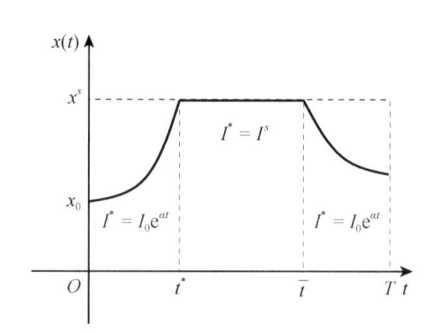

图 4-6　情况 4 最优师生比轨迹

在转换时间 t^* 之前决策部门的最优策略是最大能力地投入资源，快速达到最优配置标准，t^* 之后，策略进行转换，动态调整投入量 I^s 将师生比维持在最优水平 x^s 上。$\bar{t}$ 时刻之后，无法维持最优配置标准，决策部门最优控制策略变为最大能力地投入资源。

情况 3 和情况 4 反映了尽管决策部门有一定的基础财政能力，能将师生比维持在相对合理的水平，但是由于初始的生均师资基础薄弱，加上财政能力的增长速度不及学龄人口的增长速度，即便短暂能够达到最优的状态，也难以避免最后师生比回落的困境。

情况 5：当 $I_0 > (\delta+\beta)x^s S_0 \mathrm{e}^{T(\beta-\alpha)}$，且其他参数满足情况 4 中的条件时，决策

部门可以通过在一开始最大限度地投入资源，在师生比达到最优配置标准后维持住，直至规划期结束，如图 4-7 所示。

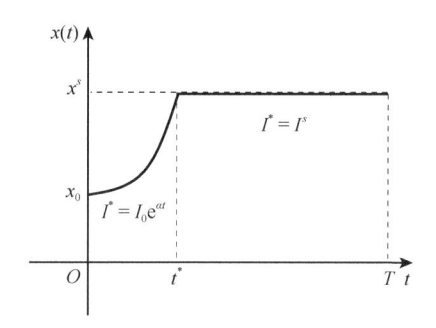

图 4-7 情况 5 最优师生比轨迹

情境 1 对应了人口教育需求大规模增长阶段，初始生均教师资源相对紧张的地区，此时资源投入能力是瓶颈因素，主要体现在两方面：基础投入能力不足和增长潜力有限，这使得理想的师生比实现和维持比较困难。

2. 情境 2：$x_0 < x^s$，$\beta < \alpha$

当前时刻决策部门规划区域内的教师资源相对比较紧张，但由于财政成长性好于教育需求规模的增长，未来压力会不断缓解。

如何达到最优配置标准的分析与情境 1 类似，唯一不同的地方在于对于控制手段的讨论，由于投入能力的成长性能力能够满足教育需求规模的增长，此时 $\beta < \alpha$，由控制手段上限条件可知：

$$t \geq \frac{1}{\beta - \alpha} \ln \frac{I_0}{(\delta + \beta) x^s S_0} = \underline{t} \tag{4-14}$$

当 $I_0 < (\delta + \beta) x^s S_0$ 时，$\underline{t}$ 存在，我们称之为维持最优配置标准的时间下限，其含义是在 $\underline{t}$ 时刻之后，最大的投入能力能够确保生均教师资源水平维持在最优解上。也可以理解为，理论上最早可以达到最优配置标准的时间。对于 $g(t) = I_0 e^{(\alpha-\beta)t}/(\delta+\beta)S_0$，由于 $\alpha - \beta > 0$，因此 $g(t)$ 是单调递增函数。

情况 6：当 $I_0 < x_0 S_0 (\delta + \beta)$ 时，在初始时刻以最大能力投入资源，易知 $g(0) < x(0)$，$x(t)$ 在初始时刻呈下降趋势，在过了最低点 $x(t')$（此时 $g(t') = x(t')$）之后逐渐上升，只要规划期 T 够长，那么策略转换时间肯定存在，并且肯定能达到最优配置标准，如图 4-8 所示。

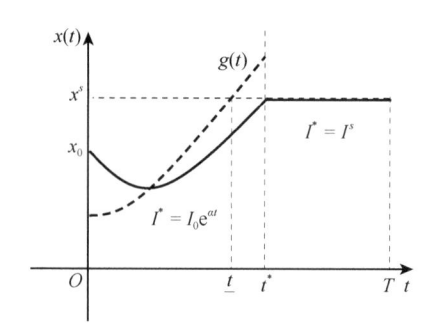

图 4-8 情况 6 最优师生比轨迹

也就是说，决策部门由于初始时刻财政能力薄弱，全力投入仍然不足以抵消教师的退出叠加学龄人口增加的稀释作用，尽管以最大能力投入教师资源，师生比仍然会在一定时期内下降，随着决策部门财政能力的不断提升，师生比水平在经历某个最低点之后，逐渐上升，并在某个时刻达到最优状态。

近年来，随着国家对中西部地区发展的重视，虽然起初由财政基础薄弱和人口增长导致教师资源不足，但随着国家教育政策的支持、地方经济的发展和对教育发展的重视，这些地区的教育投入逐渐增加，通过实施乡村教师支持计划、教育扶贫项目和城乡教育资源整合，逐步提升了教师资源的供给能力。

情况 7：当 $x_0 S_0(\delta+\beta) < I_0 < x^s S_0(\delta+\beta)$ 时，在初始时刻以最大能力投入资源有 $g(0) > x(0)$，$x(t)$ 从初始状态开始直线上升，直至达到最优配置标准，此时仍然存在时间下限 $\underline{t}$，转换时间必须满足 $t^* > \underline{t}$，如图 4-9 所示。

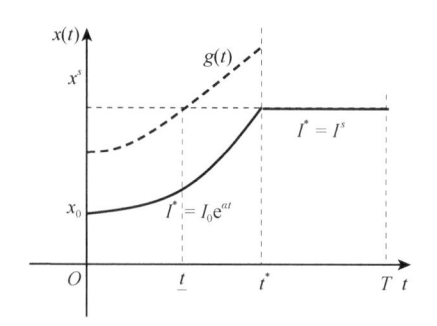

图 4-9 情况 7 最优师生比轨迹

情况 8：当 $I_0 > x^s S_0(\delta+\beta)$ 时，和情况 7 类似，只不过此时不存在最优配置标准的时间下限，初始时刻决策部门就具备维持最优配置标准解的投入能力，如图 4-10 所示。

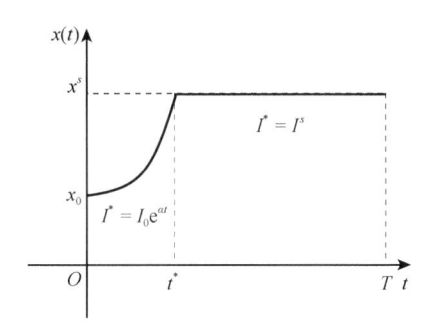

图 4-10 情况 8 最优师生比轨迹

情况 7 和情况 8 展示了当决策部门的初始投入能力足够抵消教师资源的自然退出和学龄人口增长的稀释作用时,最优的决策就是以最大的投入能力提升师生比,直至达到最优水平,然后转换策略维持该水平直至规划期结束即可。

情境 2 与情境 1 相比,改变了最大投入能力的增长速度,情况便发生了很大改观,大部分参数情况下都能维持在模型求解的最优水平,投入能力成长性的重要性凸显出来,因为它与教育需求增长速度之间的关系决定达到最优配置标准的速度。

3. 情境 3:$x_0 > x^s$,$\beta > \alpha$

当前时刻决策部门规划区域内的教师资源相对充裕,但未来的投入压力比较大。此时在 $[0, t^*)$ 内,最优控制手段 $I^* = 0$,状态轨迹为 $x(t) = x_0 e^{-(\delta+\beta)t}$,令 $x(t^*) = x_0 e^{-(\delta+\beta)t^*} = x^s$,得到策略转换时间:

$$t^* = \frac{1}{\delta + \beta} \ln \frac{x_0}{x^s} \tag{4-15}$$

由于 $x_0 > x^s$,因此策略转换时间 t^* 一定存在,意味着一定能达到最优配置标准。初始生均资源越高,策略转换时间越大,教师自然减员率和人口增长速度越小,越晚达到最优配置标准。进一步,由于 $\beta > \alpha$,此时如果 $I_0 > x^s(\delta+\beta)S_0$,则存在维持最优配置标准的时间上限:

$$t < \frac{1}{\beta - \alpha} \ln \frac{I_0}{(\delta+\beta)x^s S_0} = \bar{t} \tag{4-16}$$

所以 $x(t)$ 的轨迹取决于策略转换时间 t^* 和维持最优配置标准的时间上限之间的关系。

当 $t^* < \bar{t}$ 时,$x(t)$ 会在 t^* 时刻降低至最优配置标准,然后维持在最优配置标准水平直到 $\bar{t}$ 时刻。此时对应的初始师生比需要满足:

$$x_0 < \left(\frac{I_0}{(\delta+\beta)S_0}\right)^{\frac{\delta+\beta}{\beta-\alpha}} (x^s)^{\frac{-\delta-\alpha}{\beta-\alpha}} \quad (4-17)$$

否则即便能达到最优配置标准也无法维持住。

情况 9：当 $I_0 \leqslant (\delta+\beta)x^s S_0$ 或 $x_0 \geqslant \left(\dfrac{I_0}{(\delta+\beta)S_0}\right)^{\frac{\delta+\beta}{\beta-\alpha}} (x^s)^{\frac{-\delta-\alpha}{\beta-\alpha}}$ 时，即

$$I_0 \leqslant (\delta+\beta)S_0 (x_0)^{\frac{\beta-\alpha}{\delta+\beta}} (x^s)^{\frac{\delta+\alpha}{\delta+\beta}} \quad (4-18)$$

如图 4-11 所示，此时决策部面临的两种困境分别是：一方面，财政基础薄弱可能导致从一开始就不具备维持最优师生比水平的投入能力；另一方面，由于初始的师生比 x_0 较高，教师资源相对来说比较充裕，所以需要更长的时间自然回落到最优水平，但此时由于学龄人口经历了长时间的增长，积累了庞大的规模，此时决策部门的资源投入能力根本无法应对如此庞大的需求。所以，尽管在初期没有资源供给压力，但是当师生比自然衰减至最优师生比水平时，决策部门没有投入能力维持住最优水平，之后即便以最大能力投入也无济于事，师生比将持续下降。

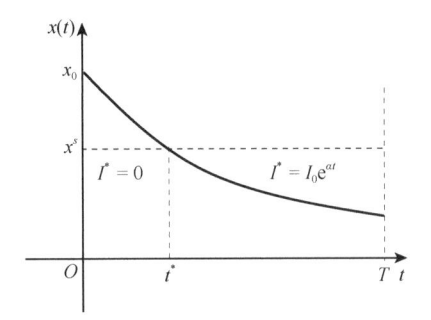

图 4-11 情况 9 最优师生比轨迹

东北地区部分县市，已经超过十年没有招聘新教师。一方面，长期不引进教师势必对当地教师人才市场的发展产生不利影响，从而降低年轻人对于教师行业的兴趣；另一方面，教师队伍年龄结构会进一步大龄化，此时如果在未来某个时期教育需求出现快速回升，那么投入能力叠加退休潮，势必会给当地的教育资源配置带来不小的压力，值得提前关注。

情况 10：当 $I_0 > (\delta+\beta)S_0 (x_0)^{\frac{\beta-\alpha}{\delta+\beta}} (x^s)^{\frac{\delta+\alpha}{\delta+\beta}}$ 时。

如图 4-12 所示，与情况 9 的不同在于，尽管情况 10 的初始师生比仍然是充裕的，但是程度有所下降，自然回落到最优水平的速度更快，此时学龄人口的增

长时期较短，决策部门的投入能力能够在一定时期内将师生比维持在最优师生比水平上，但随着学龄人口的进一步增长，决策部门的最大投入能力无法将师生比维持在最优的水平，之后师生比会继续回落。

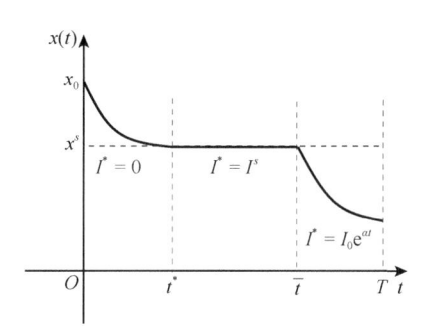

图 4-12　情况 10 最优师生比轨迹

以追求优质教育资源为目的的人口流动过程中容易出现情境 3 的情况，前些年的"教育移民潮"就是比较典型的案例，为了方便孩子上学，有经济条件的农村家庭在县城买房，一些家长还专职陪读，而举家迁入教育条件更好的地区，成为农村教育的新动向。虽然从经济发展角度来看拉动了县城的经济，但同时也加大了城市学校的招生压力，很容易造成城市学校"人满为患"、农村学校"门庭冷落"的局面，此时财政投入能力不是主要影响因素，从编制角度看很有可能出现县城无编可用，而农村超编超员的现象，打通制度对于编制在城乡之间流动的限制可能成为一个有力的政策工具，"县管校聘"的政策就是一剂良药。

4. 情境 4：$x_0 > x^s$，$\beta < \alpha$

无论从当前还是未来看，决策部门规划区域内的教师资源的投入压力都不大。此时策略转换时间：

$$t^* = \frac{1}{\delta + \beta} \ln \frac{x_0}{x^s} \quad (4-19)$$

维持最优配置标准的时间下限 $\underline{t}$ 为

$$\underline{t} = \frac{1}{\beta - \alpha} \ln \frac{I_0}{(\delta + \beta) x^s S_0} \quad (4-20)$$

情况 11：当 $I_0 < (\delta + \beta) x^s S_0$ 时，此时存在维持最优配置标准的时间下限，进一步讨论策略转换时间和时间下限的关系，当 $t^* \geq \underline{t}$ 时，有

$$x_0 \geq \left(\frac{I_0}{(\delta + \beta) S_0} \right)^{\frac{\delta + \beta}{\beta - \alpha}} (x^s)^{\frac{-\delta - \alpha}{\beta - \alpha}} \quad (4-21)$$

对应的初始投入能力的条件要求是

$$I_0 < (\delta+\beta)\left(x^s\right)^{\frac{\delta+\alpha}{\delta+\beta}}(x_0)^{\frac{\beta-\alpha}{\delta+\beta}}S_0 \tag{4-22}$$

此时，虽然决策部门初始的最大投入能力有限，但只要初始 x_0 足够大，师生比回落到最优解水平的时间就够长，由于其最大投入能力的成长性要好于学龄人口的增长，在策略转换时间后，决策部门能够维持住最优的师生比水平，如图 4-13 所示。

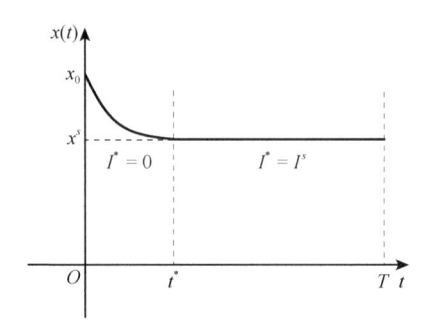

图 4-13 情况 11 最优师生比轨迹

情况 12：当 $I_0 < (\delta+\beta)x^s S_0$ 且 $t^* < \underline{t}$ 时，有

$$x_0 \geq \left(\frac{I_0}{(\delta+\beta)S_0}\right)^{\frac{\delta+\beta}{\beta-\alpha}}(x^s)^{\frac{-\delta-\alpha}{\beta-\alpha}} \tag{4-23}$$

对应的初始投入能力的条件要求是

$$(\delta+\beta)\left(x^s\right)^{\frac{\delta+\alpha}{\delta+\beta}}(x_0)^{\frac{\beta-\alpha}{\delta+\beta}}S_0 < I_0 < (\delta+\beta)x^s S_0 \tag{4-24}$$

此时，对于决策部门的最优控制手段及师生比变化的轨迹要分成三个阶段讨论。

第一阶段：$[0, t^*)$，此时为自然回落时期，其最优控制手段为 $I^* = 0$，对应的师生比会自然回落。

第二阶段：$[t^*, t^s)$，此时为全力投入期，最优控制手段为 $I^* = I_0 e^{\alpha t}$，当以最大能力投入资源时，有 $\dot{x} = I_0 e^{\alpha t}/S_0 e^{\beta t} - (\delta+\beta)x$，令 $g(t) = I_0 e^{(\alpha-\beta)t}/(\delta+\beta)S_0$，因为 $\beta-\alpha < 0$，所以 $g(t)$ 是单调递增函数。当决策部门以最大能力投入教师资源时，师生比的变化 $\dot{x}$ 满足式（4-25）：

$$\dot{x} = (\delta+\beta)[g(t) - x(t)] \tag{4-25}$$

根据情况 3 中的推理容易知道，此时师生比会继续下降，在 t' 达到最低点，此时 $g(t') = x(t')$，随后开始回升。

第三阶段：$[t^s, T]$，师生比在 t^s 时刻重新回到最优水平，此时最优控制手段 $I^* = I^s$，师生比将维持在最优水平直至规划期结束。

整体来说，由于初始师生比水平较低，因此师生比自然回落到最优水平的时间较短。此时，决策部门的最大投入能力尚不足以维持最优水平，于是师生比将继续下降离开最优水平，但此后随着投入能力的提升，师生比水平经历一定时期的下降之后又会重新回到最优水平直至规划期结束，如图 4-14 所示。

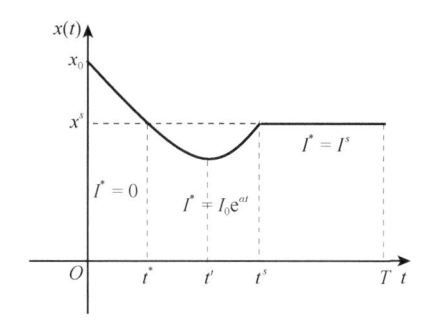

图 4-14　情况 12 最优师生比轨迹

情况 13：当 $I_0 > (\delta + \beta)x^s S_0$ 时，策略转换时间 t^* 存在，不存在时间下限 $\underline{t}$。决策部门的最优决策是在开始阶段让师生比自然回落，到最优水平之后维持住即可，师生比最优轨迹和情况 11 的图 4-13 一致。

对于一些初始教育资源较为丰富，且财政能力很强的地区，在人口上升时期，富余的存量资源就能支持人口上涨时教育需求的变化，通常这类地区也倾向于制定高于国家标准的师生比配置目标，例如：北京、天津、上海等大城市。

4.2.3　小结

本节讨论了在学龄人口持续上升模式下的教师资源配置的优化问题，我们从"初始师生比与师生比配置目标之间的大小关系"与"投入能力增速与教育需求增速之间的大小关系"两个维度进行了情境分类。每种情境下，我们给出了不同的初始投入能力情况下的最优配置策略及其对应的最优师生比轨迹。

整体上看，在学龄人口上升时期，投入能力（包括初始最大投入能力及其增速）是瓶颈约束。在规划的不同时期，不同参数的作用效果是不一样的，初始状态（初始师生比、初始投入能力）对前期师生比轨迹的影响较大，成长性参数在中后期对师生比轨迹的影响会逐渐增大，教师自然减员率对师生比的负向影响在人口上升期会随着资源存量的增大而不断增大。

在具体参数讨论中，我们把影响师生比变化的参数分成两类：一类是与师生比成正比的变化，包括初始最大投入能力及其增长的速度；另一类是成反比的变化，包括教师自然减员率和学龄人口增长速度。师生比最终的走势取决于由上述参数决定的两个核心指标：策略转换时间和维持最优师生比标准的时间上下限。其中：策略转换时间代表到达最优师生比标准的时间；时间下限代表"从这之后，最大投入能力能够维持住最优师生比"，时间上限代表"在这之前，最大投入能力能够维持住最优师生比"。

如果我们以"达到最优师生比配置标准，并尽可能长时间地维持在标准之上"作为不同情境之间配置方案的评价标准，则处于情境 4 中的决策部门更容易实现好的配置方案，而情境 1 中的大部分情况下，即便决策部门全力投入教师资源，也无法实现最优的师生比配置标准。其中，情境 4 在一定程度上对应了教育基础好、经济发展水平高、人口流动稳定的地区；情境 1 对应教育基础薄弱、人口上升或流入过快的地区。

综合来看，对于成长性参数的预判是配置策略能够实现的关键点，随着人口结构和经济条件的变化，地方政府需要具有前瞻性，根据人口变化的趋势和预测，及时调整教育资源配置策略，合理规划教师队伍年龄结构和数量。这要求政府不仅要关注当前的资源分配情况，更要对未来的发展趋势进行科学预测和规划，以实现教育资源配置的长期可持续发展。

4.3 学龄人口下降模式

2023 年我国各级各类学校同比上年减少 2.02 万所至 49.83 万所，下跌幅度为 3.9%。相应地，各级各类学历教育在校生同样出现了减少的情况，2023 年比 2022 年减少 151.26 万人至 2.91 亿人，降幅为 0.52%[①]。具体到各个区域，除了东部地区较为发达的城市学生人数还在不断增长外，东北地区、中部地区、西部地区都有省份出现"教育人口塌陷"的问题。在东北地区，低人口基数、低出生率但高流出率的黑龙江、吉林、辽宁三省早已出现小学生人数越来越少的情况。财新网[②]数据显示，2013 年至 2022 年，黑龙江、吉林、辽宁已消失或关闭近六成、超五成、近五成的小学，分别消失或关闭超 1900 所、超 2600 所、近 2200 所小学。在其报道中，田志磊团队研究显示，预计 2027 年较 2023 年，黑龙江、吉林小学在校生还将降低 18%～20%，辽宁则预计下跌 11% 左右，而初中阶段，黑龙江与吉

---

① 《介绍 2023 年全国教育事业发展基本情况》，http://www.moe.gov.cn/fbh/live/2024/55831/twwd/202403/t20240301_1117649.html，2024 年 3 月 1 日。

② "'学生荒'来临：东北一县学生凑一所学校"，https://weekly.caixin.com/2024-06-29/102211091.html?p0#page2，2024 年 6 月 29 日。

林的在校生规模预计都会下跌超过 10%。与此同时，人口基数大的中部省份如河南、湖南、江西、湖北、山西、安徽等地的学生也在减少。2023 年至 2027 年，河南小学学龄人口、在校生分别预计减少 200 万余人、约 190 万人，降幅均超过 20%。除此之外，广西、甘肃、宁夏、四川、云南等大部分西部省区的小学生或在校生人数都有所减少。

在本节中，我们将探讨在学龄人口持续下降的背景下，教师资源规划的挑战与对策。在这种情况下，决策部门主要的挑战转变为如何有效避免教师资源的闲置和浪费。与 4.2 节中情境的讨论相比，部分策略和情境可能存在相似之处，本节将有选择地减少讨论范围，专注于凸显在学龄人口下降模式下的配置策略特色，减少了分析的复杂性的同时，也使我们能够更深入地理解和应对学龄人口下降时期教师资源规划的独特挑战。

4.3.1 模型简介

设某区域在规划期 $[0,T]$ 内的学龄人口为 $S(t)=S_0\mathrm{e}^{\beta t}, S_0>0, \beta<0$，则学龄人口每年固定的增长比例为 $\dot{S}/S=\beta$，初始学生人数为 $S(0)=S_0$。

哈密顿正则方程可化为

$$\begin{cases} \dot{x}=\dfrac{\partial H}{\partial \lambda}=I/S_0\mathrm{e}^{\beta t}-(\delta+\beta)x \\ \dot{\lambda}=\lambda r-\dfrac{\partial H}{\partial x}=\lambda r+S_0\mathrm{e}^{\beta t}p(x-\bar{x})+\lambda(\delta+\beta) \end{cases} \quad (4\text{-}26)$$

当 $x>x^s$ 时，有 $\lambda/S<c$，此时

$$I^*=0, \quad x(t)=\dfrac{x_0 S_0}{S}\mathrm{e}^{-\delta t}=\dfrac{x_0 S_0}{S_0\mathrm{e}^{\beta t}}\mathrm{e}^{-\delta t}=x_0\mathrm{e}^{-(\delta+\beta)t}$$

当 $x<x^s$ 时，有 $\lambda/S>c$，此时

$$I^*=I_0\mathrm{e}^{\alpha t}, \quad x(t)=\dfrac{\mathrm{e}^{(\alpha-\beta)t}}{S_0}\left[\dfrac{I_0}{\delta+\alpha}\left(1-\mathrm{e}^{-(\delta+\alpha)t}\right)+x_0 S_0\mathrm{e}^{-(\delta+\alpha)t}\right]$$

当 $x=x^s$ 时，有 $\lambda/S=c$，此时

$$I^*=I^s=(\delta S+\dot{S})x^s=S_0\mathrm{e}^{\beta t}(\delta+\beta)x^s, \quad x=x^s=\bar{x}-c(\delta+r)/p$$

此时，最优控制手段可实现的必要条件与 4.2 节略有不同，需要考虑控制手段的约束，如下。

（1）当 $\delta+\beta<0$ 时，最优控制策略 $I^s<0$，无法实现。

（2）当 $\delta+\beta=0$ 时，最优控制策略 $I^s=0$，可以实现。

(3) 当 $\delta + \beta > 0$ 时

$$I^s \leqslant I_0 e^{\alpha t} \Rightarrow (\beta - \alpha)t \leqslant \ln \frac{I_0}{S_0(\delta + \beta)x^s}$$

由于此时 $\beta - \alpha < 0$，当 $I_0 < (\delta + \beta)x^s S_0$ 时，存在时间下限：

$$t > \frac{1}{(\beta - \alpha)} \ln \frac{I_0}{S_0(\delta + \beta)x^s} = \underline{t} \tag{4-27}$$

当 $I_0 \geqslant (\delta + \beta)x^s S_0$ 时，整个规划期维持最优配置标准的最优控制策略都能实现。此时决策部门的压力不再是学龄人口增加带来的供给压力，而是权衡教师资源的自然退出和生均教师资源增加（教育需求下降导致）之间的关系，所以我们将围绕初始时刻资源状态 x_0 以及教师自然减员叠加学龄人口减少速率的综合作用效果进行分类（$\delta + \beta$），由于人口的因素，此时决策部门面临的供给压力都好于 4.2 节中各情境。

情境 5：压力相对较大，即规划开始时刻实际师生比水平 x_0 低于模型求解的最优师生比水平 x^s，且教师自然减员率大于学龄人口减少速率。无论从当前的供需情境，还是未来发展的角度看，决策部门都面临着一定的压力。

情境 6：当前有压力，未来无压力，即规划开始时刻实际师生比水平 x_0 低于模型求解的最优师生比水平 x^s，但教师自然减员率小于学龄人口减少速率。此时，从当前的供需情境看存在一定压力，但随着学龄人口的减少，决策部门的供给压力会逐渐减小。

情境 7：当前无压力，未来有潜在压力，即规划开始时刻实际师生比水平 x_0 高于模型求解的最优师生比水平 x^s，但教师自然减员率大于学龄人口减少速率。此时，从当前的供需情境看没有压力，但资源的折旧过高依然会给未来决策部门的投入带来潜在压力。

情境 8：无压力，即规划开始时刻实际师生比水平 x_0 高于模型求解的最优师生比水平 x^s，且教师自然减员率小于学龄人口减少速率。此时，无论从当前的供需情境，还是未来发展的角度看，决策部门都能够做到无压力地应对。

4.3.2 分类讨论

情境 5：$x_0 < x^s$，$\delta + \beta > 0$，此时决策部门所在区域初始师生比低于最优水平，教师自然减员率大于学龄人口的减少速率。

与情境 2 的讨论类似，只要规划时期 T 够长，师生比水平一定能达到最优水平,并维持至规划结束,只不过根据 I_0 的取值范围,可能存在短期内师生比水平下降,然后再上升的过程。决策部门的最优控制策略就是,以最大的投入能力让师生比最快达到最优解,然后维持住。

情境 6:$x_0 < x^s$,$\delta + \beta < 0$,此时决策部门所在区域初始师生比低于最优水平,教师自然减员率小于学龄人口的减少速率。

此时维持最优配置标准解的最优控制手段 $I^s < 0$,超出了决策部门的控制约束,导致决策部门在开始以最大能力投入资源,使师生比最快达到最优水平,之后无法维持在最优水平,过了策略转换时间 t^* 之后,最优控制手段 $I^* = 0$,如图 4-15 所示。

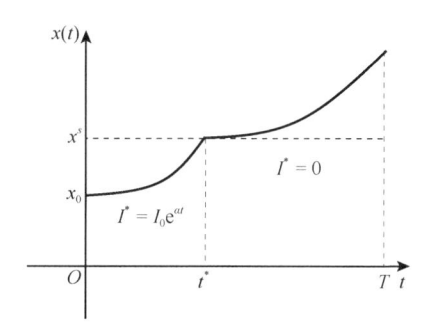

图 4-15 情境 6 最优师生比轨迹

可以看到由于最优控制手段的限制,在转换时间后资源过剩现象比较明显。从优化的角度看,编制为教师提供了职业稳定性,减少了教师流动性,有助于稳定教育教学队伍,但也会导致教师队伍的调整不够灵活,难以根据实际需要快速增加或减少教师数量。合理的退出机制对于维持教师队伍的活力和质量是必要的。

在 21 世纪初,随着中国人口增长率的放缓,一些农村和偏远地区由于年轻人口向城市迁移,学生人数减少,导致教师需求减少,虽然在短时间内能够缓解教育资源供给的不足,但长期看,资源的闲置又成了新的问题。不难发现情境 6 和情境 3 是可以同时发生的,"教育移民潮"中乡村的情况和情境 6 很类似,需求的下降,导致资源闲置,这种情况下,类似"县管校聘"这样的政策工具就能够很好地取长补短,缓解彼此困境,同时提升资源的利用效率,保障教育质量和公平。

情境 7:$x_0 > x^s$,$\delta + \beta > 0$,此时决策部门所在区域初始师生比高于最优水平,教师的自然退出率大于学龄人口的减少速率。

情境 7 的计算过程和情境 4 是类似的,对于决策部门来说,因为此时的教师自然减员率较高,所以决策部门仅依靠人口减少带来师生比相对增加是不够的,需要维持一定的教师投入能力,才能保证师生比维持在最优的水平。伴随人口的老龄化，教师队伍年龄整体也逐渐增大，2001 年普通高中专任教师平均年龄 34.74 岁，2020 年这一数据为 39.13 岁[131]。尽管当前人口减少缓解了资源的压力，但退休潮的来临对于很多财政能力不充裕的地方来说还是有压力的，提前规划教师的退休和招聘，确保教师队伍的平稳过渡，避免出现教师短缺的情况是决策部门需要考虑的。

情境 8：$x_0 > x^s$，$\delta + \beta < 0$，此时决策部门所在区域初始师生比高于最优水平，教师的自然退出率小于学龄人口的减少速率。可以很直观地看到，由于控制手段的约束，决策部门不做任何投入，师生比会自然地升高直至规划期结束，如图 4-16 所示，此时决策部门主要面临的是教师资源闲置问题。

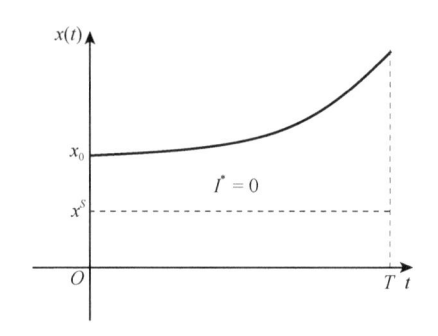

图 4-16　情境 8 最优师生比轨迹

当某区域初始时刻的生均教育资源已经超出最优配置标准，随着教育需求的进一步萎缩，即使政府无所作为，生均教育资源都会不断上升，直至超过规划指标，造成不同程度的资源闲置，资源利用效率问题凸显。

2020 年教育部的统计数据显示，吉林、黑龙江和甘肃在小学阶段的生师比分别为 11.28∶1、12.00∶1 和 13.32∶1[①]，远低于国家设定的标准比例 19∶1。这一现象突显出这些地区存在教师过剩的问题，尤其是东北地区部分县市，已经超过十年没有招聘新教师。随着学龄人口的持续下降，小规模学校的数量呈现先减少后增加的趋势。教师编制没有及时调整，导致部分小规模学校出现"师多生少"的状况。具体来看，2020 年对吉林省某县的调查发现，全县义务教育阶段共有学生 17 620 人，而在编在岗的教职工数量高达 3598 人，使得平均生师比降至 4.90∶1。在学生人数不足 100 人的学校中，通常会配置 30 名至 40 名教师。这种大量的富余教师不仅限制了教师队伍结构的优化，同时也导致了编制资源使用效率低下的问题[132]。

如果考虑教师退出机制，即可以主动减少教师资源的情况，我们假定每年教

---

① http://www.moe.gov.cn/jyb_sjzl/moe_560/2020/gedi。

师资源最大退出数量固定为 $\overline{I}$ 。

此时，教师资源的最优控制问题为

$$\begin{cases} \min J = \int_0^T \left[S\dfrac{p}{2}(x-\overline{x})^2 + cI \right] \mathrm{e}^{-rt}\mathrm{d}t \\ \dot{x} = I/S - (\delta + \dot{S}/S)x \\ x(0) = x_0 \\ -\overline{I} \leqslant I \leqslant I_0 \mathrm{e}^{\alpha t} \end{cases} \quad (4\text{-}28)$$

现值哈密顿为

$$\begin{aligned} H &= \lambda\left[I/S - (\delta + \dot{S}/S)x \right] - \left[\dfrac{p}{2}S(x-\overline{x})^2 + cI \right] \\ &= (\lambda/S - c)I - \dfrac{p}{2}S(x-\overline{x})^2 - \lambda(\delta + \dot{S}/S)x \end{aligned} \quad (4\text{-}29)$$

最优控制策略为：$I^* = \mathrm{bang}\left\{ -\overline{I}, I_0 \mathrm{e}^{\alpha t}, \lambda/S - c \right\}$。

具体来看，不同初始条件下的最优控制策略和师生比轨迹如下。

最优控制策略 1：当 $x > x^s$ 时，有 $\lambda/S < c$，此时

$$I^* = -\overline{I}, \quad x(t) = \dfrac{\mathrm{e}^{-\beta t}}{S_0}\left[x_0 S_0 \mathrm{e}^{-\delta t} - \dfrac{\overline{I}}{\delta}\left(1 - \mathrm{e}^{-\delta t} \right) \right]$$

最优控制策略 2：当 $x < x^s$ 时，有 $\lambda/S > c$，此时

$$I^* = I_0 \mathrm{e}^{\alpha t}, \quad x(t) = \dfrac{\mathrm{e}^{(\alpha-\beta)t}}{S_0}\left[\dfrac{I_0}{\delta+\alpha}\left(1 - \mathrm{e}^{-(\delta+\alpha)t} \right) + x_0 S_0 \mathrm{e}^{-(\delta+\alpha)t} \right]$$

最优控制策略 3：当 $x = x^s$ 时，有 $\lambda/S = c$，此时

$$I^* = I^s = (\delta S + \dot{S})x^s = S_0 \mathrm{e}^{\beta t}(\delta+\beta)x^s, \quad x = x^s = \overline{x} - c(\delta+r)/p$$

此时，最优控制策略可实现的必要条件与 4.2.1 节略有不同，需要考虑控制策略可以取到负值的情况。

当 $\delta + \beta < 0$ 时，最优控制策略可以实现的必要条件是

$$-\overline{I} \leqslant I^s = S_0 \mathrm{e}^{\beta t}(\delta+\beta)x^s \Rightarrow t \geqslant \dfrac{1}{\beta}\ln\dfrac{\overline{I}}{-x^s S_0 (\delta+\beta)}$$

进一步进行参数分析，当 $\overline{I} \geqslant -x^s S_0(\delta+\beta)$ 时，规划期内师生比可以一直维持在最优水平；当 $\overline{I} < -x^s S_0(\delta+\beta)$ 时，存在维持最优师生比水平的时间下限：

$$t > \dfrac{1}{\beta}\ln\dfrac{\overline{I}}{-x^s S_0(\delta+\beta)} = \underline{t} \quad (4\text{-}30)$$

当 $\delta+\beta=0$ 时，最优控制策略 $I^s=0$，可以实现。

当 $\delta+\beta>0$ 时，最优控制策略可以实现的必要条件是

$$I^s \leqslant I_0 e^{\alpha t} \Rightarrow (\beta-\alpha)t \leqslant \ln\frac{I_0}{S_0(\delta+\beta)x^s}$$

由于此时 $\beta-\alpha<0$，当 $I_0 \leqslant (\delta+\beta)x^s S_0$ 时，存在时间下限：

$$t \geqslant \frac{1}{\beta-\alpha}\ln\frac{I_0}{S_0(\delta+\beta)x^s} = \underline{t} \tag{4-31}$$

当 $I_0>(\delta+\beta)x^s S_0$ 时，整个规划期内维持最优配置标准的最优控制策略都能实现。

情境 9：和情境 8 类似，$x_0>x^s$，$\delta+\beta<0$，此时决策部门所在区域初始师生比高于最优配置标准，教师自然减员率小于学龄人口的下降速度。

初始时刻决策部门的最优控制策略是 $I^* < -\overline{I}$，有

$$\dot{x}(t) = \frac{e^{-\beta t}}{S_0}\left[\frac{\overline{I}\beta}{\delta} - \left(\overline{I} + \frac{\overline{I}\beta}{\delta} + x_0 S_0 \delta + x_0 S_0 \beta\right)e^{-\delta t}\right] = 0$$

$$\Rightarrow t' = \frac{1}{\delta}\ln\left(1+\frac{x_0 S_0 \delta}{\overline{I}}\right) + \frac{1}{\delta}\ln\left(1+\frac{\delta}{\beta}\right)$$

由于此时 $\overline{I} + \overline{I}\beta/\delta + x_0 S_0 \delta + x_0 S_0 \beta < 0$，当 $t>t'$ 时，有 $\dot{x}(t)<0$；当 $t<t'$ 时，有 $\dot{x}(t)>0$。

$$x(t) = \frac{e^{-\beta t}}{S_0}\left[x_0 S_0 e^{-\delta t} - \frac{\overline{I}}{\delta}(1-e^{-\delta t})\right] = 0 \Rightarrow t'' = \frac{1}{\delta}\ln\left(1+\frac{x_0 S_0 \delta}{\overline{I}}\right) \tag{4-32}$$

当 $\overline{I}<-x_0 S_0(\beta+\delta)$ 时，$t' \geqslant 0$ 且 $t'<t''$，此时存在策略转换时间点 $t^* \in (t',t'')$ 使得 $x(t^*)=x^s$，此时维持最优水平的时间下限 $\underline{t}<t'$，师生比随时间的变化如图 4-17 所示。

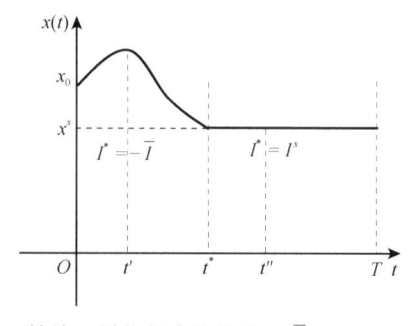

图 4-17 情境 9 最优师生比轨迹（$\overline{I}<-x_0 S_0(\beta+\delta)$）

当 $\bar{I} \geqslant -x_0 S_0(\beta+\delta)$ 时，$t' \leqslant 0$ 且 $t' < t''$，此时存在策略转换时间点 $t^* \in (0, t'')$ 使得 $x(t^*) = x^s$，规划期内都能维持最优水平，师生比随时间的变化如图 4-18 所示。

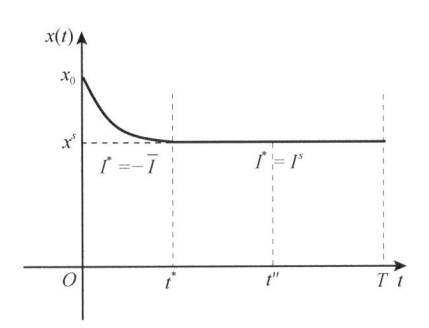

图 4-18　情境 9 最优师生比轨迹（$\bar{I} \geqslant -x_0 S_0(\beta+\delta)$）

情境 10：和情境 6 一样，$x_0 < x^s$，$\delta+\beta < 0$，此时决策部门所在区域初始师生比低于最优配置标准，教师自然减员率小于学龄人口的下降速度。

从 0 时刻开始决策部门以最大能力投入资源，由于此时学龄人口下降速度大于资源的折旧速度，只要时间够长，策略转换时间 t^* 肯定存在。达到最优水平后，由于此时达到最优水平的最优控制策略 $I^s < 0$，能否维持住取决于决策部门的教师资源最大退出能力 $\bar{I}$。

当 $\bar{I} < -x^s S_0(\delta+\beta)$ 时，如果策略转换时间 $t^* < \underline{t}$，策略转换时间之后决策部门的最优策略 $I^* = -\bar{I}$，但无法维持最优水平，师生比继续升高，随后在 t' 达到最大值以后，回落并维持在最优水平，如图 4-19 所示。当 $\bar{I} \geqslant -x^s S_0(\delta+\beta)$ 时，策略转换时间之后决策部门的最优策略 $I^* = I^s$，师生比维持在最优水平至规划期结束，如图 4-20 所示。

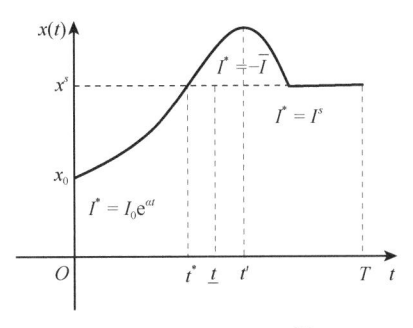

图 4-19　情境 10 最优师生比轨迹（$\bar{I} < -x^s S_0(\delta+\beta)$）

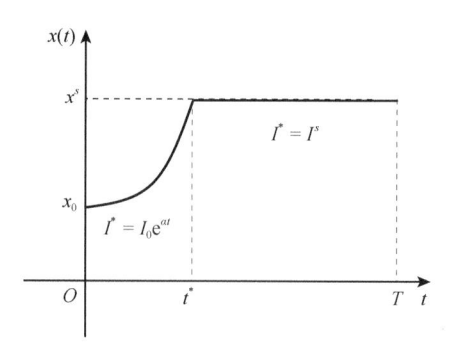

图 4-20　情境 10 最优师生比轨迹（$\bar{I} \geqslant -x^s S_0(\delta + \beta)$）

4.3.3　小结

在本节中，我们细致分析了学龄人口减少背景下，决策部门面临的最优资源配置挑战，特别是如何平衡资源的有效利用与避免资源闲置的问题。显著地，学龄人口的下降减轻了对教育资源的需求压力，但同时也引发了资源闲置的潜在风险。探讨了教师自然减员率与学龄人口下降速度之间的关系，这一动态关系对于制定有效的资源配置策略至关重要。

通过与 4.2 节 "学龄人口上升模式" 的情境比较，我们发现不同背景下的控制策略存在互补性。这种互补性为跨区域教育资源的联合规划提供了理论依据，允许政策制定者通过整合不同地区的资源配置策略，实现资源的优化利用，取长补短，从而在更广泛的范围内促进教育资源的高效分配和使用。

此外，本节还考察了近年来在部分地区引入的教师退出机制，该机制通过为教师提供退休、转岗或再培训的机会，有效突破了传统控制条件的限制，增加了资源调控的灵活性。从最优师生比轨迹的变化可见，这种调控手段的引入能显著减少教师资源的闲置和浪费，为决策部门在面对人口结构变化时提供了更多的应对策略。

在未来的教师资源配置规划中，决策部门应继续探索和利用这种互补性及灵活的调控手段，特别是在跨区域资源规划政策的制定上，需更加注重多维度的分析和长期的可持续性考量。此外，随着社会经济条件和人口结构的不断演变，对教师资源配置策略的动态调整和优化，将是保障教育质量和效率的关键。

4.4　学龄人口先升后降模式

学龄人口处于波动阶段的教育资源配置问题是我们研究重点关注的情形。首先，学龄人口增长快速的时期可能面临教育资源（如学校、教师、教材）短缺的情况，而学龄人口减少则又可能出现教育资源过剩、利用率低下的情况。当这些情况结合在一起时，没有一个全局性的规划容易导致资源整体使用效率的下降。其次，资源配置不仅仅是数量的问题，更是质量的问题。学龄人口波动可能加剧教育资源配置状态的波动，教育质量难以保障。最后，学龄人口波动的快速变化要求教育政策具有高度的适应性和灵活性，但现有的教育资源配置模式往往难以迅速适应人口结构和规模的变化。在学龄人口波动时期，如何有效利用有限的教育资源，提高配置效率，是一个挑战。

4.4.1 模型简介

根据 4.1 节给出的先升后降时期的需求变化方程，有

$$S(t) = S_0 e^{\beta(t_m - t/2)t}, \quad \beta > 0, 0 < t_m < T \tag{4-33}$$

哈密顿正则方程可化为

$$\begin{cases} \dot{x}(t) = \dfrac{\partial H}{\partial \lambda} = I(t)/S_0 e^{\beta(t_m - t/2)t} - [\delta + \beta(t_m - t)]x(t) \\ \dot{\lambda}(t) = \lambda r - \dfrac{\partial H}{\partial x} = \lambda r + S_0 e^{\beta(t_m - t/2)t} p(x - \bar{x}) + \lambda[\delta + \beta(t_m - t)] \end{cases}$$

最优控制策略 1：当 $x > x^s$ 时，有 $\lambda/S < c$，此时

$$I^* = 0, \quad x(t) = \dfrac{x_0 S_0}{S} e^{-\delta t} = \dfrac{x_0 S_0}{S_0 e^{\beta(t_m - t/2)t}} e^{-\delta t} = x_0 e^{\beta t^2/2 - (\beta t_m + \delta)t}$$

$$\dot{x} = x_0 e^{\beta t^2/2 - (\beta t_m + \delta)t} \beta \left[t - \left(t_m + \dfrac{\delta}{\beta} \right) \right] \tag{4-34}$$

当 $t < (t_m + \delta/\beta)$ 时，$\dot{x} < 0$，师生比持续下降；当 $t > (t_m + \delta/\beta)$ 时，$\dot{x} > 0$，师生比持续上升；当 $t = (t_m + \delta/\beta)$ 时，$x_{\min} = x_0 e^{-\dfrac{(\beta t_m + \delta)^2}{2\beta}}$，取到最小值的前提条件是

$$x_{\min} \geq x^s \Rightarrow x_0 \geq x^s e^{\dfrac{(\beta t_m + \delta)^2}{2\beta}}, \quad \dfrac{\delta}{\beta} < T - t_m \tag{4-35}$$

如图 4-21 所示，当我们全程不做任何资源干预时，$I^* = 0$，由于学龄人口增加和教师自然减员的双重作用，师生比在人口高峰 t_m 之前会处于自然下降状态。越过人口高峰后，教师自然减员仍然会持续一段时间，直至学龄人口下降率增大到可以抵消教师自然减员的影响，$t_m + \delta/\beta$ 时刻之后师生比开始自然回升，我们称 $t_m + \delta/\beta$ 时刻为"师生比自然回升时间点"。然而这个时间点与自然减员率和人口变化加速有关，自然减员率越大，师生比自然回升时间点越迟，因为需要更

长时间的学龄人口下降来抵消 δ 的影响；同时 β 越大，说明学龄人口下降期的变化速度更快，也能尽快促进师生比回升，当 δ/β 大到一定程度时，师生比在整个规划期内都将持续下降。

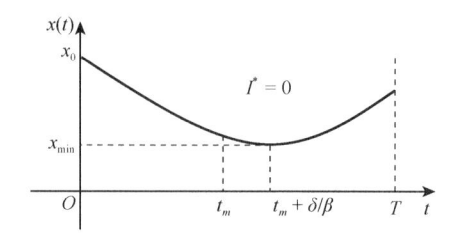

图 4-21 不干预下的师生比轨迹图

最优控制策略 2：当 $x < x^s$ 时，有 $\lambda/S > c$，此时

$$I^* = I_0 e^{\alpha t}, \quad x(t) = \frac{e^{\beta t^2/2 - (\beta t_m - \alpha)t}}{S_0} \left[\frac{I_0}{\delta + \alpha} \left(1 - e^{-(\delta+\alpha)t} \right) + x_0 S_0 e^{-(\delta+\alpha)t} \right]$$

易知 $e^{-(\delta+\alpha)t}$ 为 $x_0 S_0$ 和 $I_0/(\delta+\alpha)$ 的定比分点，如图 4-22 所示。随着时间的变化，$e^{-(\delta+\alpha)t}$ 逐渐减小，而 $I_0 \left(1 - e^{-(\delta+\alpha)t} \right)/(\delta+\alpha) + x_0 S_0 e^{-(\delta+\alpha)t}$ 的取值由 $x_0 S_0$ 向 $I_0/(\delta+\alpha)$ 单调变化。

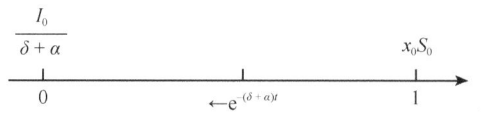

图 4-22 定比分点图

$e^{\beta t^2/2 - (\beta t_m - \alpha)t}/S_0$ 取值为先减后增，在 $t = t_m - \alpha/\beta$ 处取值达到最小，此时可以看到 $x(t)$ 与 I_0 成正比，与 δ 成反比。

综合来看：当 $I_0 < x_0 S_0 (\delta+\alpha)$ 时，$x(t)$ 在 $t \in (t_m - \alpha/\beta, t_m + \delta/\beta)$ 之间取到最小值之后逐渐增大；当 $I_0 = x_0 S_0 (\delta+\alpha)$ 时，$x(t)$ 在 $t = t_m - \alpha/\beta$ 取值达到最小；当 $I_0 > x_0 S_0 (\delta+\alpha)$ 时，$x(t)$ 在 $t = t_m - \alpha/\beta$ 之后是上升趋势，在这之前的变化方式要看具体参数的变化。从整体变化趋势可以知道，只要规划时间够长一定是存在策略转换时间的。

最优控制策略 3：当 $x = x^s$ 时，有 $\lambda/S = c$，此时：

$$I^* = I^s = (\delta S + \dot{S}) x^s = x^s S_0 e^{\beta(t_m - t/2)t} [\delta + \beta(t_m - t)], \quad x = x^s = \bar{x} - c(\delta + r)/p$$

（1）当 $t > t_m + \delta/\beta$ 时，$I^s < 0$，由于控制手段的范围约束，最优控制手段无法实现。

（2）当 $t = t_m + \delta/\beta$ 时，$I^* = I^s = 0$。

（3）当 $t < t_m + \delta/\beta$ 时，$I^s > 0$，$I^s \leqslant I_0 e^{\alpha t} \Rightarrow x^s S_0 e^{\beta(t_m - t/2)t}[\delta + \beta(t_m - t)] \leqslant I_0 e^{\alpha t}$，此时有

$$e^{\beta t^2/2 - (\beta t_m - \alpha)t} \geqslant \frac{x^s S_0[\delta + \beta(t_m - t)]}{I_0} \tag{4-36}$$

我们分别令

$$P(t) = e^{\beta t^2/2 - (\beta t_m - \alpha)t}$$

$$Q(t) = \frac{x^s S_0[\delta + \beta(t_m - t)]}{I_0}$$

求出 $t = 0$、$t = t - \alpha/\beta$ 和 $t = t_m + \delta/\beta$ 时，$P(t)$、$P'(t)$ 和 $Q(t)$、$Q'(t)$ 的值就可以大致画出两个函数的图像，由于涉及的参数讨论比较复杂，因此不做详细论述。

当 $t \geqslant t_m + \delta/\beta - I_0 e^{-\frac{(\beta t_m - \alpha)^2}{2\beta}} \big/ \beta x^s S_0$ 时，式（4-36）恒成立，也就是说在这个时间点之后、$t_m + \delta/\beta$ 之前，最优控制手段始终能实现。

综合来看，先升后降模式下的最优配置问题以师生比自然回升时间点 $t = t_m + \delta/\beta$ 为分界线，在这之前参数的讨论和学龄人口上升模式一样，投入能力上升和人口上升速度之间的关系决定了师生比走势；在这之后则和学龄人口下降模式的讨论类似，教师自然减员和人口下降的速度之间的关系决定了回升幅度。如果 $t_m + \delta/\beta > T$，波动周期的问题将退化为和学龄人口持续上升期类似的情形，只不过此时学龄人口上升的速度是逐渐减小的，所以我们下面的讨论都基于 $t_m + \delta/\beta < T$ 的情形。

4.4.2 分类讨论

波动时期的参数讨论可以分成两个阶段来看，在学龄人口上升期和下降期，需要重点关注的参数及其影响各不相同。由于此时参数情况相对复杂，因此我们无法给出所有情况师生比变化的解析解。在部分参数讨论中，我们通过 Vensim 软件进行数值模拟的方法，分析不同参数变化对于最优师生比轨迹的影响。

情境 11：当 $x_0 > x^s$ 时，决策部门的最优策略是 $I^* = 0$。

求解此时的策略转换时间 t^*，令

$$x_0 \mathrm{e}^{\beta t^2/2-(\beta t_m+\delta)t} = x^s \Rightarrow \beta t^2/2 - (\beta t_m+\delta)t + \ln(x_0/x^s) = 0 \quad (4\text{-}37)$$

当 $\beta t_m + \delta = \sqrt{2\beta \ln(x_0/x^s)}$ 时，存在一个策略转换时间 $t^* = t_m + \delta/\beta$。

当 $\beta t_m + \delta > \sqrt{2\beta \ln(x_0/x^s)}$ 时，存在两个策略转换时间，其中：

$$\begin{aligned} t_1^* &= t_m + \frac{\delta}{\beta} - \sqrt{\left(t_m + \frac{\delta}{\beta}\right)^2 - \frac{2\ln(x_0/x^s)}{\beta}}, \\ t_2^* &= t_m + \frac{\delta}{\beta} + \sqrt{\left(t_m + \frac{\delta}{\beta}\right)^2 - \frac{2\ln(x_0/x^s)}{\beta}} \end{aligned} \quad (4\text{-}38)$$

当 $\beta t_m + \delta < \sqrt{2\beta \ln(x_0/x^s)}$ 时，不存在策略转换时间。

情况 14：当 $x_0 > x^s \mathrm{e}^{(\beta t_m+\delta)^2/2\beta}$ 时，$\beta t_m + \delta < \sqrt{2\beta \ln(x_0/x^s)}$，不存在策略转换时间，决策部门的最优控制策略始终为 $I^* = 0$，师生比水平 $x(t)$ 随时间变化的轨迹如图 4-23 所示。

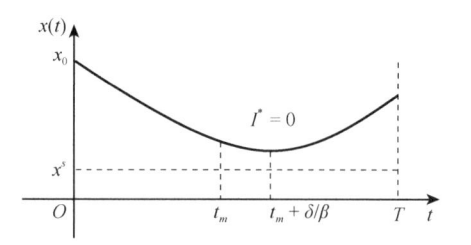

图 4-23 情况 14 最优师生比轨迹

在学龄人口上升时期，$\beta t_m + \delta$ 可以理解为教师资源的自然衰减程度，包括学龄人口增长带来的资源相对减少以及教师自然减员。所以当决策部门所在区域的初始教师资源足够多时，即便决策部门什么都不做，师生比会在学龄人口增长时下降，然后重新在学龄人口下降期回升。整个过程中师生比水平始终高于最优配置标准。

情况 15：当 $x_0 = x^s \mathrm{e}^{(\beta t_m+\delta)^2/2\beta}$ 时，$\beta t_m + \delta = \sqrt{2\beta \ln(x_0/x^s)}$，存在一个策略转换时间 $t^* = t_m + \delta/\beta$，此时决策部门最优控制手段和师生比变化与情况 14 类似，只不过此时师生比的最低值正好是最优师生比水平，如图 4-24 所示。可以看到，此时出于成本的考量，我们的最优决策在过了理想标准以后并不会开始投入资源让师生比维持在该水平，而是会继续放任其降低，之后随着学龄人口下降，师生比重新回升，这样的策略在一定程度上能减少在$\left[x^s,\bar{x}\right]$这个阶段投入资源的闲置。

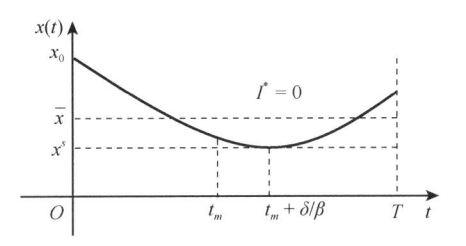

图 4-24 情况 15 最优师生比轨迹

情况 16：当$x^s<x_0<x^s\mathrm{e}^{(\beta t_m+\delta)^2/2\beta}$时，$\beta t_m+\delta>\sqrt{2\beta\ln\left(x_0/x^s\right)}$，存在策略转换时间：

$$t_1^*=t_m+\frac{\delta}{\beta}-\sqrt{\left(t_m+\frac{\delta}{\beta}\right)^2-\frac{2\ln\left(x_0/x^s\right)}{\beta}},\quad t_2^*=t_m+\frac{\delta}{\beta}+\sqrt{\left(t_m+\frac{\delta}{\beta}\right)^2-\frac{2\ln\left(x_0/x^s\right)}{\beta}}$$

在$[0,t_1^*)$时间段内，决策部门的最优控制手段是$I^*=0$，师生比水平持续下降。在$[t_1^*,t_m+\delta/\beta)$时间段内，由最优控制策略 3 的讨论可以知道，当初始最大投入能力满足式（4-39）时肯定能够在t_1^*时刻维持住最优配置标准。

$$I_0>\beta x^s S_0\mathrm{e}^{\frac{(\beta t_m-\alpha)^2}{2\beta}}\sqrt{\left(t_m+\frac{\delta}{\beta}\right)^2-\frac{2\ln\left(x_0/x^s\right)}{\beta}} \tag{4-39}$$

从式（4-39）可以看到，教师自然减员率δ越小，在t_1^*维持最优配置标准的初始投入要求就越低，此时$I^*=I^s$，师生比维持在最优水平直至$t_m+\delta/\beta$时刻回升，回升的高度取决于$t_m+\delta/\beta$的取值，$t_m+\delta/\beta$越大则回升幅度越低，反之回升幅度会越高，如图 4-25 所示。此时由于初始供给能力足够大，$t_m+\delta/\beta$之前的变化趋势如 4.2 节的情况 10、情况 13。我们通过 Vensim 软件给出了此时的模拟结果，以此作为之后参数变化对比的依据，如图 4-26 所示，对应的参数取值：$x_0=1/9$，$x^s=1/12$，$\delta=0.03$，$\beta=0.002$，$t_m=20$，对应的需求变化方程=$9000\mathrm{e}^{0.002\left(20t-t^2/2\right)}$，资源投入能力增长速度$\alpha=0.05$，对应的资源投入上限为$100\mathrm{e}^{0.05t}$。

情况 17：当在情况 16 的基础上以一定幅度减小I_0时，即

$$I'<I_0<\beta x^s S_0 e^{\frac{(\beta t_m-\alpha)^2}{2\beta}}\sqrt{\left(t_m+\frac{\delta}{\beta}\right)^2-\frac{2\ln(x_0/x^s)}{\beta}} \qquad (4-40)$$

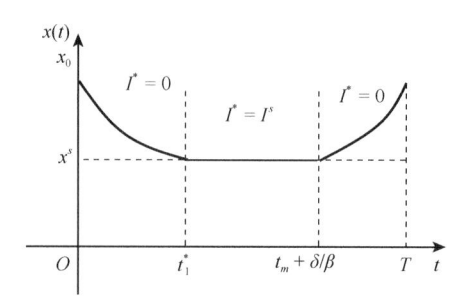

图 4-25 情况 16 最优师生比轨迹

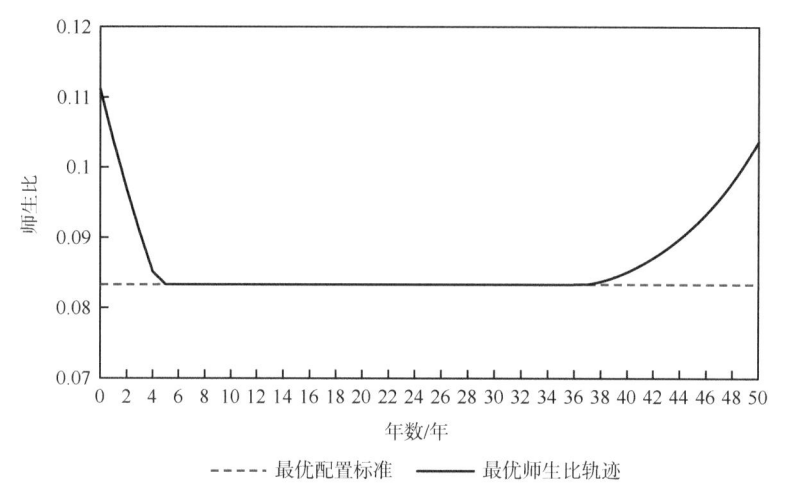

图 4-26 情况 16 数值模拟最优师生比轨迹

此时供给能力不足以在 t_1^* 时刻维持最优师生比标准，但仍然能在 $t_m+\delta/\beta$ 前的某个时间点 t' 重新回到最优水平，如图 4-27 所示。参考情境 4 中情况 12 的参数讨论，教师自然减员率 δ 和人口增速 $\beta(t_m-t)$ 越大，则 I' 越大，意味着需要更高的投入能力才能维持这种变化趋势。t' 的大小则取决于投入能力增速 α 与人口增速 $\beta(t_m-t)$ 的相对关系，α 越大，t' 越小；反之，则 t' 越大。我们在情况 16 的参数基础上调整初始投入能力 I_0（100→20）后，分别调整 δ、β、t_m。对应数值模拟的参数设定如下。

参数组 1：$I_0=20, \alpha=0.05, \beta=0.002, t_m=20, \delta=0.03$。

参数组 2：$I_0=20, \alpha=0.05, \beta=0.002, t_m=20, \delta=0.05$。

参数组 3： $I_0 = 20, \alpha = 0.05, \beta = 0.003, t_m = 20, \delta = 0.03$。

参数组 4： $I_0 = 20, \alpha = 0.05, \beta = 0.002, t_m = 25, \delta = 0.03$。

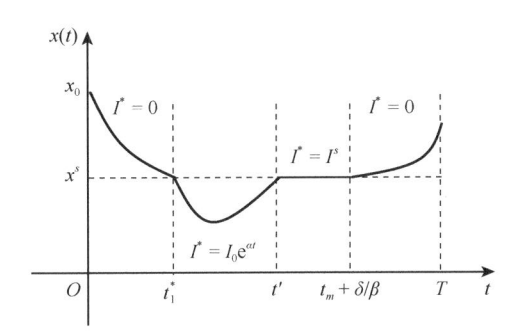

图 4-27 情况 17 最优师生比轨迹

从图 4-28 中的对比可以看到，参数组 1 在情况 16 的参数基础上减小了初始投入能力，参数组 2 自然减员率 δ 的变大削弱了投入能力增速 α，因此回升到最优师生比标准的时间 t' 也更迟一些，但后期回升幅度由于自然减员率的增大而降低。参数组 3 增大了 β 值，意味着人口前期增长的速度更快，回升到最优师生比标准的时间点 t' 会推迟，但与此同时，后期人口下降速度会更快，所以师生比回升的幅度也会更高。而转折时间 t_m 越大，前期人口上升时间和平均增速都会增大，所以 t' 也会推迟，但同时意味着后期人口下降时期变短，所以参数组 4 的回升幅度要小于参数组 1。

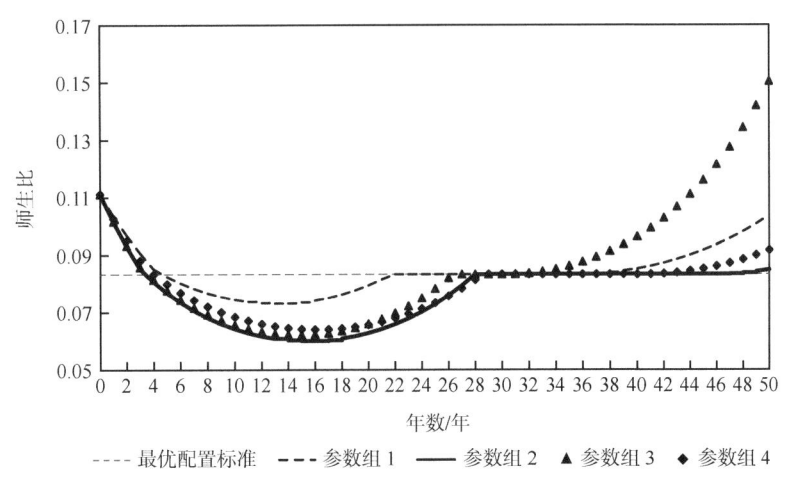

图 4-28 情况 17 各参数组数值模拟最优师生比轨迹对比

情况 18：当 I_0 进一步减小时，$I_0 < I'$，师生比水平将无法在 $t_m + \delta/\beta$ 之前达

到最优配置标准。此时，情况类似 4.3 节学龄人口下降期的参数讨论，师生比的上升强度主要取决于投入能力和人口下降所带来的资源提升的叠加效用。α 越大，投入能力越强，$t_m + \delta/\beta$ 越小，后期人口下降对于资源提升的促进作用越强。当 α 相对 $t_m + \delta/\beta$ 大到一定程度时，二者的合力能够使得师生比在 $[t_m + \delta/\beta, T]$ 时间段回到最优配置标准，但由于控制手段不能为负的限制，师生比无法维持在最优水平，师生比仍然自然回升直至规划期结束，但需要注意的是，我们设定人口上升期和下降期的变化速度是对称的，当 β 变小时，一方面促进人口下降时期师生比的回升，另一方面也会增大前期对投入能力的削弱作用，从而抑制师生比的回升，如图 4-29 所示。

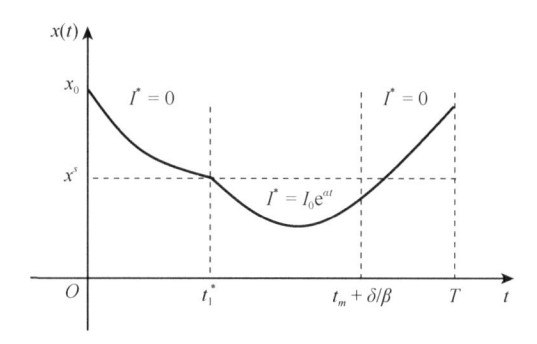

图 4-29 情况 18 最优师生比轨迹

我们在参数组 1 的基础上改变部分参数后给出新的参数组，如图 4-30 所示，和之前分析的结论一致，$t_m + \delta/\beta$ 越大，后期回升的程度越小。但 β 变小会提升前期的师生比水平。具体的参数取值如下所示。

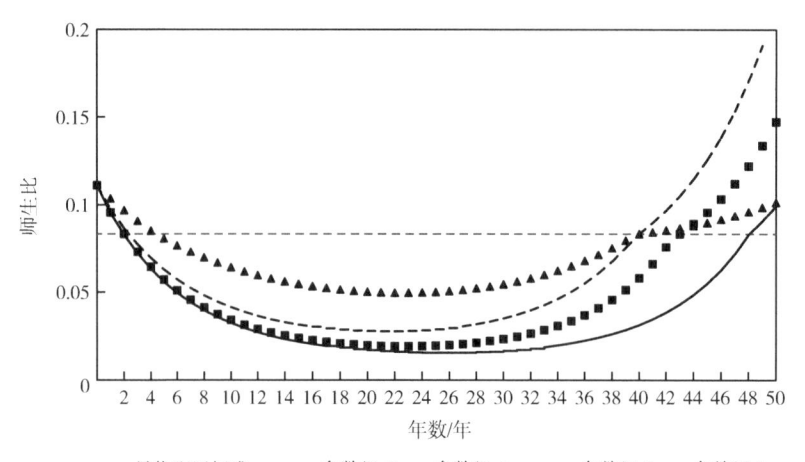

图 4-30 情况 18 各参数组数值模拟最优师生比轨迹对比

参数组 5：$I_0=5, \alpha=0.05, \beta=0.005, t_m=20, \delta=0.03$。

参数组 6：$I_0=5, \alpha=0.05, \beta=0.002, t_m=20, \delta=0.03$。

参数组 7：$I_0=5, \alpha=0.05, \beta=0.005, t_m=25, \delta=0.03$。

参数组 8：$I_0=5, \alpha=0.05, \beta=0.005, t_m=20, \delta=0.05$。

情况 19：当投入能力进一步减小时，师生比最终将无法达到最优配置标准，如图 4-31 所示。

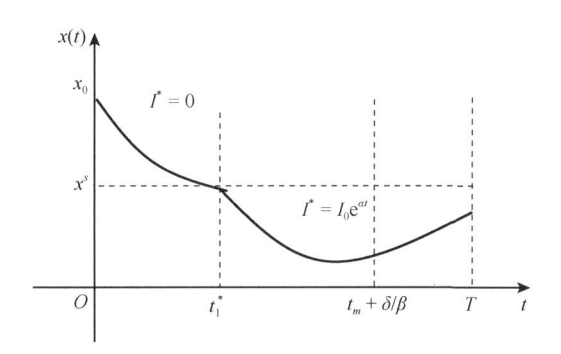

图 4-31 情况 19 最优师生比轨迹

我们在参数组 7 的基础上修改了初始投入能力（图 4-32），其中参数设定是：$I_0=1, \alpha=0.05, \beta=0.005, t_m=25, \delta=0.03$。在减小了初始投入能力 I_0 之后，最优师生比轨迹图对应了情况 19 的情形。

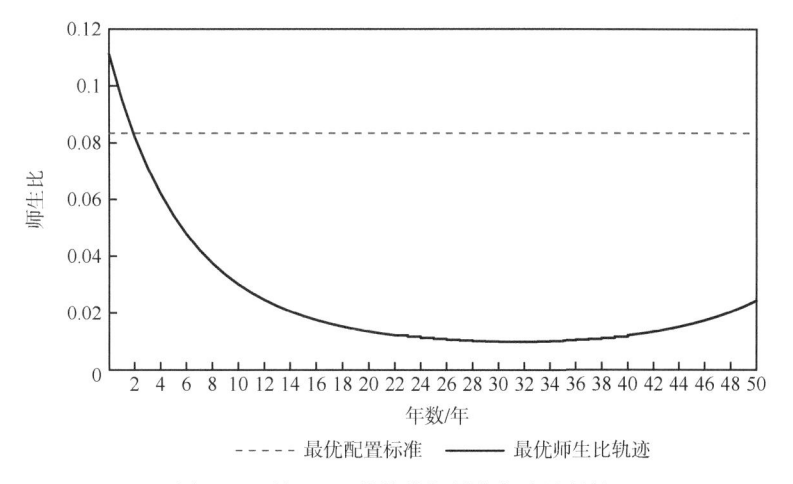

图 4-32 情况 19 数值模拟最优师生比轨迹

情境 11 描述了在人口先增后减的情况下，初始师生比较高地区的最优决策问题。整体看，6 种情况下决策部门的投入压力逐渐递增。初始的师生比水平高于理想水平的程度是需要重点关注的因素，它影响了决策部门全力投入资源的时间点，当它较高时，由于理论上教师资源调整手段的约束，因此只能任由其随着学龄人口变化自由涨落，在大部分时期可能面临着资源的闲置问题。当初始的师生比较低时，尽管其仍然好于最优水平，但资源投入的时间点也会提前，此时投入能力的不同会对师生比的状态产生影响。具体的变化形势会受到投入能力增速 α、学龄人口的峰值点 t_m、学龄人口变化加速度 β 以及教师自然减员率 δ 等参数的综合影响。

情境 12：当 $x_0 < x^s$ 时，决策部门初始时刻的最优策略是全力投入，即 $I^* = I_0 \mathrm{e}^{\alpha t}$，我们依然以 $t_m + \delta/\beta$ 作为分界点来分析，参数的讨论与 4.2 节学龄人口上升时期的情境 1 和情境 2 类似，初始最大投入能力 I_0 及其相对于学龄人口增速 $\alpha - \beta(t_m - t)$ 是主要关注的参数，在 $t_m - \alpha/\beta$ 时间点后，投入能力将会大于人口增速，在后半段人口下降时期，参数讨论和 4.3 节的情境 5 和情境 6 类似，关注教师自然减员率和学龄人口变化加速度之间的关系对师生比走向的影响。

情况 20：当 $I_0 \geq x_0 S_0(\delta + \alpha)$，且 $\alpha < \beta t_m$ 时。分时间段讨论最优控制策略和师生比的变化，在 $[0, t_m - \alpha/\beta)$ 时间段，师生比 $x(t)$ 是逐渐减小的。在 $[t_m - \alpha/\beta, t_m + \delta/\beta)$ 时间段，从对最优策略 2 的分析中可以确定的是师生比会经历先下降后上升的趋势，但是在这个阶段能否达到最优配置标准，主要取决于 $\alpha - \beta t_m$ 的值，$\alpha - \beta t_m$ 越大，师生比更倾向于能够在 $t_m + \delta/\beta$ 之前的某个时刻达到最优配置标准，之后由于学龄人口上升速度是逐渐减小的，投入能力足以维持到 $t_m + \delta/\beta$ 后自然回升，如图 4-33 所示。另外，δ 越大，师生比达到最优配置标准的时间越晚，后期回升幅度越小。

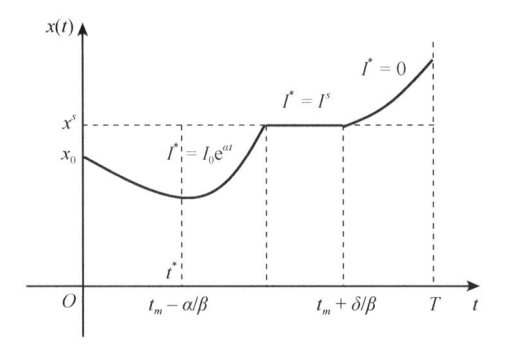

图 4-33 情况 20 子情况 1 最优师生比轨迹

我们通过数值模拟得到了不同 δ 对于后期回升幅度的影响，但同时也要看到，前期的师生比也会产生变化，如图 4-34 所示。从图中，我们能直观地看到教师自然减员率对于到达最优配置标准时间点和后期回升幅度的影响。具体的参数取值如下。

参数组 9：$I_0 = 20, \alpha = 0.05, \beta = 0.002, t_m = 20, \delta = 0.01/0.03/0.05$。

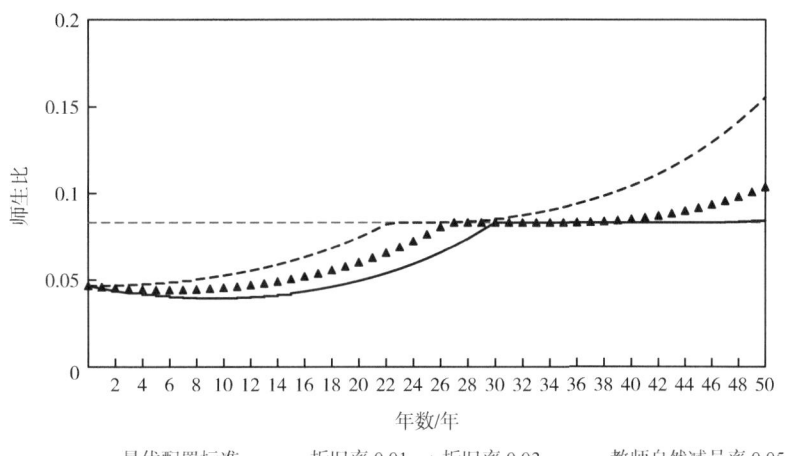

图 4-34 参数组 9 不同教师自然减员率数值最优师生比轨迹图对比

当 $\alpha - \beta t_m$ 不够大时，师生比无法在 $t_m + \delta/\beta$ 时刻之前达到最优配置标准，此时在 $[t_m + \delta/\beta, T]$ 时刻内的 $t_m + \delta/\beta$ 的大小决定了回升的速度，如果 $t_m + \delta/\beta$ 够小，则师生比有可能在该时期内回升至最优配置标准。但此时因为控制手段不能为负的约束，师生比无法维持在最优配置标准上，如图 4-35 所示。

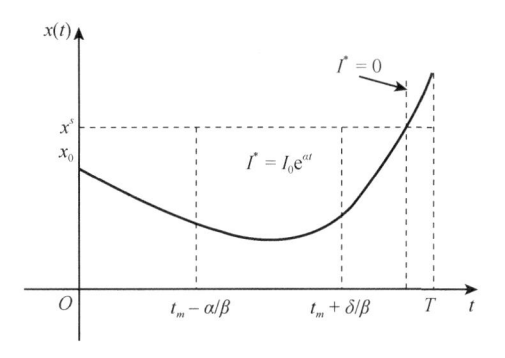

图 4-35 情况 20 子情况 2 最优师生比轨迹图

当 $t_m+\delta/\beta$ 足够大时，虽然师生比能持续上升，但是直到规划期结束都无法达到最优配置标准，如图 4-36 所示。

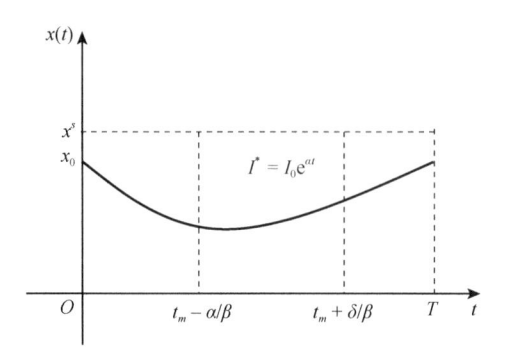

图 4-36　情况 20 子情况 3 最优师生比轨迹

我们基于参数组 9 的设定，给出了情况 20 的子情况 1 至子情况 3 最优师生比轨迹数值模拟的结果，如图 4-37 所示。数值模拟的结果很好地验证了情况 20 对参数讨论的结论。

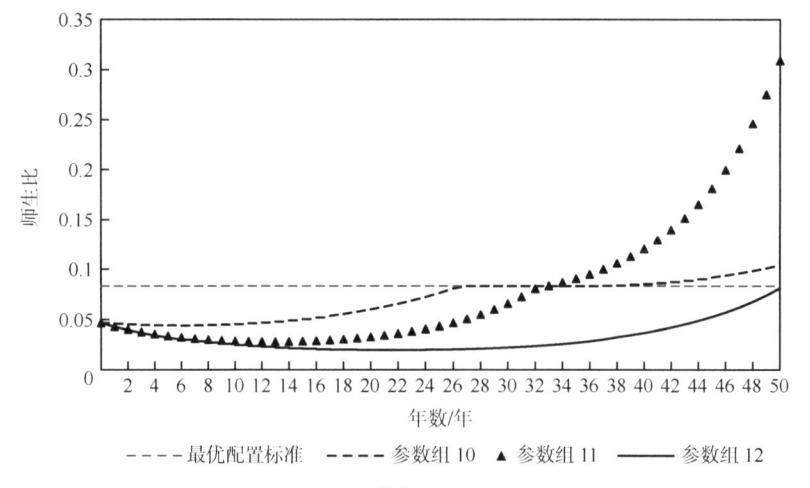

图 4-37　情况 20 各参数组数值模拟最优师生比轨迹图对比

参数组 10：$I_0=20$，$\alpha=0.05$，$\beta=0.002$，$t_m=20$，$\delta=0.03$，此时 $\alpha-\beta t_m=0.01$，$t_m+\delta/\beta=35$，对应情况 20 子情况 1。

参数组 11：$I_0=20$，$\alpha=0.05$，$\beta=0.004$，$t_m=20$，$\delta=0.03$，此时 $\alpha-\beta t_m=-0.03$，$t_m+\delta/\beta=27.5$，对应情况 20 子情况 2。

参数组 12：$I_0 = 20$，$\alpha = 0.05$，$\beta = 0.003$，$t_m = 35$，$\delta = 0.03$，此时 $\alpha - \beta t_m = -0.055$，$t_m + \delta/\beta = 45$，对应情况 20 子情况 3。

情况 21：当 $I_0 \geqslant x_0 S_0(\delta + \alpha)$ 时，整体情况和情况 20 类似，但是对于达到最优配置标准的时间段需要分情况讨论，当 $e^{-(\beta t_m + \delta)^2/2\beta} x^s < x_0 < x^s$ 时，只要 $\alpha - \beta t_m$ 足够大，理论上是可以在 $[0, t_m - \alpha/\beta)$ 时间段达到最优配置标准的，然后维持到 $t_m + \delta/\beta$ 时刻，师生比继续上升，如图 4-38 所示。当 $x_0 < x^s e^{-(\beta t_m + \delta)^2/2\beta}$ 时，此时最好的情况就是在 $[t_m - \alpha/\beta, t_m + \delta/\beta)$ 直接达到最优配置标准，如图 4-39 所示，当然如果 $\alpha - \beta t_m$ 相对较小，图 4-40 和图 4-41 的情况还是有可能出现的。需要说明的是，图 4-39~图 4-41 对应的子情况中 $[0, t_m - \alpha/\beta)$ 时间段的师生比的具体变化形势比较复杂，可能出现多种变化，但是不会改变整体的变化趋势，故不作详细讨论。

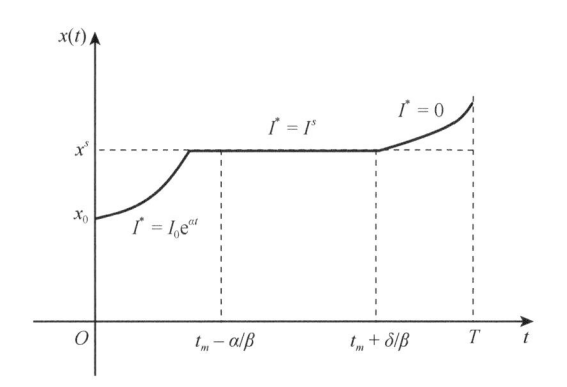

图 4-38 情况 21 子情况 1 最优师生比轨迹

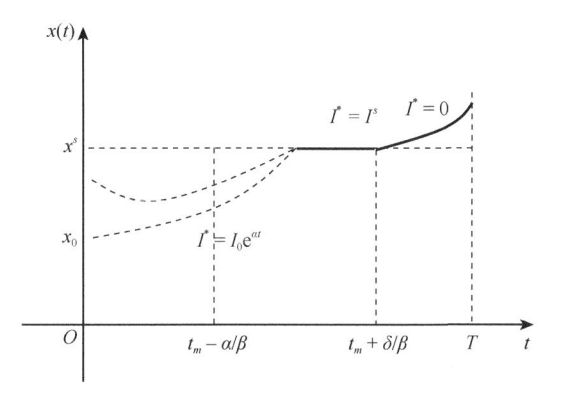

图 4-39 情况 21 子情况 2 最优师生比轨迹

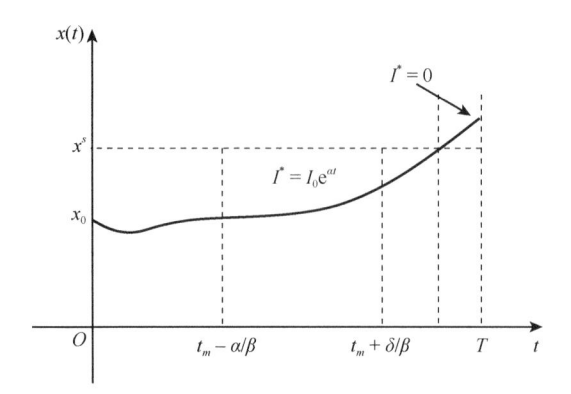

图 4-40　情况 21 子情况 3 最优师生比轨迹

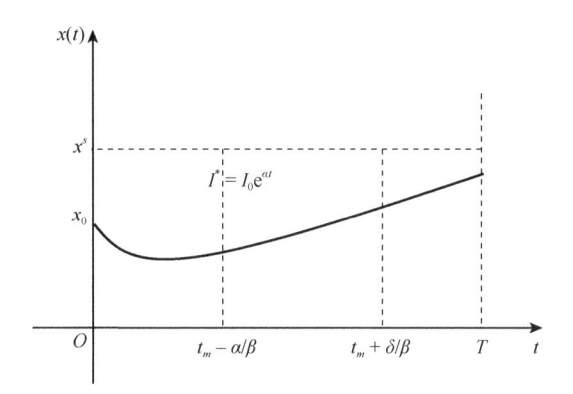

图 4-41　情况 21 子情况 4 最优师生比轨迹

由于初始师生比状态是低于最优配置标准的，因此决策部门投入能力是重点需要考虑的因素。由于 $t_m+\delta/\beta$ 时刻之后学龄人口下降对于资源的相对提升作用才能体现，因此在这之前，决策部门最大投入能力基础 I_0 及其成长速度 α 与学龄人口变化速度 βt_m 和教师自然减员率 δ 之间的关系，共同影响了不同情况下的师生比最优轨迹，整体增大 δ 会促使师生比向下远离配置标准，从而它在前期会更多地阻碍师生比的提升，后期会在一定程度上减少资源的闲置。

同时我们还可以看到，模型给出的低于理想标准的最优配置标准相比以理想标准为目标的配置方式，决策部门结束资源投入的时间点会更早，从而在一定程度上减少后期的资源闲置。根据第 2 章的分析，对于江西、重庆、四川这些本身师生比就偏低而且未来 β 值比较大（人口下降速度快）的地方，未来资源投入压力可能比较大，需要重点关注资源投入能力的成长性。

4.4.3 小结

本节给出了先升后降的人口波动情形下，决策部门的最优控制手段以及对应的生均资源随时间变化的轨迹，相关结论总结如下。

首先，学龄人口波动模式的资源配置可以被看作学龄人口上升期和学龄人口下降期的联合配置问题，在人口上升期配置重点关注投入能力和需求增长的关系，在人口下降期配置重点在于控制潜在资源闲置问题。

其次，波动模式下的配置问题不是两个时期的简单叠加，因为参数在不同时期对师生比变化的影响方向是会改变的，而且决策部门对于不同时期师生比变化的期望方向也会改变，这是一个具有复杂性特点的问题。通过对不同情况的梳理，我们有如下发现。

（1）在不做任何干预的情况下，师生比会在学龄人口到达峰值之后的某个时间点（$t_m + \delta/\beta$）自然回升，我们称之为师生比自然回升时间点，它是决策部门需要重点关注的时间点，在这之前决策部门都将面临资源投入的压力，其中教师自然减员率越大，人口变化转折点越迟，人口变化速度越小，投入压力持续期越长。

（2）人口变化的加速度 β 越大意味着整体人口的波动幅度越大，在增大了前期投入压力的同时，也增大了后期资源闲置的压力；相反，β 越小，整体人口的波动幅度越小，减小前期投入压力的同时，也降低了后期资源闲置的压力。教师自然减员率 δ 越大，虽然在前期会增加投入压力，但后期资源闲置的压力会减小。所以从减少资源配置压力的角度看，决策部门希望 β 越小越好，但对于 δ，决策部门需要权衡对于投入压力和资源闲置的厌恶程度。总的来说，掌握不同时期人口变化速度和资源的折旧情况，有助于我们对地区配置格局进行更准确的把握。

（3）本模型提出的配置方式与以理想标准为配置目标的配置方式相比，在初始师生比较低的时候，模型给出的最优控制策略通过提前减少资源投入来降低后期学龄人口下降时期带来的资源闲置；而在初始师生比较高时，通过推迟资源投入时间点以及提前减少资源投入两种方式，来降低资源闲置的可能性。

4.5 模型的优化展望

本节将对教师资源配置模型中的一些假定条件进行优化，以期更符合现实情况。具体来说，将从连续模型和离散模型两个方面继续扩展。

4.5.1 连续模型

对于目标函数 J 中偏离理想标准的负效用，在第 3 章基础模型中，我们假定决策部门对资源不足和资源过剩的厌恶程度是不一样的。但现实中，过剩的资源在一定程度上可以用来提升教育的质量，将量转换为质，比如缩小班级规模、增加课程类别、增加营养餐供给等方式。所以我们在坚持存在理想标准的基本原则上，使决策部门对资源过剩的厌恶程度好于对资源紧缺的厌恶程度。于是有

$$(x(t)-\bar{x})^2 \to \frac{(x(t)-\bar{x})^2}{x^k} \tag{4-41}$$

此时，k 越大，两个方面的偏好差别就越大，如图 4-42 所示。当 $x(t) \to 0$ 时，负效应无穷大，也符合理论的情况。

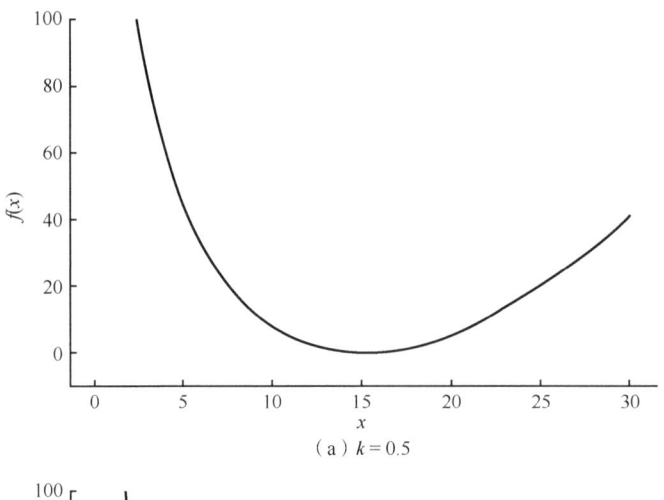

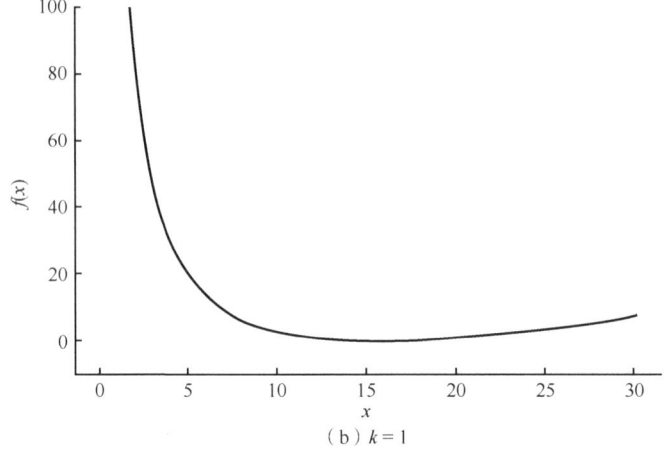

（a）$k = 0.5$

（b）$k = 1$

图 4-42 不同 k 值下曲线的区别

对于投入成本，基础模型中只考虑了投入单位资源的当期成本，但对于教师而言，从投入到规划期结束每年都是要有维护成本的，所以我们将教师资源模型中的成本做了如下扩展：

$$I(t)c(t) \to S(t)x(t)c(t) \qquad (4\text{-}42)$$

此外考虑到模型的规划对象是公立教育，所以我们可以考虑民办教育占比随时间的变化 $m(t)$，将需求函数做如下扩展：

$$S(t) \to m(t)S(t) \qquad (4\text{-}43)$$

对于控制手段，在考虑教师资源时，我们认为存在最小的资源投入措施，如果长期为 0 的话，一是对教师行业的发展不利，二是容易使区域内教师队伍的年龄结构不合理。所以可进行如下扩展，引入一个每年最小教师资源投入 I'，此外对于教师自然减员率 δ，考虑到它和教师的年龄结构密切相关，因此可以引入一个概率密度函数，对初始状态整体的年龄结构进行描述。教师年龄结构的概率密度函数为 $f(y)$，其中 $y \in [y_0, \overline{y}]$ 为教师年龄，令 $\overline{y}$ 为退休年龄，据此我们可以得到扩展后的教师资源最优控制模型：

$$\begin{cases} \min J = \int_0^T \left[m(t)S(t)p\dfrac{(x-\overline{x})^2}{2x^k} + m(t)S(t)x(t)c(t) \right] \mathrm{e}^{-rt}\mathrm{d}t \\ \dot{x} = I(t)/m(t)S(t) - \left(\delta + \dot{S}(t)/S(t)\right)x(t) \\ \delta = x_0 S_0 \int_{\overline{y}-t}^{\overline{y}-t+1} f(y)\mathrm{d}y \\ x(0) = x_0, S(0) = S_0 \\ I' \leqslant I(t) \leqslant I_0 \mathrm{e}^{\alpha t} \end{cases} \qquad (4\text{-}44)$$

当然，模型越复杂，不代表实用性越强，我们可以根据实际情况，对部分参数进行改进。

4.5.2 离散模型

对于教师资源的配置，我们提出了一个离散的最优控制模型：

$$\begin{cases} \min J = \sum_{t=0}^{T} \left[m(t)S(t)p\dfrac{(x(t)-\overline{x})^2}{2x(t)^k} + m(t)S(t)x(t)c(t) \right] \mathrm{e}^{-rt} \\ x(t+1) = \dfrac{x(t)S(t)(1-\delta) + I(t)}{S(t+1)} \\ x(0) = x_0 \\ I' \leqslant I(t) \leqslant I_0 \mathrm{e}^{\alpha t} \end{cases} \qquad (4\text{-}45)$$

离散模型和连续模型的对比如下。

离散模型在解决需要每年进行投入的控制问题时具有一系列优势，特别是当问题的决策变量自然地以离散的时间间隔出现，或者决策过程本身就是周期性的时候。许多实际问题，如预算规划、资源分配、设施布局等，都是在离散的时间周期（如每年）进行决策的。离散模型能够直接模拟这种周期性的决策过程，使模型能更直观地反映现实情况，从而提高模型的实用性和解的可行性。离散模型可以精确地表示时间点和时间间隔上的决策，允许决策者考虑每个时间段内的具体行动和投入。这使得在进行年度计划和预算分配时，可以更准确地考量各个时期的需求变化和资源限制。

离散模型因其结构特性，提供了高度的灵活性和适应性，在面对环境变化或政策调整时，可以通过调整决策周期内的参数或策略来应对。例如，在预算调整或市场需求变化的情况下，可以灵活调整每年的投入策略。对于决策者而言，离散模型产生的解决方案往往更易于实施和监控，因为它与实际操作的时间框架和逻辑一致，这有助于提高执行的效率和效果，减少实施过程中的不确定性。总之，离散模型在处理需要每年投入的控制问题时，通过其直观性、精确性、灵活性和优化能力，提供了强大的工具来支持有效和高效的决策制定。

连续模型往往具有理论上的简洁性，这种简洁不仅便于理解与推导，还能够揭示系统行为的基本规律和性质。连续模型通常具有很好的泛化能力，可以从一个特定的案例推广到一类问题。此外，连续模型特别适用于跨尺度建模，可以同时考虑宏观和微观层面的现象。例如，在材料科学中，可以使用连续模型描述材料的宏观性质，同时考虑微观结构对宏观行为的影响。

连续模型在进行长期设计和规划时尤为有用，因为它可以考虑时间的连续性和变量之间的平滑变化。在城市规划、环境保护等领域，连续模型能够提供对未来变化的洞察，从而支持更为明智的决策。总之，连续模型通过其对复杂系统的精细描述，理论上的优雅、灵活的求解方法，以及良好的泛化能力，在分析和解决问题时拥有独特的优势。

4.6 本章小结

考虑到学龄人口的数量变化是影响教育资源需求的关键因素，本章从三种学龄人口变化情况出发：上升趋势、下降趋势以及先升后降，综合探讨了在不同参数条件下，决策部门采取的最优控制策略及其对应的师生比最优轨迹。这些分析涵盖了第 2 章所述的各种区域类型的背景，为不同地区教师资源配置的优化提供了理论支持。同时，针对大多数情形，本章还给出了关键决策转折点的解析解，并结合实际案例和政策进行了简要讨论。

分析过程中,我们主要关注两个问题:首先,哪些因素可能阻碍区域教育系统达到最优师生比水平;其次,一旦达到最优水平,哪些因素是维持这一水平的关键。除此之外,从提高资源利用率的角度出发,对某些情境间的相互关联进行了分析,讨论了联合规划可能带来的好处。在参数讨论上,本章尝试尽可能与第 2 章的背景分析保持一致,同时提供了一些现实中可能与理论分析相匹配的案例,增强了理论的实用价值。这些结论不仅能帮助决策部门更好地理解教育资源分配的复杂性,还能为实现更高效、更公平的教育资源配置提供科学依据。通过这种方式,为提高区域内教育资源利用效率和教育质量提供了重要的参考,为未来的教育规划和政策制定奠定了坚实的理论基础。此外,本章还对模型的优化进行了一些展望。

第 5 章　实证分析与政策建议

第 4 章我们分析了不同学龄人口变化模式下，各种情境的最优配置策略和对应的师生比变化。基于对各省实际配置方式的调研，我们假定各省按照"以一定的标准为配置目标，并最大限度满足当前教育需求"的方式进行资源配置，那么根据 3.7 节的分析可知道，这种方式下师生比的变化轨迹和模型的情况是类似的，只不过在最优水平的选择以及维持成本上存在区别，模型结论在一定程度上能够解释各省师生比的实际变化的区别。本章将基于 31 个省区市的实证数据，在对理论模型的结论进行验证的同时，对于模型提出的优化方案在现实配置过程中可能产生的效果进行探索。具体包含三部分工作：第一，通过分析不同学龄人口变化模式下，不同省份之间实际师生比变化与其对应的教育资源供给能力相关指标参数的关系，验证模型结论。第二，利用 Vensim 软件，我们建立了一个区域教师资源配置的动力学模型，该模型基于第 4 章模型求解得到的策略进行设计。通过模拟，我们将探讨如何将理论中的配置策略应用到实际资源配置过程中，这包括对不同配置策略的效果进行模拟，以观察在实际操作中可能出现的变化和挑战。该模型的目标是为决策者提供一个实验平台，以测试不同策略在实际环境中的可行性和效果，从而更好地理解理论策略在现实世界中的应用前景。第三，结合各省的实际情况和预测数据，我们将给出优化配置方案，并评估方案在各省的优化效果。这包括考虑各省的特定需求、资源状况及未来发展趋势，提出定制化的优化策略。我们将分析这些策略在提高教育资源利用效率、改善师生比，以及可能的长期教育质量提升方面的效果，旨在为决策部门提供实际可行的建议。

5.1　学龄人口上升模式

我们选取 2013~2022 年 31 个省区市小学阶段的相关数据进行实证分析，一方面，该时期包含了各种不同人口变化模式，数据量丰富；另一方面，小学的高毛入学率和公办比例，使得其教育需求变化和学龄人口变化的匹配程度高，更符合模型的场景设定，本节我们主要选择该时期人口持续上升的省份进行实证分析。图 5-1 展示了 2013~2022 年 31 个省区市小学在校生数变化趋势，本节我们将选择一些小学在校生数变化趋势接近持续上升模式的省份进行分析。

第 5 章 实证分析与政策建议

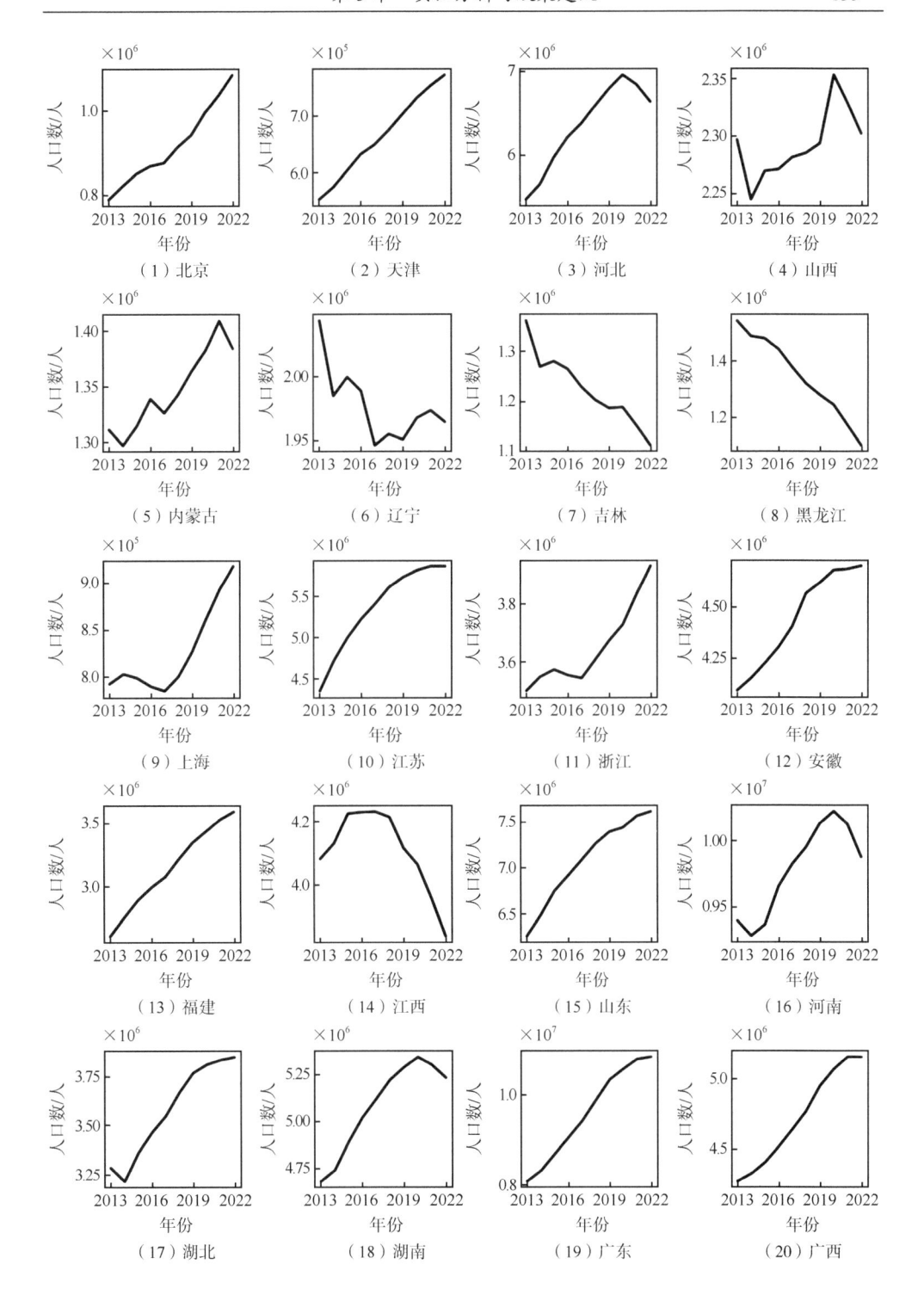

(1) 北京　(2) 天津　(3) 河北　(4) 山西
(5) 内蒙古　(6) 辽宁　(7) 吉林　(8) 黑龙江
(9) 上海　(10) 江苏　(11) 浙江　(12) 安徽
(13) 福建　(14) 江西　(15) 山东　(16) 河南
(17) 湖北　(18) 湖南　(19) 广东　(20) 广西

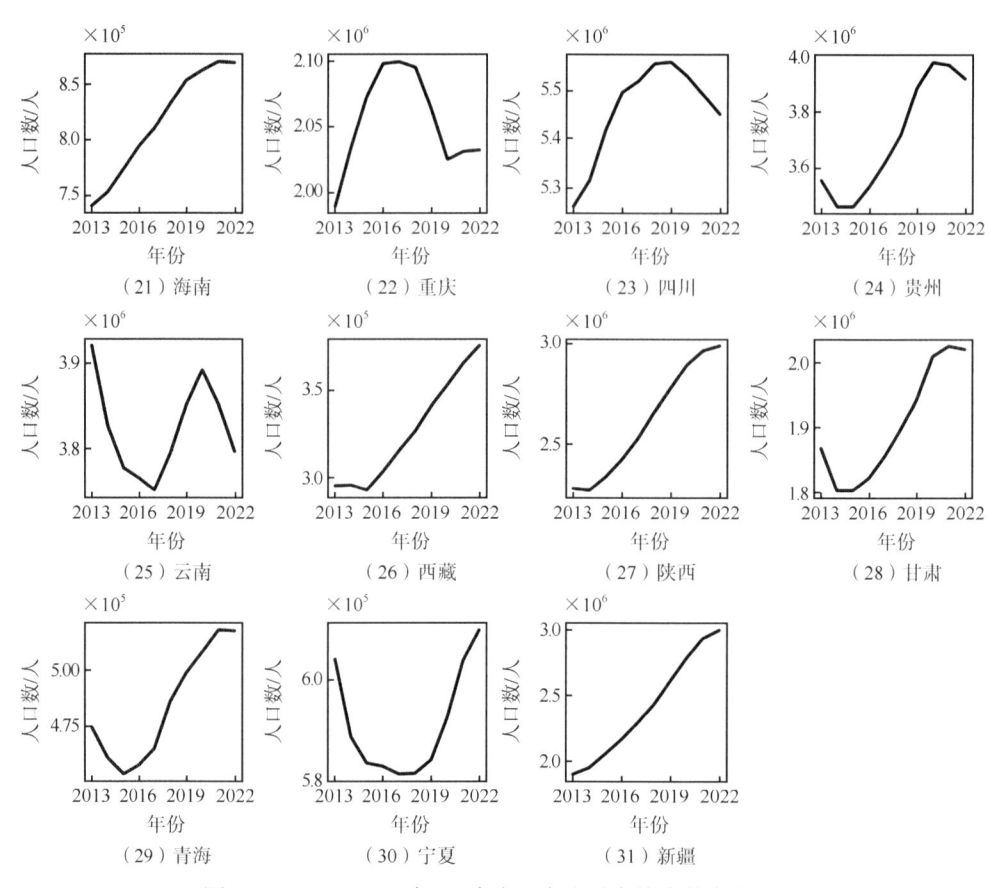

图 5-1　2013~2022 年 31 个省区市小学在校生数变化趋势

5.1.1　主要指标说明

从学龄人口持续上升期的模型结论来看，初始师生比、初始投入能力、投入能力成长性是决定师生比走势的主要参数，模型的结论也是通过对这些参数的分类来呈现的。为了建立实证数据和模型的联系，我们根据模型中的参数设定，找到对应的数据指标，如表 5-1 所示。

表 5-1　教育需求上升时期参数对应表

模型参数	参数符号	对应指标
初始师生比	x_0	2013 年师生比
初始投入能力	I_0	2013 年投入能力系数
投入能力成长性	$\alpha - \beta$	投入能力相对学龄人口的增速

师生比我们选择小学教职工数除以小学在校生数[①]，以便能够和国家给出的

---

① 数据来自 2014~2023 年《中国统计年鉴》。

小学教职工统一编制标准 1/19 进行比较分析。此外，我们用生均预算教育事业经费中的生均人员经费[①]除以对应省份的城镇非私营单位教育行业就业人员平均工资作为各省的投入能力系数，并以此作为投入能力的度量，投入能力成长性为投入能力系数的年均增长速度，选用生均数据相当于考虑了人口的增长因素，而考虑教育行业平均工资则是对于经费转换为实际资源投入的购买力问题进行的衡量。此时由于决策部门的投入能力不仅仅要考虑财政能力，还要考虑不同来源数据统计口径和准确性等问题，所以数值的绝对正负无法严格作为其最大投入能力是否高于需求增长的判断因素，但可作为各省份之间的相对差异分析的依据。

表 5-2 展示了 2013 年 31 个省区市的投入能力系数。进一步我们选择 4.2 节中的情境分类，从两个指标维度画出各省对应的散点图以及对应的情境。一个维度是初始师生比，如果把教职工统一编制标准 1/19 作为配置的最低要求，可以确定广东、四川、浙江、青海、江西和湖南这 6 省 2013 年的配置状态是低于其配置目标的。对于其他省份的配置目标的讨论，根据 3.3 节中理想标准的分析，需要考虑其自身省份的校均规模、班额、课程设置要求以及对于整体教育办学条件的追求。另一个维度是投入能力成长性。

表 5-2 2013 年 31 个省区市投入能力系数

省区市	生均人员经费/元	平均工资/元	投入能力系数
新疆	7 988.04	50 809	0.157 2
吉林	6 880.46	44 988	0.152 9
西藏	9 385.49	62 163	0.151 0
上海	13 100.60	89 333	0.146 6
天津	11 658.49	80 673	0.144 5
黑龙江	6 244.81	43 527	0.143 5
北京	11 788.91	87 820	0.134 2
陕西	6 289.16	50 826	0.123 7
内蒙古	7 539.48	61 981	0.121 6
江苏	7 920.54	66 056	0.119 9
山西	4 877.89	41 695	0.117 0
辽宁	5 458.05	50 032	0.109 1
广西	4 032.54	38 350	0.105 2
四川	5 050.93	49 234	0.102 6
福建	5 673.08	56 378	0.100 6
甘肃	4 606.40	46 495	0.099 1
浙江	7 381.73	74 700	0.098 8
云南	4 475.12	45 448	0.098 5
贵州	4 575.40	47 235	0.096 9

① 生均人员经费=生均公共财政预算教育事业费−生均公共财政预算公用经费，后文统一称为生均人员经费。

续表

省区市	生均人员经费/元	平均工资/元	投入能力系数
青海	5 459.34	57 705	0.094 6
海南	5 113.54	54 503	0.093 8
湖北	3 826.94	41 068	0.093 2
山东	4 622.89	51 658	0.089 5
广东	5 261.28	58 947	0.089 3
河北	3 545.99	41 021	0.086 4
安徽	3 986.64	46 183	0.086 3
湖南	3 499.34	41 389	0.084 5
宁夏	3 976.46	50 283	0.079 1
重庆	3 999.05	51 560	0.077 6
江西	3 280.88	45 499	0.072 1
河南	2 107.34	42 099	0.050 1

总结来说，图 5-2 中各点的绝对位置并不完全代表其参数情况一定对应某一个特定情境；不过越靠近左下角的省份，其参数情况越倾向于与情境 1 类似，同理越靠近右下角越倾向于与情境 2 类似，越靠近左上角越倾向于与情境 3 类似，越靠近右上角越倾向于与情境 4 类似。

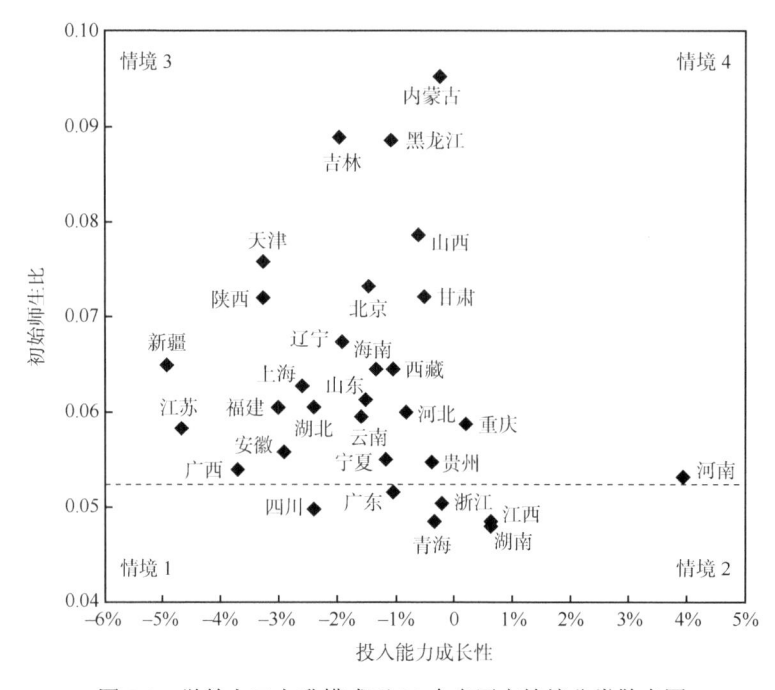

图 5-2　学龄人口上升模式下 31 个省区市情境分类散点图

接下来我们将通过控制变量的方法，讨论不同参数组合下，省份之间师生比变化趋势的差异，借此验证模型中参数变化对于师生比轨迹的影响的相关结论，讨论参数包括：需求背景（小学在校生数）、初始师生比、初始投入能力系数、投入能力成长性。

5.1.2 指标有效性验证

我们先分析两组教育需求和供给参数类似省份的师生比变化趋势之间的差异，这在一定程度上能对我们选取的参数的有效性做一些验证。北京和天津行政级别相同，地理位置接近，教育需求变化也类似。福建和湖北在初始投入能力及投入能力成长性等方面都很接近，如图 5-3 所示。

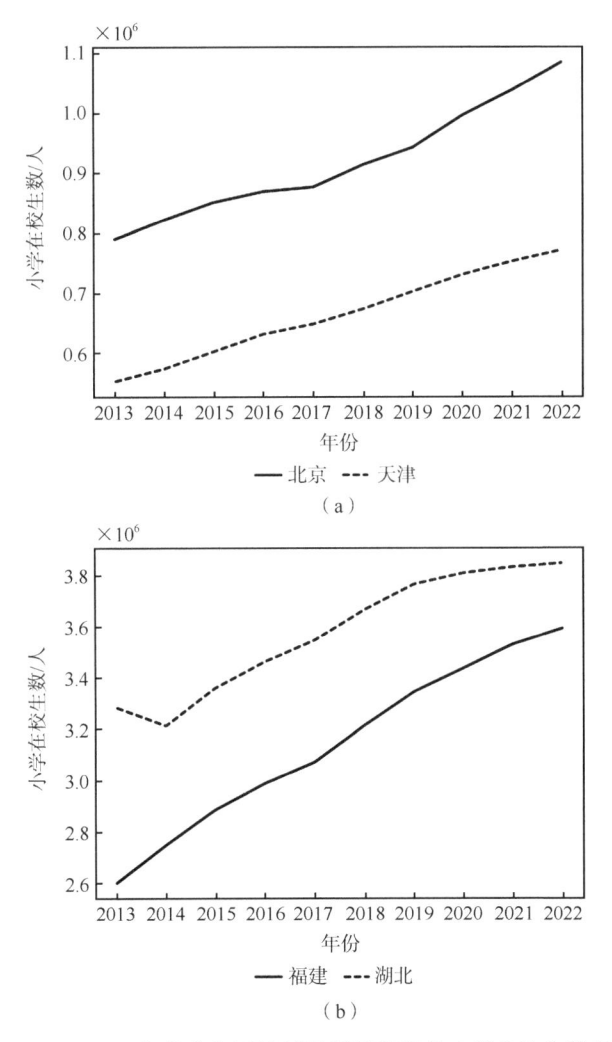

图 5-3　2013～2022 年北京和天津以及福建和湖北小学在校生数变化趋势

从最终师生比的变化趋势来看（图 5-4 和图 5-5），无论从整体下降的趋势还是从速度来看，两组省份之间的变化趋势都是相似的。这也为我们之后的比较分析奠定了基础。

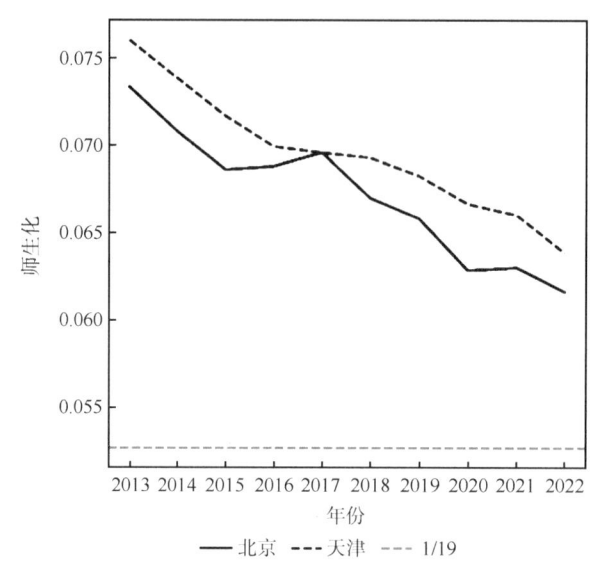

图 5-4　2013～2022 年北京、天津小学师生比变化趋势

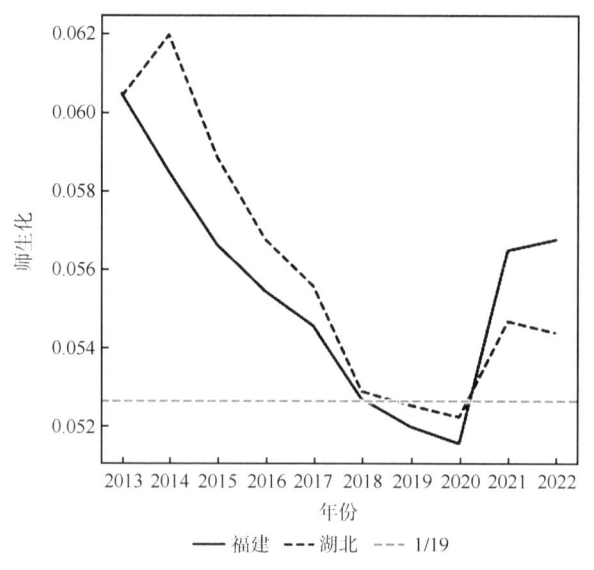

图 5-5　2013～2022 年福建、湖北小学师生比变化趋势

5.1.3 对于初始师生比的讨论

在讨论初始师生比时，我们选择需求背景和初始投入能力及投入能力成长性都很接近的广东和山东。从需求背景看（图5-6），广东整体的小学在校生体量要稍高于山东，广东和山东都呈现上升的趋势，广东前期增长速度稍快于山东，而二者后期的增长速度都有所放缓，需求变化的差距将会体现在投入能力成长性参数上，所以这里的差异并不会影响我们的对比分析结果。

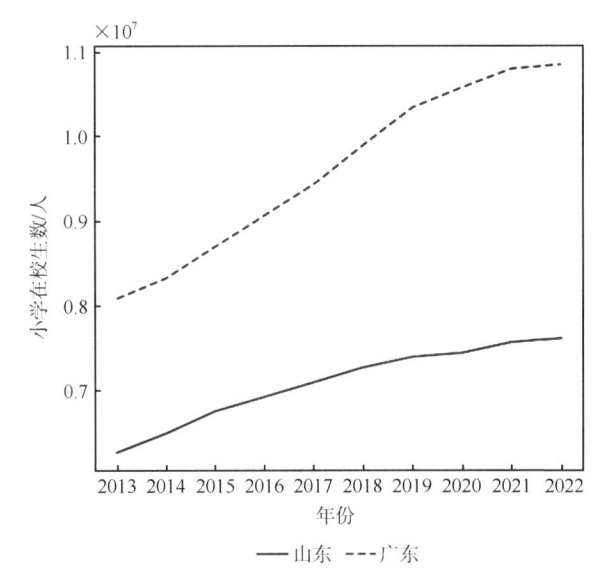

图 5-6 2013~2022 年山东、广东小学在校生数变化趋势

从表 5-3 中两省的供给参数看，除了初始师生比相差较大之外，其他参数相差不大。从图 5-7 中可以看到二者师生比整体的变化趋势类似，这也符合其相似的投入能力成长性的特点。如图 5-8 所示，广东的情形对应情境 1 中的情况 1，此时初始师生比低，叠加投入能力增速也不及需求的增速，使得尽管全力投入也无法在短期提升师生比，而山东的情形对应情境 3 中的情况 9，此时初始师生比很高，对维持初始师生比水平的投入要求很高，当投入能力无法达到的时候就会出现师生比的持续下降。这两种情况的主要区别就在于初始师生比水平的差异。

表 5-3 山东、广东相关参数

省份	初始师生比	初始投入能力	投入能力成长性
山东	0.0613	0.0895	−1.38%
广东	0.0516	0.0893	−0.95%

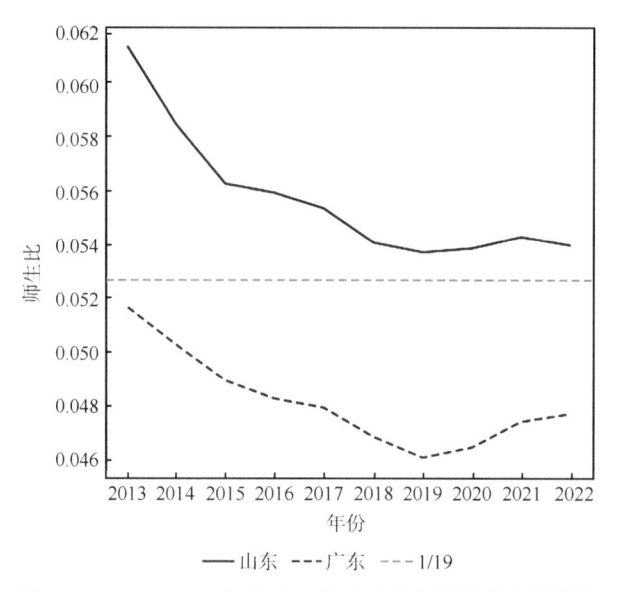

图 5-7 2013～2022 年山东、广东小学师生比数变化趋势

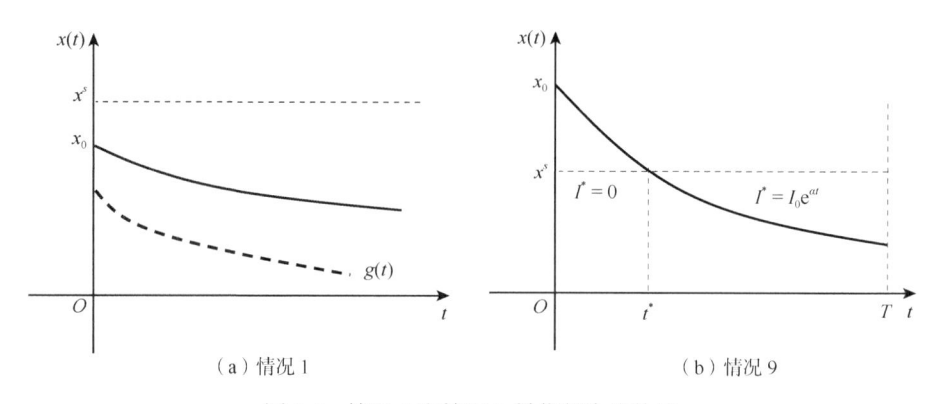

图 5-8 情况 1 和情况 9 最优师生比轨迹

此外，我们还选择了另一组地理位置和文化背景较为接近的省份（安徽和湖北）继续比较分析，从教育需求看（图 5-9），两个省份整体需求的变化趋势和速度都是一致的，只是在总规模上有一些区别。

表 5-4 中的数据展示了安徽和湖北的情况，首先从初始状态来看，在假定两省以国家标准为配置目标的情况下，2013 年师生比水平要高于配置目标，所以更符合情境 3 和情境 4 中的情况。具体来看，两省的初始投入能力和投入能力成长性都很接近（图 5-10 和图 5-11），但是安徽的初始师生比水平要显著低于湖北，在快速下降穿过国家标准（1/19）后，继续下降和情况 12 很类似。初始师生比水平更高的湖北，则能够在相同的时间、相同的下降趋势下基本保持在 1/19 水平之上。这和模型中两种情况的结论是相同的，即初始师生比更高的湖北对应情况 11，

而初始师生比相对更低的安徽则对应情况 12。

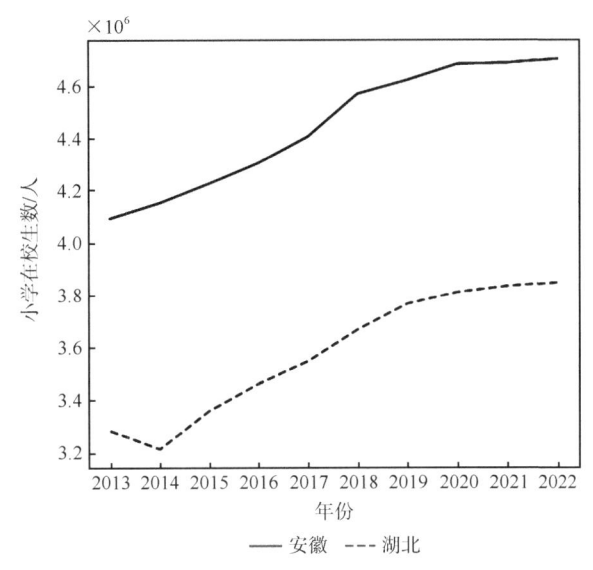

图 5-9 2013~2022 年安徽、湖北小学在校生数变化趋势

表 5-4 安徽、湖北相关参数

省份	初始师生比	初始投入能力	投入能力成长性
安徽	0.0559	0.0863	−2.60%
湖北	0.0604	0.0932	−2.16%

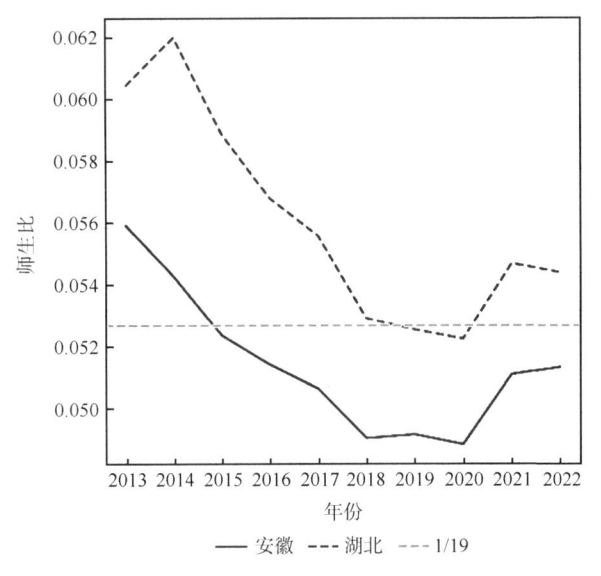

图 5-10 2013~2022 年安徽、湖北小学师生比数变化趋势

（a）情况 11   （b）情况 12

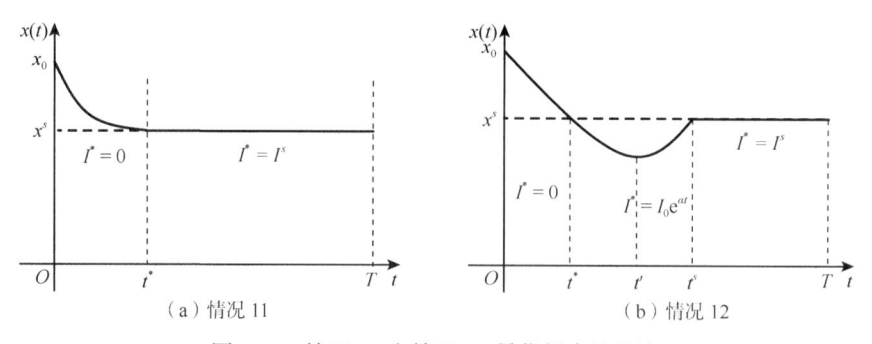

图 5-11 情况 11 和情况 12 最优师生比轨迹

5.1.4 对于投入能力的讨论

对于投入能力的讨论需要综合考虑初始投入能力和投入能力成长性，根据模型分析中的结论，初始投入能力决定了初始时期的走势，而投入能力成长性决定了整个过程中师生比能够达到的上限。我们选取了两组初始师生比水平很接近的省区，即海南和新疆、浙江和湖南。

先看海南和新疆（图 5-12），从教育需求的背景看，二者都是处于学龄人口上升阶段，所以从人口变化模式上看是一致的，不过新疆的教育需求上升速度要大于海南，这一差异会体现在投入能力成长性上。从表 5-5 中两省区的具体参数来看，初始师生比水平很接近，但是从初始投入能力来看，新疆排名全国第一达到 0.1572，显著强于海南省 0.0938，但从投入能力成长性看，教育需求的高增速使得其成长性（−4.52%）排名很靠后，比海南省（−1.23%）低。

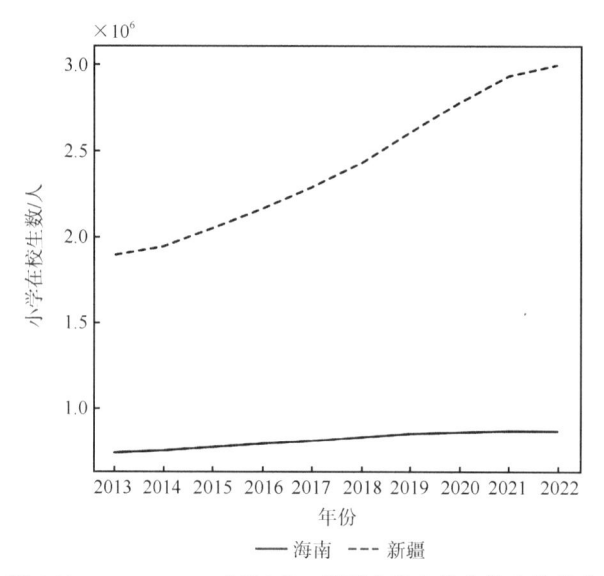

图 5-12 2013～2022 年海南、新疆小学在校生数变化趋势

表 5-5　海南、新疆相关参数

省区	初始师生比	初始投入能力	投入能力成长性
海南	0.0645	0.0938	−1.23%
新疆	0.0650	0.1572	−4.52%

从最后的师生比的变化趋势来看（图 5-13），由于初始投入能力的差距，海南在中前期是呈下降的趋势，而新疆在前期甚至有一定幅度的回升，但是后期投入能力成长性的优势，使得海南逐渐地回升，而新疆则正好相反，其在后期呈逐渐下降的趋势。两省区之间的差异正好和情境 3 中情况 10 与情境 4 中情况 12 的参数差异类似，其中新疆对应初始投入能力较好但投入能力成长性较差的情况 10，海南对应初始投入能力较弱，但投入能力成长性较好的情况 12，如图 5-14 所示。

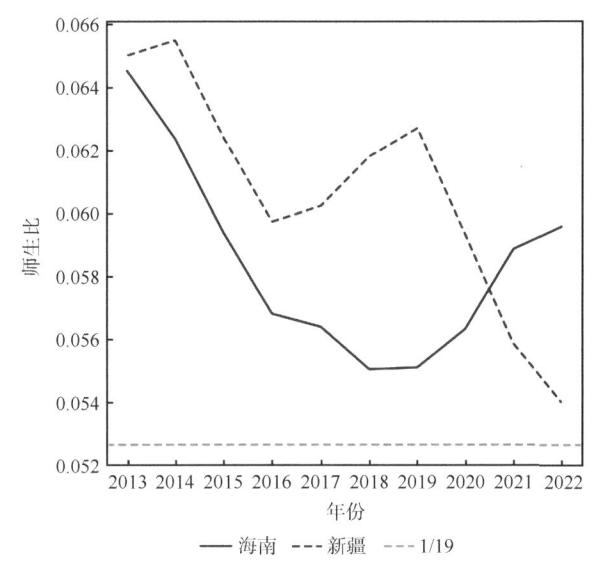

图 5-13　2013~2022 年海南、新疆小学师生比数变化趋势

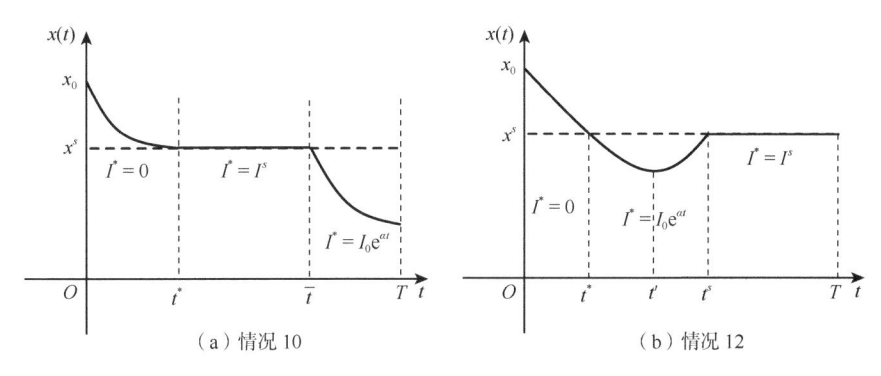

（a）情况 10　　　　（b）情况 12

图 5-14　情况 10 和情况 12 最优师生比轨迹

再看浙江和湖南，如表 5-6 所示，从初始师生比看，二省差距不大且都小于国家标准（1/19），意味着两省的情况更符合情境 1 和情境 2。从投入能力成长性看，两省差不多都处于全国靠前的水平，湖南较浙江要稍微高一些，所以综合来看两个省份的情况更接近情境 2。初始投入能力方面浙江好于湖南，这也是两省在初始状态变化方面方向相反的原因，浙江上升并维持在 1/19 附近，而湖南由于投入能力成长性较好，所以能在后期快速回升。两省参数的差异正好对应了情境 2 中情况 6 和情况 7，其中初始投入能力更好的浙江省对应情况 7 描述的场景；而初始投入能力弱一些的湖南则正好符合情况 6 描述的场景，具体参照图 5-15 和图 5-16。

表 5-6　浙江、湖南相关参数

省份	初始师生比	初始投入能力	投入能力成长性
浙江	0.0504	0.0988	−0.20%
湖南	0.0484	0.0845	0.58%

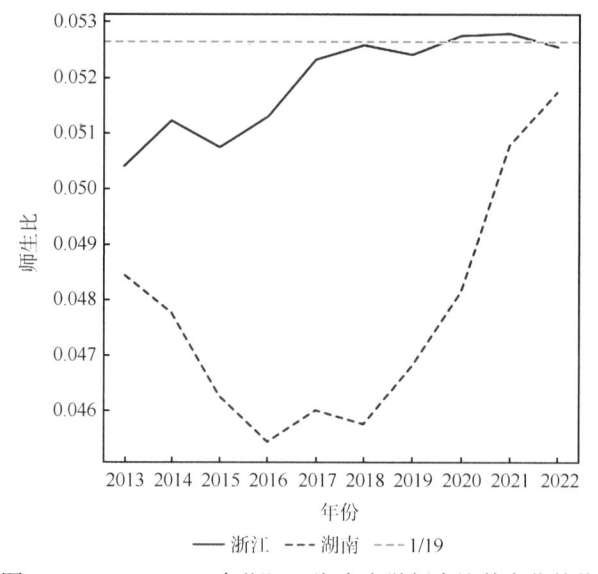

图 5-15　2013～2022 年浙江、湖南小学师生比数变化趋势

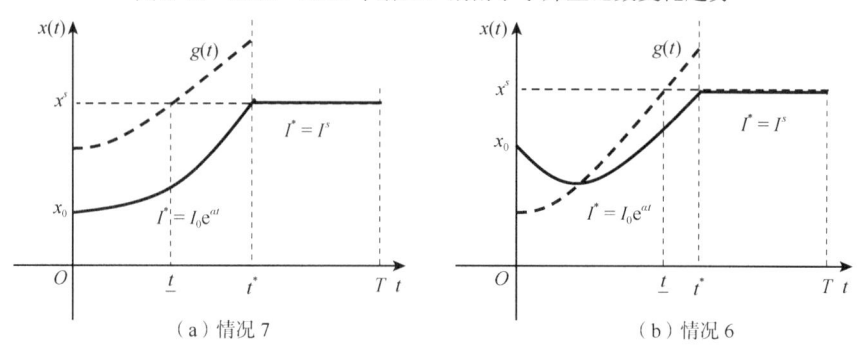

（a）情况 7　　　　　　　　　　（b）情况 6

图 5-16　情况 7 和情况 6 最优师生比轨迹

综合来看，海南和新疆两省区数据的对比充分体现了投入能力成长性对师生比变化的影响，而浙江和湖南之间的差异更多体现了初始投入能力差异对师生比变化的影响。

5.1.5 小结

本节通过控制变量的方式，基于31个省区市小学实证数据，分析教育需求持续上升时期，初始师生比、初始投入能力及投入能力成长性对师生比变化趋势的影响。通过与模型场景的对应比较，对理论模型的结论进行了一定程度的验证。对于地区教育需求变化模式的把握，结合自身所在区域教育供给能力的判断，能够对区域的资源配置格局有更准确的把握，并进一步针对地区资源配置需要重点关注的参数进行提前布局。在学龄人口上升时期，投入能力的提升是配置重点。而对区域投入能力的制约是多方面的，不仅仅包括财政能力，还包括以下几点。

（1）教师编制。2013年国家提出"严控地方政府机构编制总量，确保财政供养人员只减不增"。对于一些经济较发达省份而言，尽管财政能力较强，但外来学龄人口的大量涌入，导致部分地区本地户籍与非户籍学生人数的比例失衡。以2019年广州市某区为例，义务教育阶段在校生中非本地户籍学生接近一半，当前的教职工编制标准下，该地区教师编制数量远远不足以满足实际需求[①]。

近年来，四川省根据实际需要跨层级、跨区域对中小学教职工编制进行了动态调整。特别是在凉山彝族自治州实施的教师编制保障工程，总共增加了3000个教师职位，通过这种方式，为凉山彝族自治州和甘孜藏族自治州共调增了超过1.2万名中小学教职工编制。截至2022年3月，四川省已全面达到了国家对中小学教职工编制的标准要求，并对阿坝藏族羌族自治州实施了"应减不减"的特别政策。四川省还积极推进"县管校聘"政策，推动岗位与编制的适度分离，以及校长和教师的交流轮岗制度。青海省也在突破制度瓶颈方面做了一些改革，2021年青海全省建立了"总量内同级编制一年一调、跨层级编制三年一调"的动态调整机制，重新核编后全省中小学教职工编制总数由52 884名增加到55 021名，新增编制2137名，增加比例超过4%，其中2105名调剂给了六个自治州。

（2）教育经费占比。2022年有3个省的一般公共预算教育经费占一般公共预算支出的比例超过20%，分别是山东省（21.41%）、福建省（21.03%）、广东省（20.84%）。此外，贵州、广西等省区也超过了19%，意味着这些地方政府接近或超过五分之一的支出预算要提供给教育事业，但从财政角度提升投入能力的空间

[①]《2019年广州市教育统计手册》，http://jyj.gz.gov.cn/gk/sjtj/content/post_6456182.html，2022年11月29日。

是有限的。

（3）政策扶持。西部偏远地区的地理位置限制了其留住年轻人才的能力，国家多年来已实施多项针对教师的支持政策。例如："特岗计划""国培计划""强师计划""'三区'人才支持计划"等，这些政策通过定向的人才输送，促进了资源向基础薄弱区域倾斜。

5.2　学龄人口下降模式

从图 5-1 中的变化趋势可以知道，2013～2022 年只有东北三省（黑龙江、吉林、辽宁）的人口呈现持续下降的模式，由于辽宁的下降幅度很小，因此我们主要分析黑龙江和吉林。此时投入能力都已经不是师生比变化的主要影响因素，教师自然减员率 δ 和教育需求下降速度 β 成了重点关注的参数。在政府不额外投入教师资源的前提假定下，教职工数的年均下降速度对应了教师自然减员率，包含退休以及离职等非决策部门主动调整的资源流失。

从两省的小学在校生数变化趋势看（图 5-17），黑龙江的下降速度大于吉林，同时教职工数的下降速度也大于吉林（表 5-7）。但是综合来看，黑龙江资源减少的速度 δ 大于需求的下降速度，吉林正好相反，资源减少速度小于需求下降的速度。

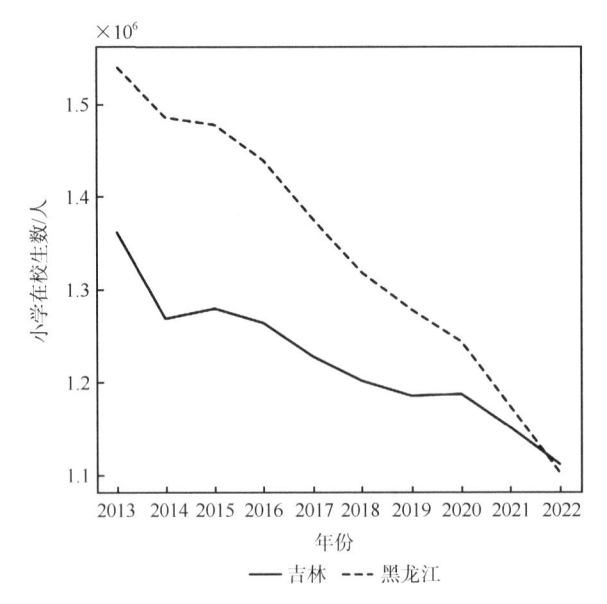

图 5-17　2013～2022 年吉林、黑龙江小学在校生数变化趋势

表 5-7 吉林、黑龙江相关参数

省份	初始师生比	教职工数年均降速	在校生年均增速	$\delta+\beta$
吉林	0.0890	1.87%	−2.23%	−0.36%
黑龙江	0.0886	4.01%	−3.64%	0.37%

从图 5-18 和图 5-19 可以看出，吉林省更倾向于类似情境 8（$x_0>x^s$，$\delta+\beta<0$）的参数场景，而黑龙江省更倾向于类似情境 7（$x_0>x^s$，$\delta+\beta>0$）的参数场景，由于情境 7 的情况讨论和情境 4 是一致的，黑龙江省实际师生比轨迹和情境 4 中的情况 11 未达到最优水平之前的走势相似，后期的上升主要源自 δ 的变化并不是均衡的，而是逐渐减小的，后期当 $\delta+\beta<0$ 时，师生比会重新回升；吉林省和情

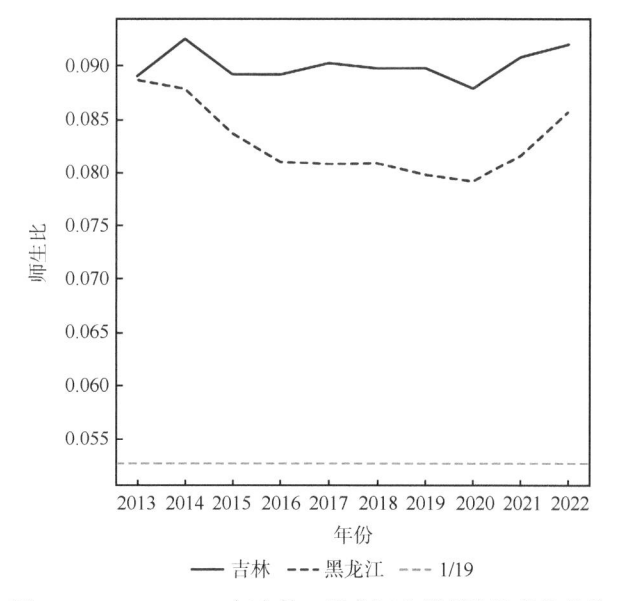

图 5-18　2013～2022 年吉林、黑龙江小学师生比变化趋势

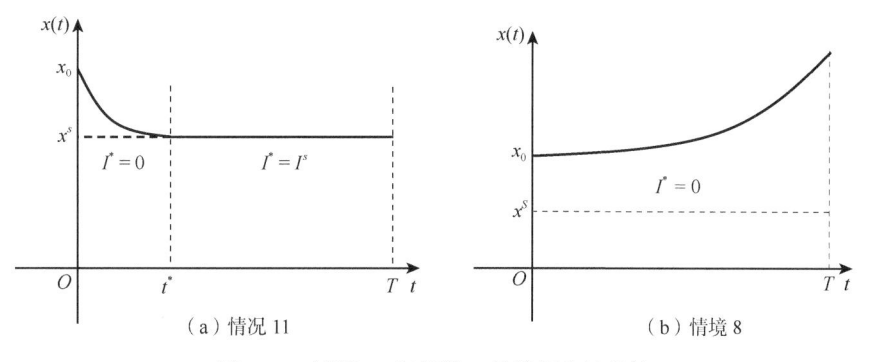

(a) 情况 11　　　(b) 情境 8

图 5-19　情况 11 和情境 8 最优师生比轨迹

境 8 的走势相似，只不过由于时间比较短，尚未处于显著上升的阶段，从未来的人口走势看，两省的师生比水平会进一步提升，资源闲置的问题会进一步凸显，这也是东北地区教育资源配置长期存在的问题。

总结而言，在学龄人口减少的背景下，地区教师资源配置关注的重点不再是资源投入能力的限制，而是教师自然减员率。这一指标主要体现在教师队伍由退休、离职等非主动调整因素导致的资源减少。其中，退休问题突出反映了教师队伍的年龄结构问题，而离职问题则更多与地区经济发展水平相关，尽管政府对不发达地区的教师队伍建设实施了诸多政策帮扶，但教师流失的问题会让这些政策的效果大打折扣。

为了有效应对学龄人口下降带来的影响，准确了解地区教师队伍的具体情况变得尤为重要，这包括教师的年龄结构、心理状态、核心关切等方面的信息。深入了解这些信息对于评估学龄人口减少对地区教育资源配置影响的全貌，以及提前规划和采取相应的应对措施至关重要。

在未来的教育资源配置中，决策者需要采取更为灵活和前瞻性的措施，不仅要关注教师资源的即时需求，还要预见到长期变化趋势。只有综合考虑教师队伍结构调整、心理健康支持和经济激励等多方面因素，才能有效地提升教育资源配置的效率和质量，同时缓解学龄人口减少带来的负面影响。

5.3 学龄人口先升后降模式

从理论模型的讨论可以知道此种学龄人口变化模式下，影响因素相对复杂，初始师生比、初始投入能力及投入能力成长性与人口变化的关系决定了前期人口上升时师生比的变化，而过了师生比自然回升时间点（$t_m + \delta/\beta$）后，资源的投入压力将会减小，即便不投入教师资源，师生比也会逐渐回升。我们选取在校生下降起始年份作为转折时间 t_m，在校生数变化的加速度为 $-\beta$。

根据小学在校生数的实际变化，结合参数特点，我们选择河北、重庆、江西、四川这四个省区进行对比分析。

首先看河北和重庆，两省市教育需求变化趋势的主要区别是变化的转折点 t_m 以及在校生数上升期的加速度，如图 5-20 所示。重庆 2017 年在校生数量开始下降，而河北省是在 2020 年开始下降的，从变化的加速度看，重庆要远高于河北，如表 5-8 所示。两省市初始师生比水平很接近，河北初始投入能力要高于重庆。

第 5 章 实证分析与政策建议

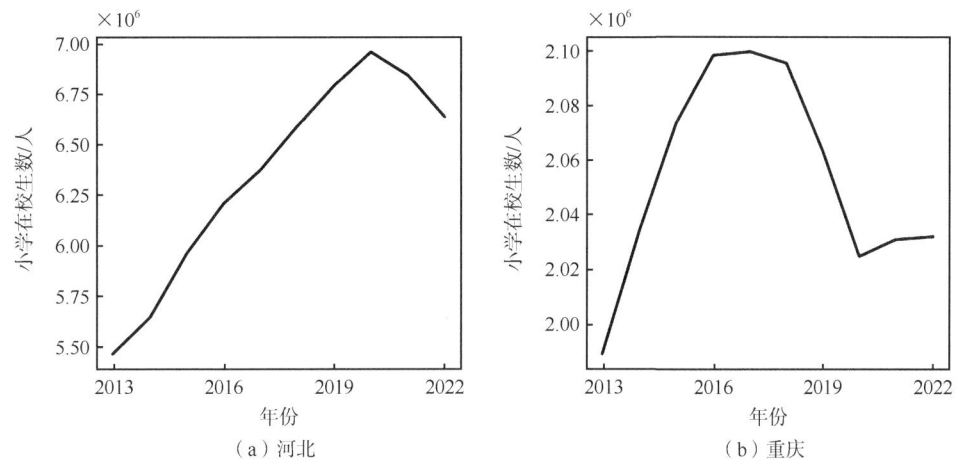

图 5-20 2013~2022 年河北、重庆小学在校生数变化趋势

表 5-8 河北、重庆相关参数

省市	初始师生比	初始投入能力	投入能力成长性	转折时间 t_m	在校生数变化加速度 $-\beta$
河北	0.0599	0.0864	-0.817%	2020 年	0.02%
重庆	0.0587	0.0776	0.205%	2017 年	0.51%

从最终两省市的师生比变化趋势看，重庆在经历了短暂的下降后，逐渐上升；而河北在经历了更长的下降过程后稳定在某一师生比水平（可以理解为其配置目标）一段时间后重新回升。两省市的参数关系和最终师生比的轨迹符合情境 11 中的情况 16 和情况 17，如图 5-21 和图 5-22 所示。其中，初始投入能力更好的河

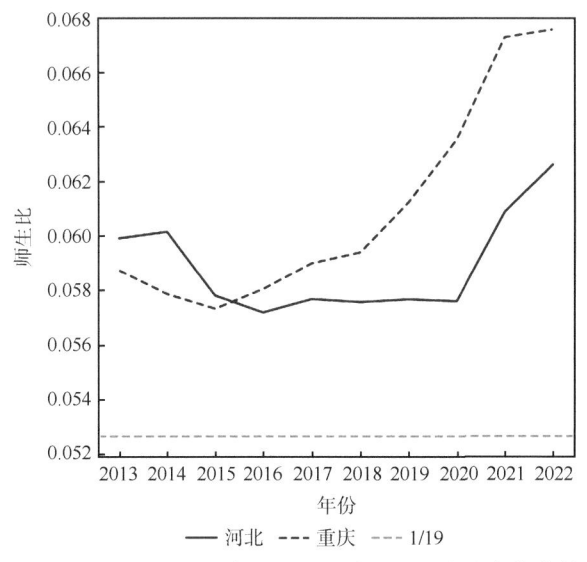

图 5-21 2013~2022 年河北、重庆小学师生比变化趋势

(a)情况 16　　　　　　　　　(b)情况 17

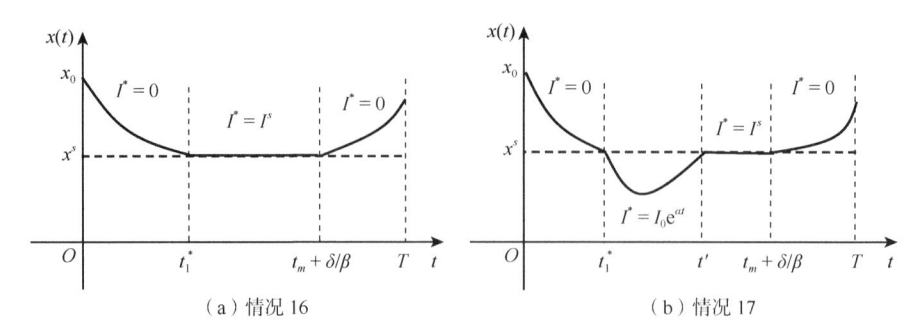

图 5-22　情况 16 和情况 17 最优师生比轨迹

北对应情况 16 的场景，而初始投入能力弱但投入能力成长性好且师生比自然回升时间点（$t_m+\delta/\beta$）更小的重庆，在前期的下降后能更快地进入上升阶段，如果在同一时间尺度下，相当于对情况 16 中 $t_m+\delta/\beta$ 时间点之前的轨迹进行压缩，之后的轨迹进行拉升，正好对应了图 5-21 中短暂下降后快速拉升的情况。而且从其回升幅度看，在校生数变化加速度更大的重庆对应的回升幅度也更大，这和理论结论一致。

接下来我们再看江西和四川的情况对比，如图 5-23 所示。从这两个省份小学在校生数变化来看，各自的特点比较明显，江西上升期短、下降期长，四川上升期长、下降期短。

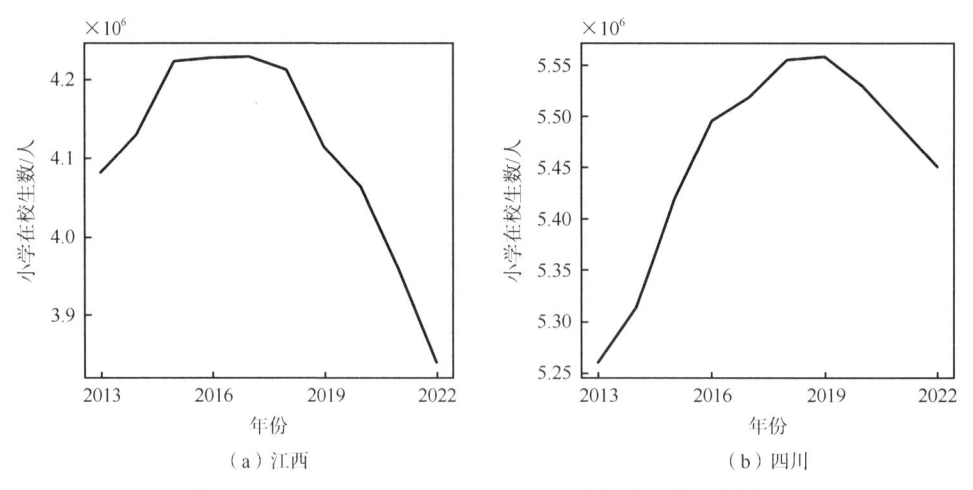

(a)江西　　　　　　　　　(b)四川

图 5-23　2013～2022 年江西、四川小学在校生数变化趋势

从具体参数来看，如表 5-9 所示。尽管江西的初始投入能力要显著弱于四川，但投入能力成长性更好，而江西人口变化转折时间早于四川，在校生数变化加速度也高于四川，所以江西的师生比自然回升时间点（$t_m+\delta/\beta$）会显著小于四川。更早进入人口下降时期会在一定程度上弥补初始投入能力的不足。

第 5 章 实证分析与政策建议

表 5-9 江西、四川相关参数

省份	初始师生比	初始投入能力	投入能力成长性	转折时间 t_m	在校生数变化加速度 $-\beta$
江西	0.0480	0.0721	0.63%	2017 年	1.12%
四川	0.0497	0.1026	-2.38%	2019 年	0.69%

从最终两省的师生比对比来看（图 5-24），两省很相似，都是在经历短暂的下降后，开始上升，直至规划期结束；二者的参数关系和最终师生比的轨迹与情境 10 中的情况 20、情况 21 的子情况形成了很好的对应，如图 5-25 所示。其中初始投入能力更高的四川对应情况 21 子情况 3 的场景，而初始投入能力较弱但投入能力成长性好且师生比自然回升时间点（$t_m + \delta/\beta$）更小的江西对应情况 20 子情况 2 的场景。由于江西的 $t_m + \delta/\beta$ 值更小，两省在同一时间尺度下看，相当

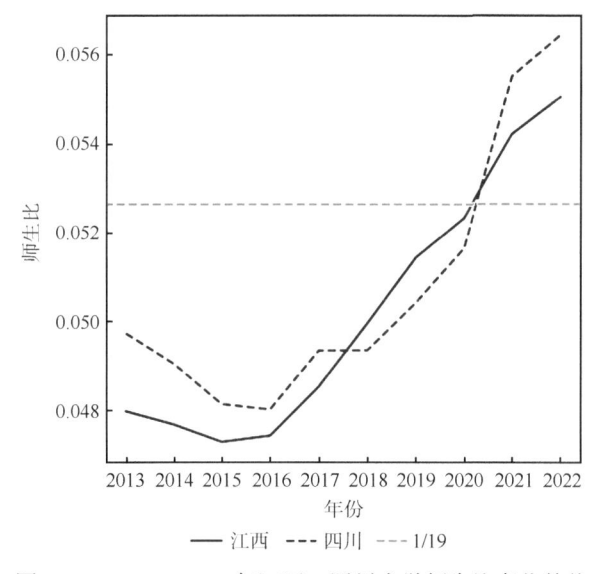

图 5-24 2013～2022 年江西、四川小学师生比变化趋势

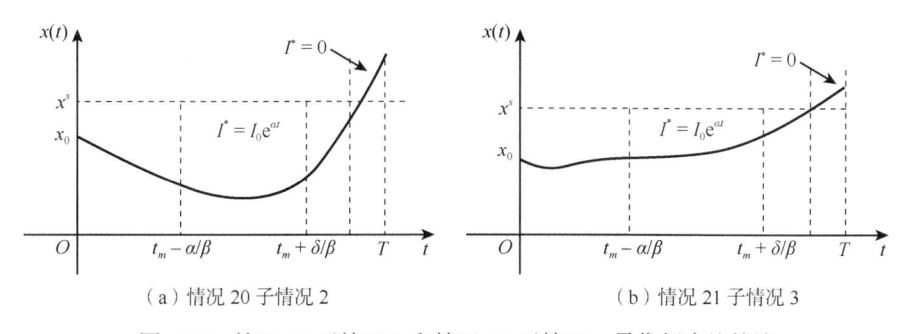

(a) 情况 20 子情况 2

(b) 情况 21 子情况 3

图 5-25 情况 20 子情况 2 和情况 21 子情况 3 最优师生比轨迹

于将情况 20 子情况 2 轨迹图中 $[0, t_m + \delta/\beta]$ 之间的部分进行压缩，将 $[t_m + \delta/\beta, T]$ 的部分进行拉伸，这样情况 20 子情况 2 和情况 21 子情况 3 的轨迹基本就一样了，而从实际的数据看，二者师生比的变化趋势也是一致的。

总结来看，在学龄人口先升后降的变动模式下，关键的人口动态特征（如变化的转折点和加速度）决定了师生比自然回升时间点（$t_m + \delta/\beta$）。这个时间点进一步决定了教育投入压力期的持续时间，$t_m + \delta/\beta$ 越小，前期的投入压力越小，但是后期资源闲置的压力会增大；$t_m + \delta/\beta$ 越大，前期投入压力越大，后期闲置的压力会小。决策部门通过准确把握地区教育需求的变化趋势，结合对自身投入能力的评估，能够更有效地掌握未来的教师资源配置格局。

这种预见性使得决策者能够针对不同时间段内预期的压力程度和配置重点，提前进行策略部署和规划，以期最大化资源配置的效用。前瞻性规划：通过提前识别人口趋势和教育需求的变化，决策部门可以采取更为前瞻性的规划措施。这可能包括对教育资源的适时扩展或缩减，以及对教师培训和招聘政策的灵活调整。资源配置效用最大化：目标是在保证教育质量的前提下，通过优化资源配置策略，实现成本效益最大化。这要求决策者不仅关注短期内的教育需求满足情况，也要考虑长期的资源可持续利用情况。

5.4 优化配置方案初探

本节主要包含两项工作：第一，使用系统动力学软件 Vensim 构建区域义务教育资源配置动力学模型，其是一个将理论与实践相结合的尝试，旨在通过模拟实际操作过程中的关键变量，探索理论模型与现实政策之间的关联。此模型继承了第 3 章和第 4 章理论模型的结构，并通过引入新的变量和调整参数，使其更加符合实际教育资源配置的复杂性。第二，基于 Vensim 模型探索配置方式，给出不同水平的配置方案，对比 2013~2022 年各省区市小学的实际配置数据，评估方案的效果。

5.4.1 系统动力学仿真模型

在我们构建的动力学模型中（图 5-26），教育需求的存量参考九年一贯制学校的年级规模，从 1~9 年级给出了基本的需求存量，学生会逐年由低年级向高年级流动，流动比例可以自行给定。此外每年需求流入来自招生人数，流出为毕业人数。决策部门调整目标是外生给定理想资源配置标准。资源投入的调整策略，采用第 3 章基础模型给出的最优策略，当生均资源水平高于理想资源配置标准时，不做投入，当生均资源水平低于理想资源配置标准时，全力投入至最优水平，当生均资源水平处于理想资源配置标准水平时，调整投入维持住当前水平即可。此外，引入最大调整手段限制，每次投入的资源不能超过当前时刻投入能力的上限。模型时间步长是1年，规划期限为50年。

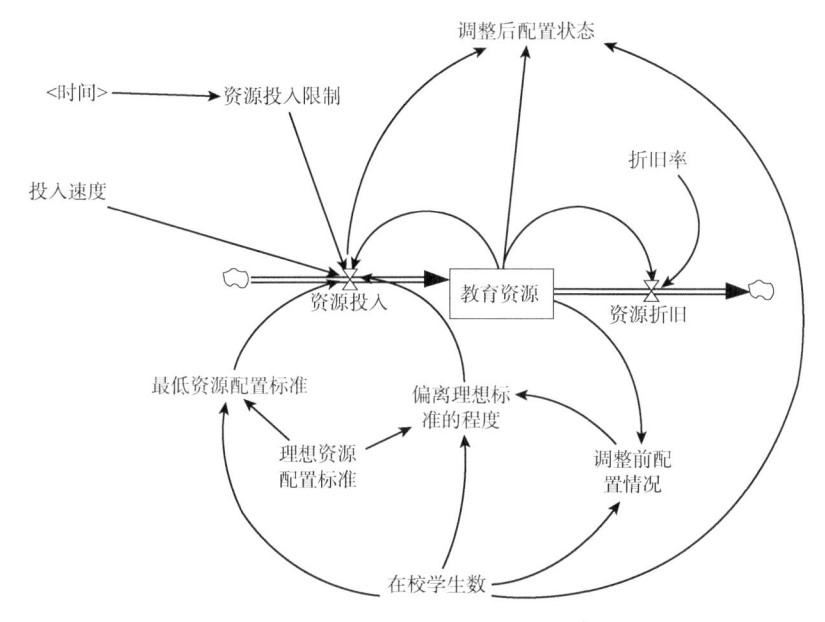

图 5-26　义务教育资源配置模型系统动力学流图

我们通过模拟模型结论中的最优控制手段，得到了第 4 章中部分情境下的仿真结果，从最终结果来看，参数之间相对关系和理论模型的结果一致的。

1. 学龄人口上升模式下，情境 1 对应的三种情况及其对应的参数

初始师生比 $x_0 = 1/19$，最优师生比水平 $x^s = 1/12$，教师自然减员率 $\delta = 0.03$，初始教师数 $R_0 = 500$，初始投入能力 $I_0 = 10$，学龄人口上升速度 $\beta = 0.04$，最大资源投入能力增长速度 $\alpha = 0.02$，对应的在校生数为 $9500e^{0.04t}$，资源投入上限为 $10e^{0.02t}$。对应的师生比轨迹和对应的控制手段如图 5-27 所示。

初始师生比 $x_0 = 1/18$，最优师生比水平 $x^s = 1/12$，教师自然减员率 $\delta = 0.03$，初始教师数 $R_0 = 500$，初始投入能力 $I_0 = 50$，学龄人口上升速度 $\beta = 0.04$，最大资源投入能力增长速度 $\alpha = 0.02$，对应的在校生数为 $9000e^{0.04t}$，资源投入上限为 $50e^{0.02t}$。对应的师生比轨迹和对应的控制手段如图 5-28 所示。

(a)

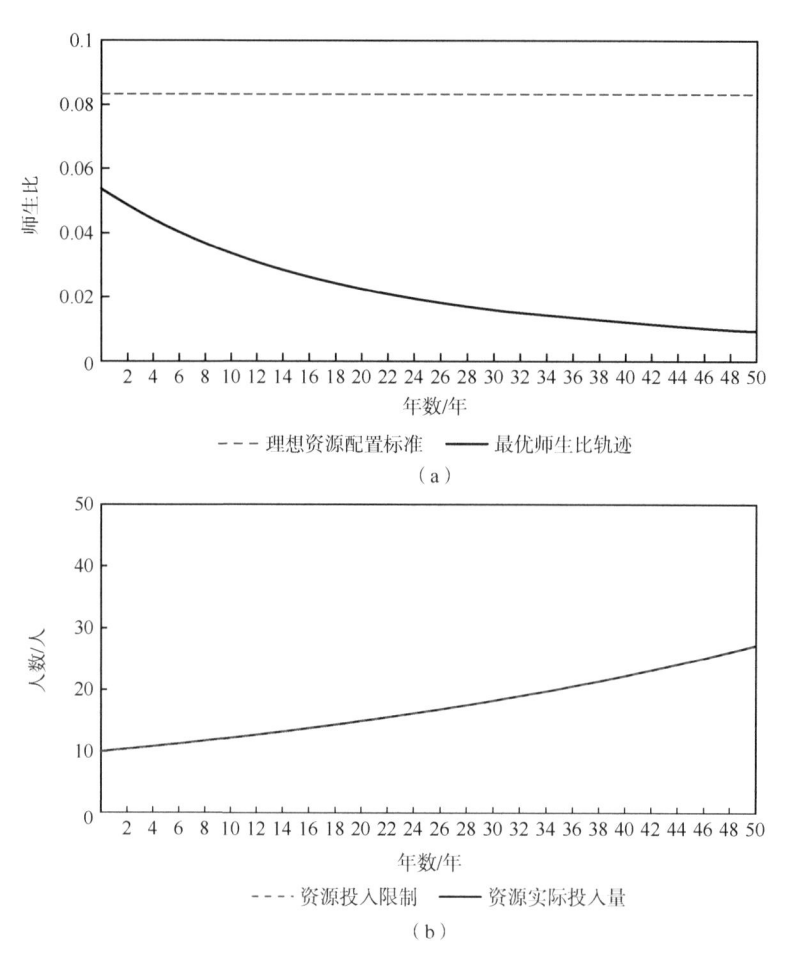

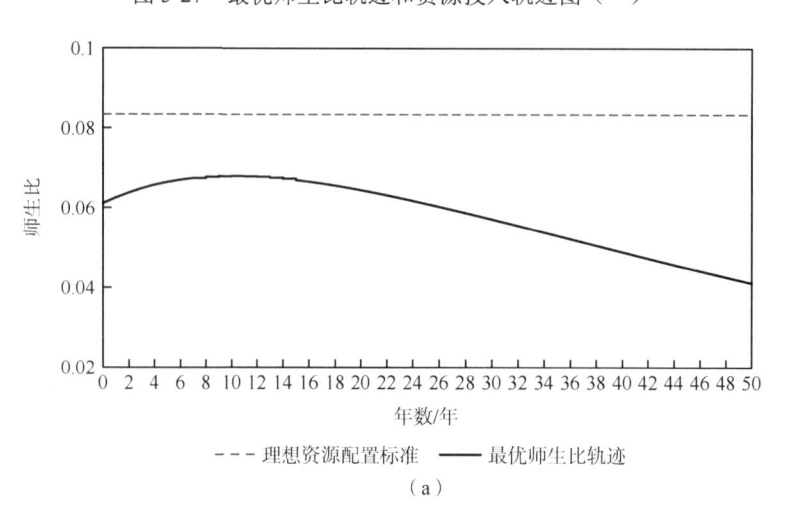

(b)

图 5-27　最优师生比轨迹和资源投入轨迹图（一）

(a)

(b)

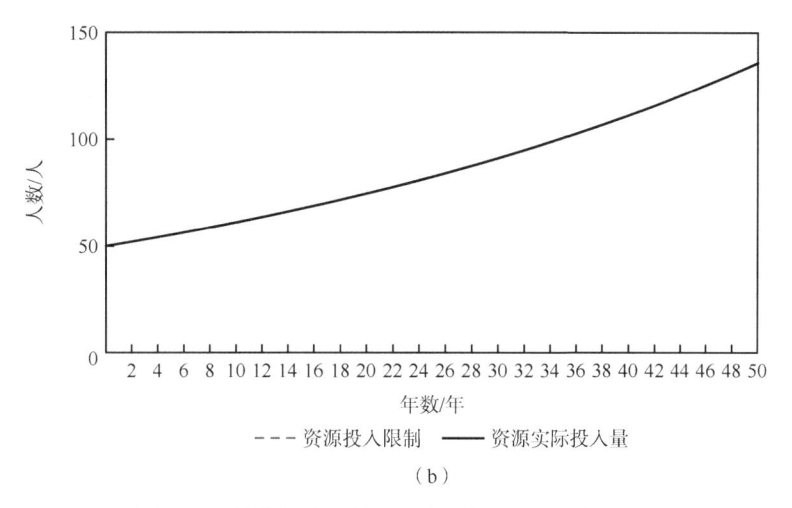

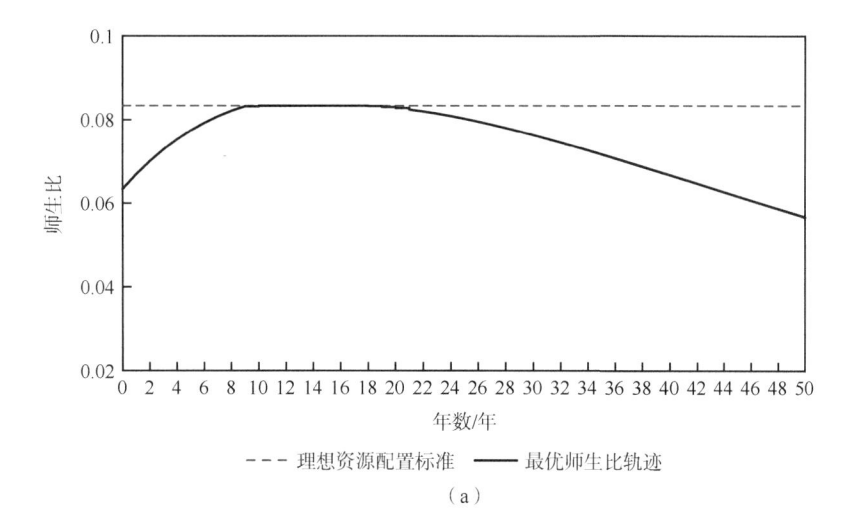

图 5-28 最优师生比轨迹和资源投入轨迹图（二）

初始师生比 $x_0 = 1/18$，最优师生比水平 $x^s = 1/12$，教师自然减员率 $\delta = 0.03$，初始教师数 $R_0 = 500$，初始投入能力 $I_0 = 70$，学龄人口上升速度 $\beta = 0.04$，最大资源投入能力增长速度 $\alpha = 0.02$，对应的在校生数为 $9000e^{0.04t}$，资源投入上限为 $70e^{0.02t}$。对应的师生比轨迹和对应的控制手段如图 5-29 所示。

(a)

(b)

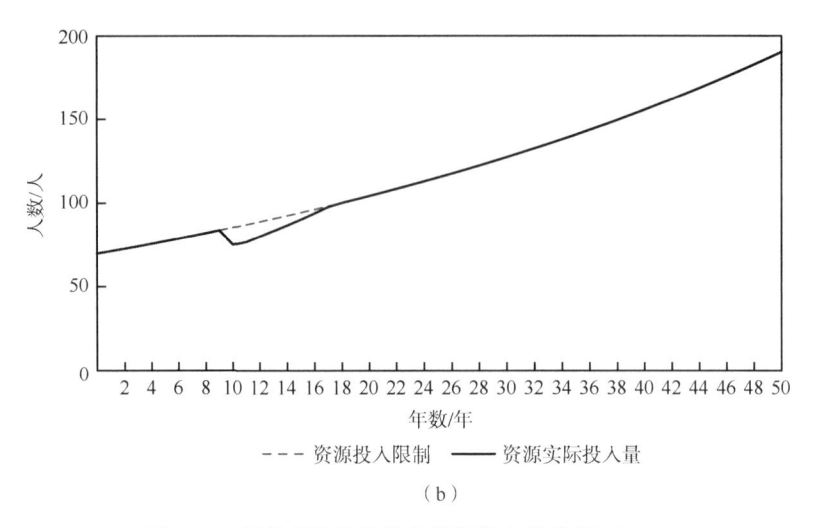

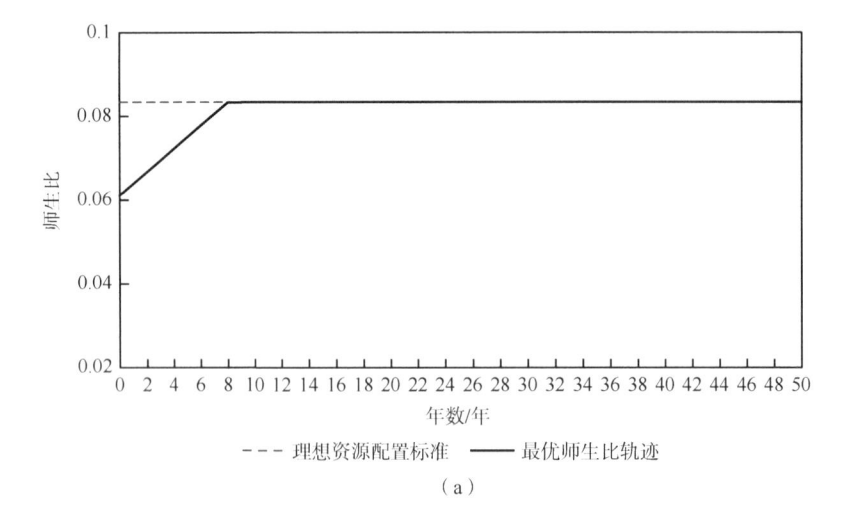

图 5-29 最优师生比轨迹和资源投入轨迹图（三）

2. 学龄人口上升模式下，情境 2 对应的两种情况及参数

初始师生比 $x_0 = 1/18$，最优师生比水平 $x^s = 1/12$，教师自然减员率 $\delta = 0.03$，初始教师数 $R_0 = 500$，初始投入能力 $I_0 = 50$，学龄人口上升速度 $\beta = 0.02$，最大资源投入能力增长速度 $\alpha = 0.04$，对应的在校生数为 $9000e^{0.02t}$，资源投入上限为 $50e^{0.04t}$。对应的师生比轨迹和对应的控制手段如图 5-30 所示。

(a)

第 5 章 实证分析与政策建议

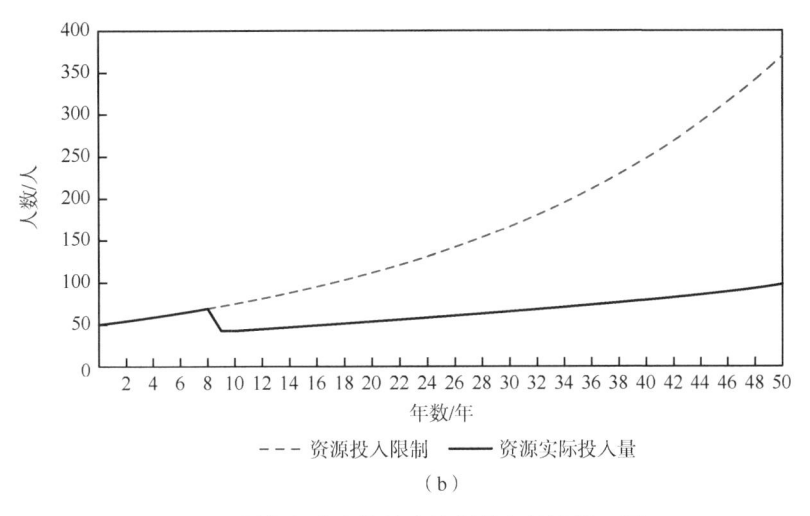

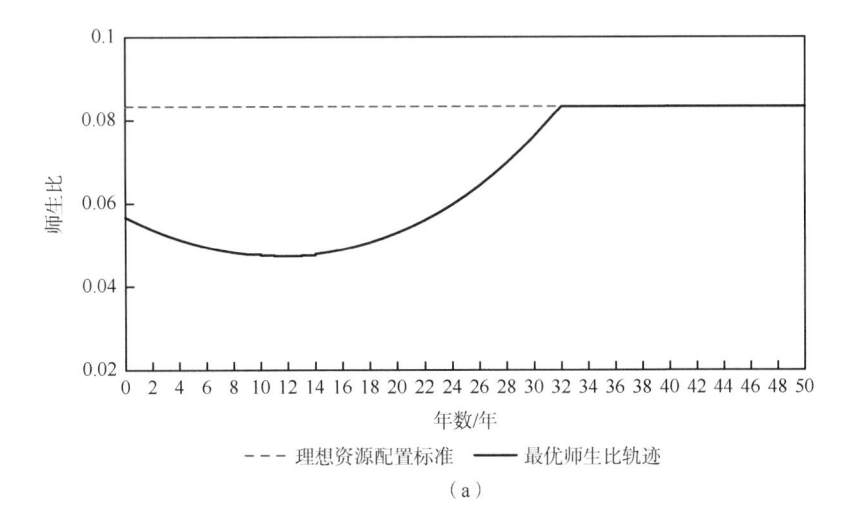

(b)

图 5-30 最优师生比轨迹和资源投入轨迹图（四）

初始师生比 $x_0 = 1/18$，最优师生比水平 $x^s = 1/12$，教师自然减员率 $\delta = 0.03$，初始教师数 $R_0 = 500$，初始投入能力 $I_0 = 10$，学龄人口上升速度 $\beta = 0.02$，最大资源投入能力增长速度 $\alpha = 0.08$，对应的在校生数为 $9000e^{0.02t}$，资源投入上限为 $10e^{0.08t}$。对应的师生比轨迹和对应的控制手段如图 5-31 所示。

(a)

（b）

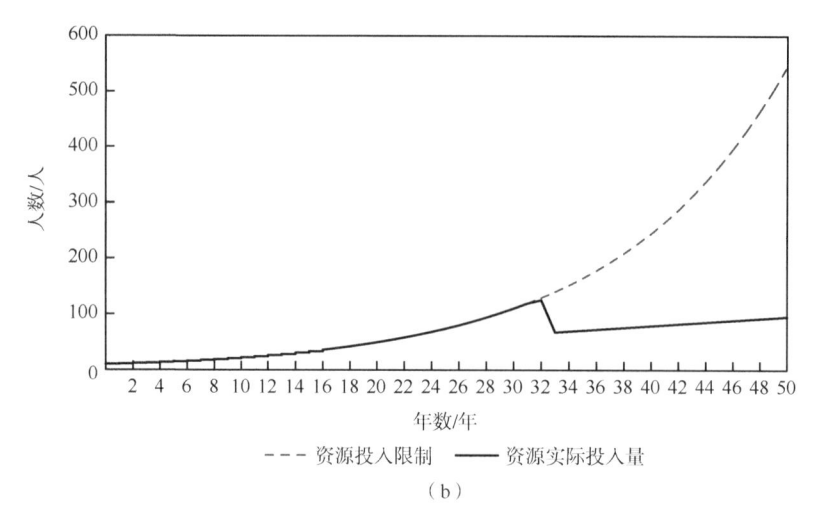

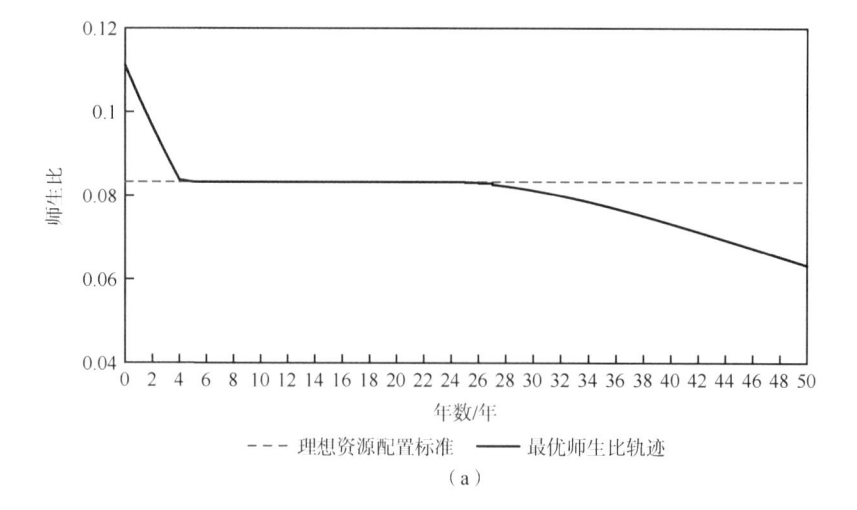

图 5-31 最优师生比轨迹和资源投入轨迹图（五）

3. 学龄人口上升模式下，情境 3 对应的参数

初始师生比 $x_0 = 1/9$，最优师生比水平 $x^s = 1/12$，教师自然减员率 $\delta = 0.03$，初始教师数 $R_0 = 1000$，初始投入能力 $I_0 = 80$，学龄人口上升速度 $\beta = 0.04$，最大资源投入能力增长速度 $\alpha = 0.02$，对应的在校生数为 $9000e^{0.04t}$，资源投入上限为 $80e^{0.02t}$。对应的师生比轨迹和对应的控制手段如图 5-32 所示。

（a）

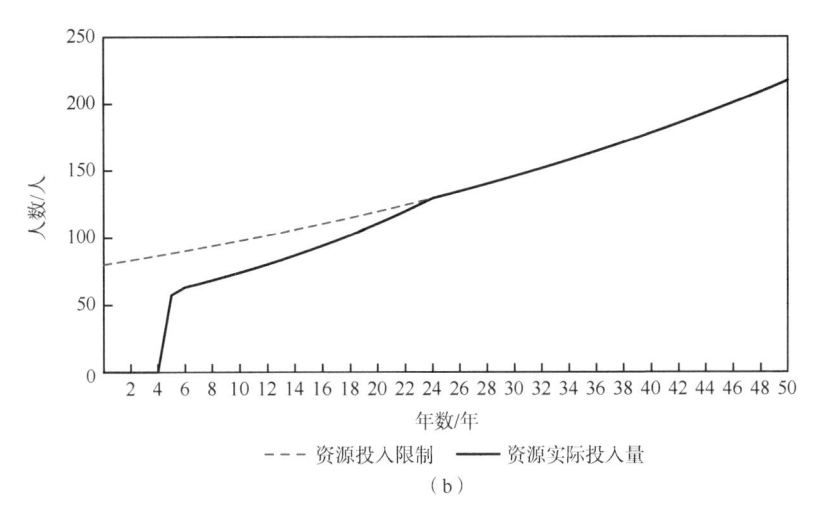

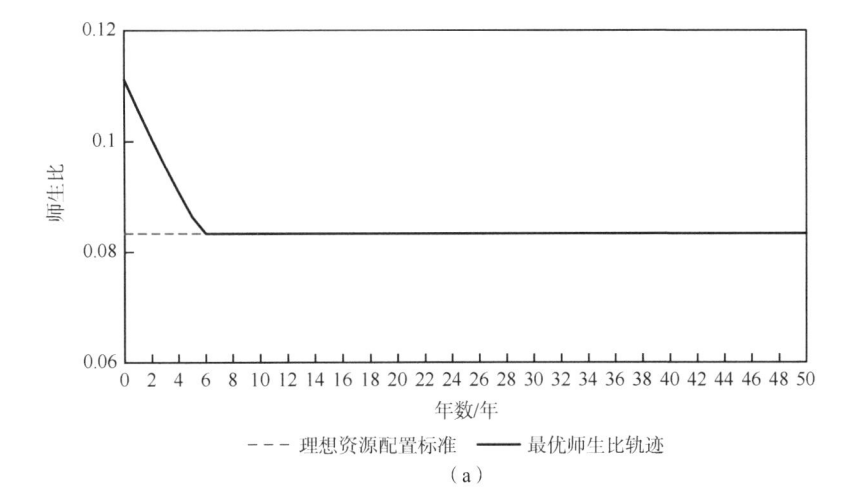

图5-32　最优师生比轨迹和资源投入轨迹图（六）

4. 学龄人口上升模式下，情境4对应的参数

初始师生比 $x_0=1/9$，最优师生比水平 $x^s=1/12$，教师自然减员率 $\delta=0.03$，初始教师数 $R_0=500$，初始投入能力 $I_0=80$，学龄人口上升速度 $\beta=0.04$，最大资源投入能力增长速度 $\alpha=0.02$，对应的在校生数为 $9000\mathrm{e}^{0.04t}$，资源投入上限为 $80\mathrm{e}^{0.02t}$。对应的师生比轨迹和对应的控制手段如图5-33所示。

(b)

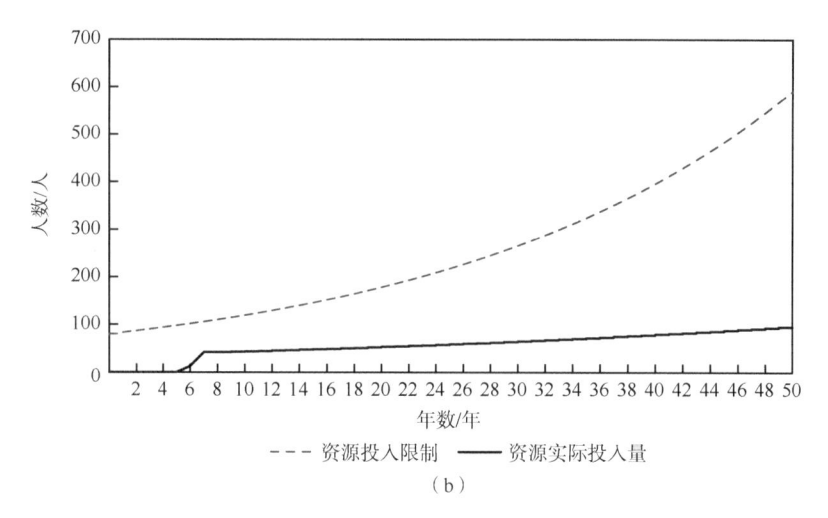

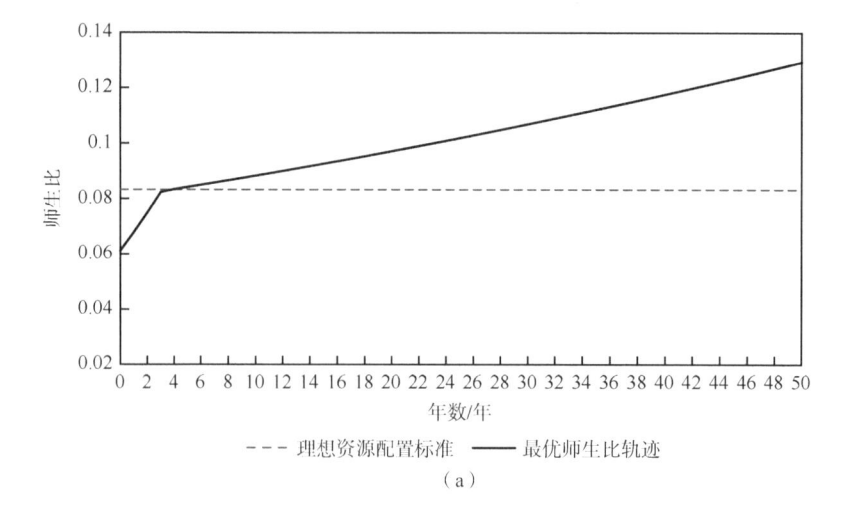

图 5-33 最优师生比轨迹和资源投入轨迹图（七）

5. 学龄人口下降模式下，情境 6 对应的参数

初始师生比 $x_0 = 1/18$，最优师生比水平 $x^s = 1/12$，教师自然减员率 $\delta = 0.03$，初始教师数 $R_0 = 500$，初始投入能力 $I_0 = 50$，学龄人口上升速度 $\beta = -0.04$，最大资源投入能力增长速度 $\alpha = 0.02$，对应的在校生数为 $9000e^{-0.04t}$，资源投入上限为 $50e^{0.02t}$。对应的师生比轨迹和对应的控制手段如图 5-34 所示。

(a)

(b)

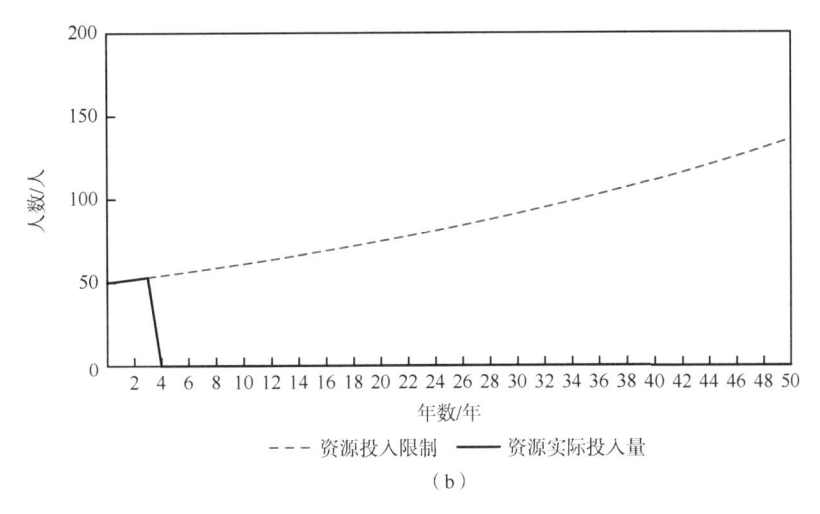

图 5-34　最优师生比轨迹和资源投入轨迹图（八）

学龄人口先升后降模式下对应的情境已经在 4.4 节中给出了仿真结果。通过对简单的教育资源系统进行动力学仿真，我们发现，理论结果转化成现实的政策是具有可操作性的，但这有赖于对模型的进一步完善、相关软件技术的开发，以及细节数据的获得。此外，通过求解第 3 章基本模型，我们得到了一个看似简单却很重要的结论："最优的资源配置目标是要低于理想标准的。"这一结论包含我们对"什么是科学的资源配置方式？"的思考，即"调整资源会产生成本，在配置资源时，我们不能只着眼于满足当前需求，而应预留出调整的余地。这就要求我们在规划时，考虑到不同时间点之间配置策略的相互联系，以适应未来可能出现的需求变化。采取这种方法，我们能够从一个更长远和全局的视角来设定资源配置的目标，从而提高资源配置的整体效率"。

理论模型中的最优资源配置标准涉及多个参数，很难直接给出其确切的数值，为了实现这一配置理念，在动力学仿真模型中，我们引入了"资源投入速度"和"最低生均资源标准"这两个关键参数。资源投入速度通过延迟满足的方式提升策略对于教育需求变化响应的灵活性。然而，这一参数的引入间接削弱了决策部门的投入能力，可能导致在某些时期内生均资源水平过低而无法支持正常的教育活动。为此我们引入最低生均资源标准参数，旨在保障每个人都能接受到教育的基本服务。这一概念关系到社会公平与减少社会不平等的基本原则。探讨最低生均资源标准对于政府制定包容性的政策具有重要意义，它有助于政策制定者确定资源分配的优先顺序，并制定相应的福利政策。

在具体的仿真资源配置机制中，如果资源投入速度为 1/2，则 t 时刻只会投入满足 t 时刻需求一半的资源量，例如：按照配置目标，t 时刻需要投入 100 单位资源，如果投入速度为 1/2，则只会投入 50 单位资源。对于最低生均资源标准，我们以最低标准占理想标准的比例来表示，例如：如果最低生均资源标准为 0.7，意味着最低标准等于理想标准乘以 0.7。此外，如果 t 时刻由投入速度限制导致生均资源水平低于最低生均资源标准，我们将引入"底线机制"，让决策部门临时解除速度限制，在投入上限内优先满足最低生均标准，保证教育活动能正常开展。

我们通过对比两组不同参数情况的仿真结果来分析这两个参数引入带来的效果。如表 5-10 所示，方案 1 代表的资源配置方式是"以理想标准为目标即时满足当前的需求"；方案 2 代表的资源配置方式是"以理想标准为目标延时满足当前的需求"。

表 5-10 两种方案下的具体参数

参数	方案 1	方案 2
初始师生比 x_0	1/9	1/9
理想标准 $\bar{x}$	1/12	1/12
教师自然减员率 δ	0.03	0.03
学龄人口上升速度 β	0.04	0.04
在校生数变化方程	$S = 9000e^{0.04t}$	$S = 9000e^{0.04t}$
资源投入上限增速 α	0.02	0.02
资源投入上限方程	$I_{\max} = 80e^{0.02t}$	$I_{\max} = 80e^{0.02t}$
资源投入速度	1	1/2
最低生均资源标准	1	0.7

两种方案下的师生比走势和资源投入方式如图 5-35 和图 5-36 所示，整体上，两个方案的最优师生比轨迹和资源投入轨迹相差不大。随着学生人数和资源投入上限逐渐增加，在初始生均资源高于最优配置标准的设定下，最优的决策是在开始时不做资源投入，当师生比下降到理想标准后，开始投入资源维持住理想标准对应的师生比水平，但由于学生人数上涨速度大于资源上限的上涨速度，最终最大的投入也维持不住，在规划末期重新下降。

对比两个方案的区别，引入两个参数后，方案 2 带来了两个改变。一方面，方案 2 在每个时间点的资源投入都小于或等于方案 1，表明了一种更加节省和高效的资源利用策略。这种策略通过延迟全力投入的时间点，在保证生均资源稳定性的同时，减少了在人口增长尚未达到预期高峰时的资源过度投入，从而优化了资源配置的时序性和针对性。另一方面，方案 2 维持了相对更低的生均资源配置水平，这反映了方案 2 对教育资源配置标准的重新评估和优化。这种做法虽然在表面上看似降低了办学标准，实则是基于对未来需求变化的预测和准备，旨在保证资源配置的适应性。

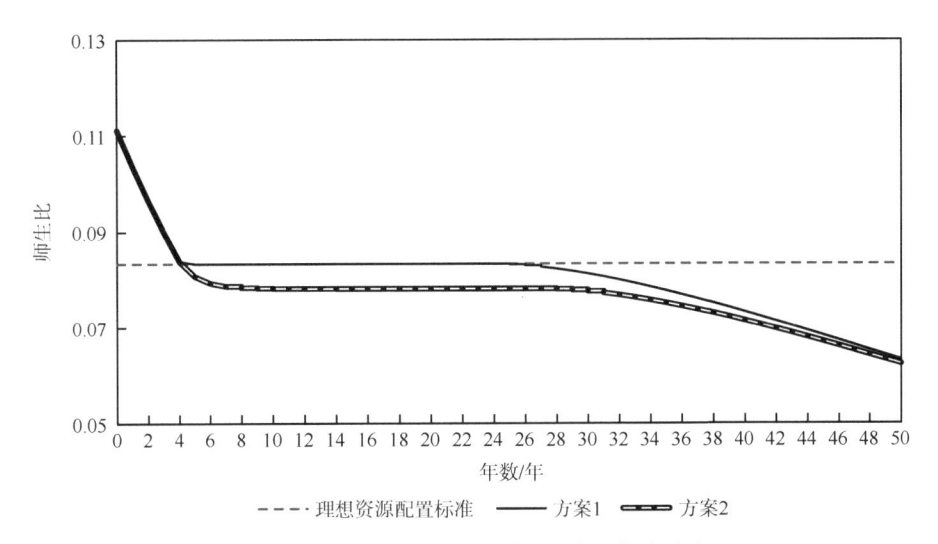

图 5-35　方案 1 和方案 2 最优师生比轨迹对比

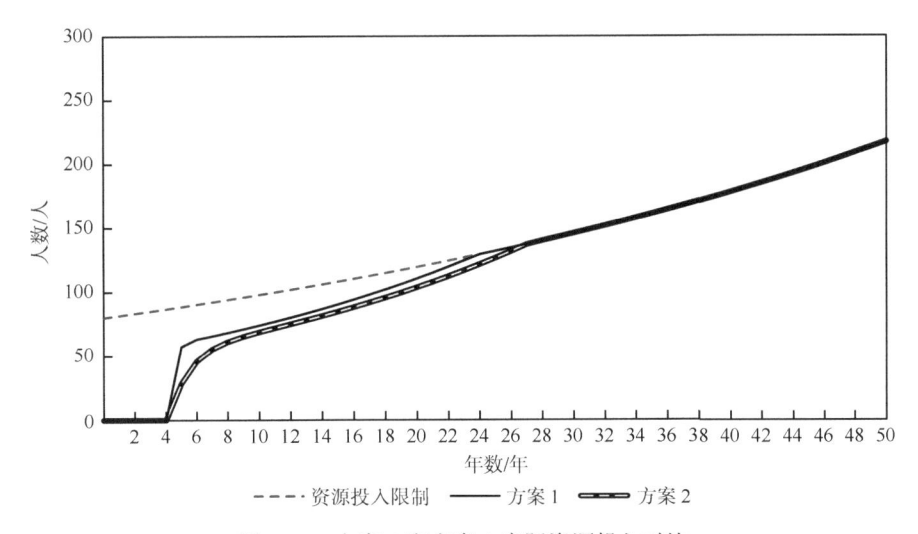

图 5-36　方案 1 和方案 2 实际资源投入对比

综合考虑这两方面的变化，方案 2 的实施一方面确实降低了办学标准，另一方面有效节约了资源投入。这种策略的好坏取决于决策部门的具体偏好，如更倾向于资源的利用效率，还是教育质量的保障。此外，这两种方案间的选择还体现了对最优配置标准现实意义的理解，即在资源有限的现实条件下，如何通过科学地配置实现教育资源的最大效用。方案之间的差异和选择，强调了在教育资源配置过程中必须综合考虑资源的有效性、需求的动态变化，以及长期发展的可持续性。决策部门在制定和实施教育资源配置方案时，需要考虑教育质量与资源效率之间的平衡，同时预见和适应未来的变化趋势，确保教育系统的健康和持续发展。方案的选择和执行需具有足够的灵活性与适应性,以应对人口和教育需求的不断变化,实现教育资源配置的最优化。

5.4.2 优化配置方案

基于 5.4.1 节的仿真结论,我们通过调整资源投入速度的方式,给出各省在 2013~2022 年的小学教师资源配置虚拟优化方案,并与实际配置数据进行对比,主要对比的指标包括:教师投入的成本、师生比水平。

为了简化分析,在虚拟优化方案中,我们假定所有教职工数较上年增加的年份都减少 50%的增加量,教职工数较上年减少的年份则不做处理,虽然这样忽略了教师退休、离职等折旧因素的影响,但也能在一定程度上降低投入的速度。如表 5-11 所示,我们给出了虚拟优化方案实施后,各省区市 2013~2022 年教职工数年均优化幅度(每年减少的教职工数占当年教职工数比例的平均值),以及师生比变化情况。从表 5-11 中的数据来看,由于本身教职工数和师生比参数的关联性很强,因此教职工数年均降幅和师生比年均升幅基本是正相关的。

表 5-11 优化配置方案(投入速度 1/2)

省区市	教职工数 年均优化幅度	实际 年均师生比	优化后 年均师生比	师生比 年均升幅
北京	0.89%	0.0669	0.0662	1.01%
天津	0.87%	0.0693	0.0687	0.88%
河北	1.23%	0.0588	0.0581	1.25%
山西	0.22%	0.0752	0.0750	0.22%
内蒙古	0.14%	0.0878	0.0876	0.15%
辽宁	0.17%	0.0662	0.0661	0.17%
吉林	0.01%	0.0899	0.0899	0.01%
黑龙江	0	0.0827	0.0827	0
上海	0.72%	0.0638	0.0634	0.73%
江苏	1.43%	0.0542	0.0534	1.46%
浙江	0.87%	0.0519	0.0514	0.88%
安徽	0.43%	0.0513	0.0511	0.44%
福建	1.26%	0.0554	0.0546	1.30%
江西	0.46%	0.0500	0.0498	0.47%
山东	0.40%	0.0556	0.0554	0.41%
河南	0.80%	0.0542	0.0537	0.80%
湖北	0.53%	0.0558	0.0555	0.54%
湖南	0.88%	0.0476	0.0472	0.90%

续表

省区市	教职工数 年均优化幅度	实际 年均师生比	优化后 年均师生比	师生比 年均升幅
广东	1.06%	0.0481	0.0476	1.09%
广西	1.61%	0.0553	0.0544	1.62%
海南	0.68%	0.0583	0.0579	0.71%
重庆	0.86%	0.0608	0.0603	0.85%
四川	0.82%	0.0506	0.0502	0.80%
贵州	0.88%	0.0561	0.0556	0.88%
云南	0.26%	0.0604	0.0602	0.26%
西藏	1.60%	0.0681	0.0670	1.62%
陕西	0.78%	0.0637	0.0631	0.84%
甘肃	0.29%	0.0707	0.0705	0.30%
青海	1.52%	0.0506	0.0498	1.53%
宁夏	0.42%	0.0555	0.0553	0.42%
新疆	1.65%	0.0605	0.0595	1.66%

图 5-37 中的数据展示了实施虚拟优化配置方案后教职工数年均优化幅度和优化后年均师生比的散点图，右下角代表教职工数年均降幅更高，同时优化后的

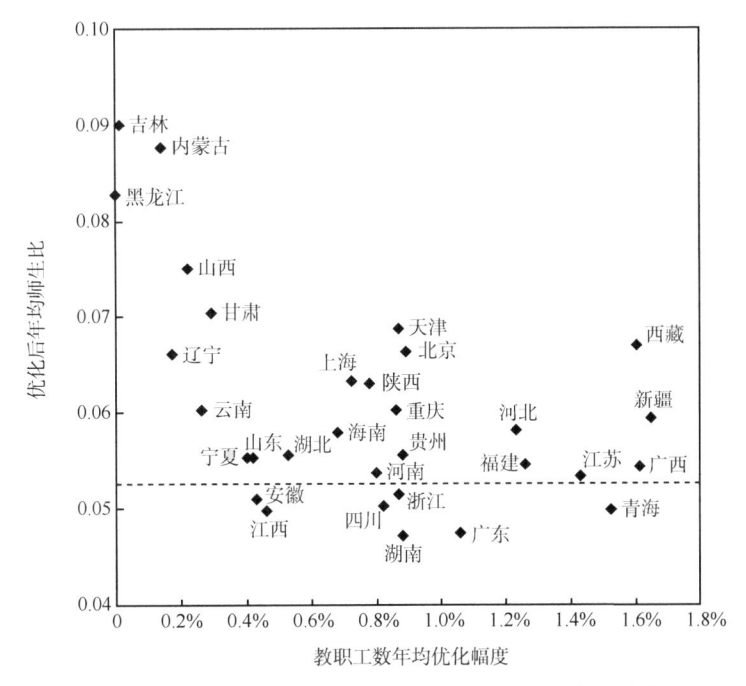

图 5-37 教职工数年均优化幅度与优化后年均师生比散点图

生师比也更高。由于无法准确掌握各省的教师资源配置目标，因此我们很难直接通过散点图给出每个省份的优化效果是好还是坏。

从师生比变化的角度看，对于理想师生比水平的选择是一种包含主观成分的价值判断，每个省份的目标师生比存在差异，如果我们把图中虚线代表的国家教职工编制标准（小学：1/19）作为配置的底线，那么可以确定的是，湖南、江西、安徽、广东、四川、浙江、青海这七省师生比水平情况变得更差了。但如果将判断的时间尺度放大，考虑即将面临的学龄人口下降趋势，这些地区的情况师生比会自然上升，同时也不容易出现资源闲置的情况。如果把 1/19 作为各省配置目标，那么在实施虚拟优化配置方案以后，除了黑龙江和吉林之外所有地区的无论是 2013～2022 年的资源闲置程度还是未来的资源闲置风险都将有所改善。从教职工数降幅角度看，由于方案是通过减少资源的投入速度的方式，因此教育需求增加地区的调整效果应该会更明显，因为教育需求增加的地区更倾向于增加资源的投入，且需求增加的速度越快，投入量也相应越多。为此我们给出了优化后教职工数年均优化幅度与小学在校生数年均增速散点图，如图 5-38 所示，整体呈现出一定的线性关系，新疆、福建、江苏等小学在校生数上升速度较大的地区，教职工数年均降幅也相对较高，而辽宁、山西、内蒙古等小学在校生数上升幅度较低，甚至减少的地区，教职工数年均降幅也很低。

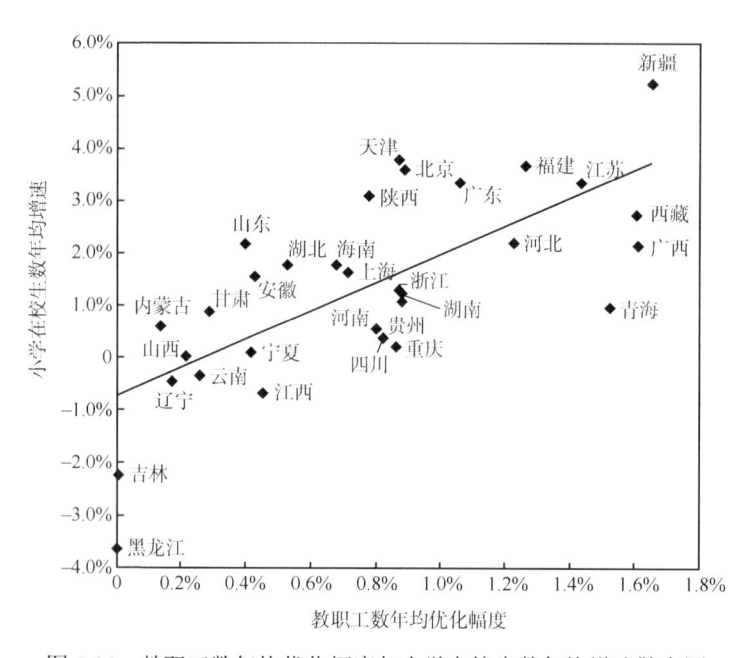

图 5-38　教职工数年均优化幅度与小学在校生数年均增速散点图

同时，我们能看到一些有意思的地区对比，如广西和山东，两省区的教育需求变化趋势（图 5-39）和增速几乎一样，但是在虚拟优化方案下广西教职工降幅是山东 4 倍多。而且优化后广西和山东的平均师生比也基本都处于略高于 1/19 的水平。从优化幅度看，广西明显高于山东。

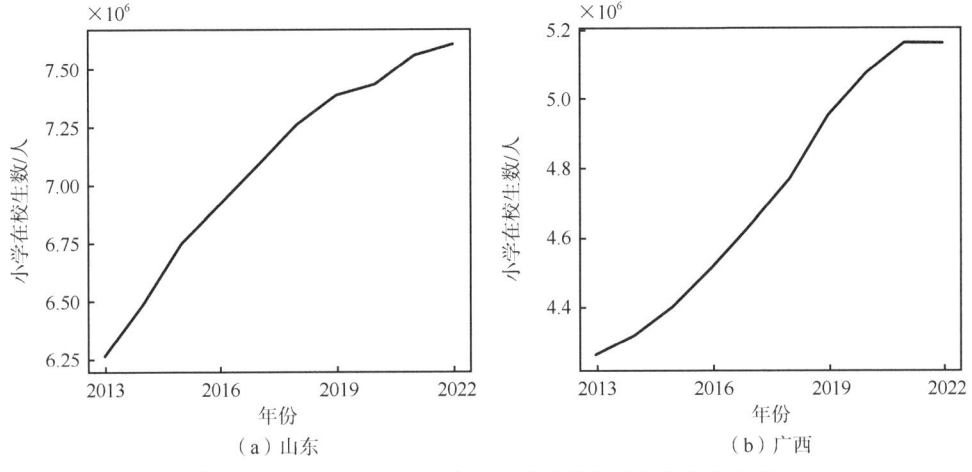

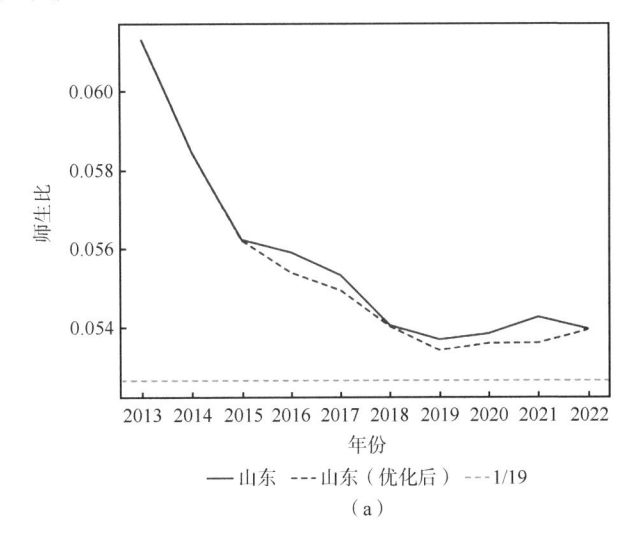

图 5-39　2013~2022 山东、广西小学在校生数变化趋势

这在一定程度上反映了该地区实际配置效果不理想，从两省区师生比的变化趋势来看（图 5-40），如果以 1/19 的标准作为配置目标来判断，山东的资源配置策略更符合理论模型的最优师生比路径，而广西投入策略不仅造成了 2013~2022 年的资源闲置，而且在未来学龄人口下降时期，资源闲置的压力会进一步加大，所以从数据来看，对于贴近理论模型最优投入策略的省份（山东），优化方案的实施会带来相对较小的改变，而对于那些偏离最优投入策略的省份（广西）会带来更多的改变。这在一定程度上反映了优化方案和理论模型给出的资源投入原则是一致的。

（a）

(b)

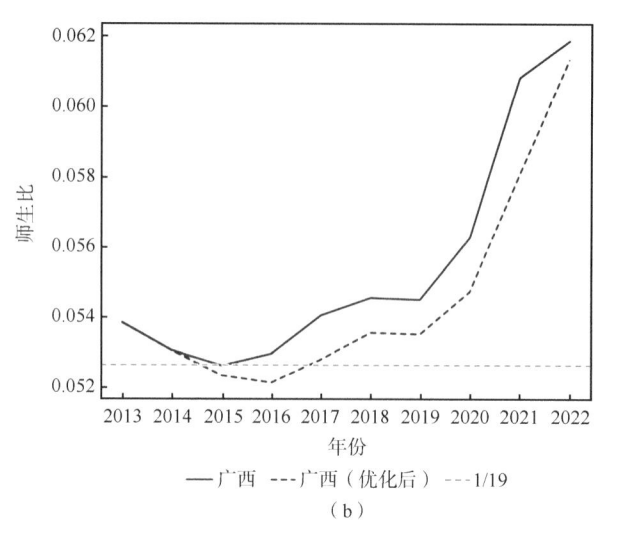

图 5-40 2013~2022 山东、广西小学师生比变化趋势

但如果山东和广西的资源配置目标不一致，广西追求更高的配置标准，那么当前的优化方案并不一定适合广西的实际情况，因为广西有可能处在教育规模的扩张期，此时恰恰需要增加资源的投入。从实际数据看，广西 2013~2022 年小学校均规模为 500 人左右，低于山东的 700 人，符合广西乡村小学占比高、分散的实际情况，通过 3.3 节对于理想标准的讨论可以知道，学校规模和班级规模都会对师生比理想配置标准产生影响。学校和班级规模越小，同样的课程设置下会要求更高的师生比配置。为了保证教学质量，广西有追求更高师生比配置的动机。

对于北京、天津这一类师生比本身就很高的地区，资源投入的减少带来师生比的下降，对其人口上升期的影响相对较小，而且能够降低未来人口下降时期的资源闲置。

综合来看，一方面，虚拟优化配置方案的配置效果能够在一定程度上反映地区实际配置策略的优劣，但如果要准确评估地区配置策略的好坏需要基于对地区配置目标的理解以及规划时间尺度的选择，从过去十年看，学龄人口整体上升，教育需求规模处于快速扩张阶段，过度地减少投入可能会影响部分地区的办学质量；但放宽时间尺度，从未来学龄人口快速下降的趋势看，资源闲置的压力会改变不同地区虚拟优化配置方案的实际效果。另一方面，降低资源投入速度的方法，的确可能以牺牲一定的办学标准，来提高资源的利用效率，包括减少资源投入所节约的成本以及降低资源闲置的程度。

虽然虚拟优化配置方案提供了理论上的指导和模拟结果，但实际操作中的复杂性不容忽视。每个地区的具体情况可能因其社会经济条件、人口结构和教育政策的不同而有差异。因此，决策部门在应用这些方案时，需要基于对区域内教育需求变化的深刻理解和准确预测,确保教育资源配置既能满足当前需求,又能适应未来变化。

5.5 政策建议和工具

总结理论模型和实证分析的结论,针对现实中基础教育资源配置的优化,我们给出了如下政策建议。

5.5.1 保障政策的连贯性是优化教育资源配置的前提

本书提出的教育资源配置优化方案是涵盖某一时间跨度的配置计划,强调策略在时间尺度上的连贯性。在整体教育资源配置效率最大化的目标下,某些区域可能需要在短期内承受教育需求满足程度的压力。此外,主管部门负责人的换届等因素可能会导致短期目标与长期目标的冲突,从而影响整体配置计划的实施和优化效果。具体来看:

(1) 时间尺度的连贯性与策略一致性。优化教育资源配置需要考虑不同时间尺度的需求,这不仅包括当前的教育需求,还包括未来的发展趋势。短期内可能会出现资源紧张的情况,但为了实现长期的优化目标,必须在策略上保持连贯性和一致性。只有这样,才能在更长的时间内实现教育资源的最优配置,提升整体教育质量和公平性。

(2) 短期目标与长期目标的冲突。在实施教育资源优化方案时,区域可能会面临短期内无法完全满足教育需求的情况。这种压力可能源于人口增长速度、经济条件限制等客观因素。同时,主管部门负责人的换届也可能带来挑战,新任领导可能会有不同于往届的政策倾向和优先事项,导致短期目标与长期目标产生冲突,使得整体配置计划难以顺利推进。

为了确保教育资源配置策略在不同时期的协同,体制机制上的改革显得尤为必要。这可能包括:制订详细的长远发展规划,明确短期和长期目标的衔接原则,确保教育资源配置的连贯性;建立跨部门协作机制,增强教育部门与其他相关部门之间的协作,确保政策执行的一致性和有效性;建立独立的监督和评估机制,对教育资源配置的执行情况进行定期评估,将执行情况纳入对当届主管部门人员的绩效考核中,确保各项策略能够有效落实。

5.5.2 提升教育需求预测的精确度是优化教育资源配置的基础

提升教育需求预测的精确度对教育资源的优化配置具有重要意义。通过在时间和空间两个层面提升预测精度，教育部门可以制定更加前瞻和灵活的资源配置策略，确保资源的高效利用和教育的公平性。精确的教育需求预测不仅有助于当前的资源配置，更能为长远的教育发展奠定坚实的基础。教育需求精确度的提升依赖于人口预测技术的进步，这不仅涵盖区域人口的自然增长，还包括人口在区域间的流动等多方面因素。精确度的提升包含了时间和空间两个层面。

（1）从时间尺度来看，预测的时间跨度越长，主管部门在制定教育资源配置策略时的前瞻性就越强。长期的预测使得策略之间的衔接更加顺畅和灵活，从而在整个配置周期内实现更高的资源配置效率。具体表现为：①长期规划的制订。准确的长期预测可以为教育部门提供可靠的数据支持，从而制订出切实可行的长期规划，确保教育资源的合理分配。②政策的持续性和稳定性。长时间尺度的预测能够帮助政府和教育机构保持政策的连续性，减少因频繁调整政策带来的不确定性。

（2）从空间尺度来看，越精细化的教育需求预测数据越能够使资源配置策略更具针对性，适应不同地区的实际需求。这包括：①地区差异的考量。精确的区域人口预测可以根据不同地区的人口增长情况，制定更具针对性的入学政策、学区划分和课程设置方案。②促进教育公平。针对特定地区和群体的需求进行调整，确保每个地区的教育资源配置都能满足实际需求，有助于促进教育公平，缩小地区间的教育差距。

为了实现时间和空间两个层面的精确度提升，教育部门需要进一步推进信息化建设，利用大数据和先进的分析技术，收集和分析区域人口动态数据，包括出生率、迁徙率等，提供精准的预测基础；打破数据壁垒，加强区域之间、部门之间的合作与交流，分享预测数据和资源配置经验，促进各地区教育资源的均衡发展。

5.5.3 科学合理的央地责权分配体系是优化教育资源配置的制度保障

在既有的教育资源配置权的分配格局中，中央政府、省级政府和县级政府的权属关系相互交叉，导致权力关系边界模糊，权力嵌套形成配置约束。在教育资源调配上，中央政府理论上可以调动各级政府的资源，但由于管理层级和管理方式等原因，调动县级政府的资源会出现诸多困难；在实际的配置过程中，中央政府因存在信息距离导致可能出现回应滞后和供需错位的问题，县级政府能够敏锐察觉到变化，但却又因缺乏资源条件或受到政策限制，而无法及时回应和调整。

因此配置权力的下沉能在一定程度上改善这样的局面,让中央政府更多地掌握宏观调控和监督的权力,省级政府掌握中观的统筹和协调的权力,微观层面的具体配置决策更多地掌握在县级政府手中。通过这种调整,中央政府和地方政府可以在各自层面上及时感知教育需求的变化,迅速进行教育资源的规划和配置,从而高效构建教育资源格局。优化央地关系可以减轻各级政府在资源配置上的压力,通过宏观调控和政策指导,提供方向性支持;地方政府在实际操作中,可以根据地方特点和需求进行精细化管理,避免"一刀切"式的资源配置模式,提高资源使用效率。

5.5.4　系统把握区域的资源配置现状是优化教育资源配置的重点

对症下药的前提是对病人的身体状况有准确的了解。同样,教育资源配置是一个关联多个系统的复杂性问题,要求对实际情况有全面和精确的了解。这包括地区教育资源配置的现状,以及经济、地理、文化等可能对教育资源配置产生影响的多种关联因素。

(1)建立动态监测评估机制。为确保教育资源配置的准确性和有效性,可以利用信息化技术建立动态的监测评估机制。这些机制应涵盖以下重点指标。①区域教育资源的承载能力:了解地区教育资源存量所能支撑的教育需求规模,确保对当前的实际需求与实际供给之间的格局有准确的定位。②资源供给能力:包括财政投入能力、资源调配效率等,确保教育资源能够及时供给和合理分配。③资源状态:对现有教育资源的状态进行定期评估,包括设备的完好程度、教室的折旧情况、教师队伍的年龄结构、工作状态等。

(2)不同类型教育资源关注的重点不同。同样的指标在不同类型的教育资源配置过程中需要考虑的因素有所不同。例如:对于教师资源的投入能力不仅要考察财政投入能力,也要考虑现有的编制制度,以及对教师的招聘和配置效率的影响;此外,区域人才吸引力,包括生活条件、职业发展前景等,直接影响教师的流动和稳定性;教师年龄结构直接决定整体教师资源的自然流失情况,关注教师的退休、转岗等流失情况对于整体资源配置能力的评估是不可或缺的;对于教学用地的投入则需要充分考虑其商品属性,将其融入城市的总体规划,确保教育设施与城市发展协调一致。

5.5.5　区域之间的协同规划是优化教育资源配置的增长点

不同地区在教育资源的供需上存在显著差异,一些地区的教育资源可能相对充足,但需求不足;而另一些地区则可能面临资源短缺但需求旺盛的情况。这种供需格局的多样化为区域联合规划提供了可能,尤其是地理和文化背景接近的区域，它们之间教育资源的互补性和教育规划协同效应更强，对这些地区进行联合规划更具可行性和有效性。通过发挥区域间供需互补的优势，建立紧密的合作关系，可以提升教育资源的配置效率，实现"1+1＞2"的效果。这可能需要建立区域主管部门之间的协调机制，发挥区域所在上级政府的协调和统筹作用，整合各地区的教育资源，制订统一的规划和政策，促进资源共享和互补。此外，地区之间也可以通过区域间合作，共享优质教育设施和师资力量，提高整体教育质量。例如，设立区域联合学校、共享实验室、图书馆等设施；实施联合培训和交流计划，组织教师和学生的跨区域培训和交流，促进教育资源和经验的互通，提升整体教育水平。通过区域之间的协同规划，可以将多个小区域融合成一个大的规划区域，在一定程度上能减小小区域的极端需求变化对教育资源配置的冲击，提升整体大区域的教育资源配置状态的稳定性。

5.5.6 不同供需格局下的政策工具

针对本书给出的各种情境，我们归纳总结成了几种供需格局，并针对性地给出了一些政策工具，如表 5-12 所示。

表 5-12 典型的教育资源供需格局及其对应的政策工具

供需格局	区域类型	政策工具
格局1：教育需求持续上升，区域初始生均资源紧张，且投入能力无法满足需求增长	出生率较高，教育资源基础薄弱，经济水平相对落后的边远地区，这类地区主要需要解决的是财政导致的资源投入能力不足问题	1. 加大教育拨款力度：通过中央或省级政府增加对该地区的教育经费投入，确保学校有足够的资金来改善基础设施和资源配置。 2. 设立专项扶持资金：如专门针对财政困难地区的"教育帮扶金"，用于修建学校、更新教学设备、改善教学环境等。 3. 企业捐赠与教育基金会：通过税收优惠等政策鼓励企业捐赠和建立教育基金会，用于支持困难学生、改善学校设施等。 4. 提高教师待遇：通过提高工资待遇、提供住房补贴等方式，吸引和留住优秀教师。 5. 教师下乡支教计划：鼓励城市学校的优秀教师到农村或薄弱地区支教，提供相应的激励和保障措施，如晋升机会、工作津贴等。 6. 教师培训与发展：为当地教师提供免费或低成本的继续教育和职业发展培训，提升其教学能力和水平。 7. 加强教育管理：通过优化教育管理机制，提升校长和教育管理者的决策能力，确保教育资源的有效利用。 8. 推进信息化教育：建设数字校园，引入互联网教学资源，缩小城乡之间的教育资源差距。可以通过建设"智慧教室"、推广"在线学习平台"等方式，让学生接触到优质的数字化教学资源。 9. 区域教育对口支援：建立发达地区与薄弱地区的教育对口支援关系，通过派遣优秀管理者和教师等方式，提升该地区的教育质量。 10. 资源共享计划：建立跨区域的教育资源共享平台，发达地区可以通过远程教育、资源共享平台等方式，将优质课程和教学资源向薄弱地区开放

续表

供需格局	区域类型	政策工具
格局1：教育需求持续上升，区域初始生均资源紧张，且投入能力无法满足需求增长	外来人口流入导致人口密度较高的经济水平相对发达的地区，这类地区往往需要解决的是城市空间限制以及编制等制度产生的教师配额限制问题	1. 放开教师编制限制，推行聘用制。 2. 优化班级规模：合理调整班级规模，避免过度拥挤，同时确保教师和教学资源的合理配置，避免资源浪费。 3. 建立跨校区合作机制：在同一地区内的学校之间建立资源共享和合作机制，促进教师、课程和设施的共享，平衡各校的教育资源分配，例如教师轮岗制度。 4. 增加多功能教学空间：利用灵活的教学空间设计，如共享教室、移动教室等，提升教育设施的使用效率，缓解空间不足的问题。 5. 推动"智慧校园"建设：在学校内引入智能化管理和教学系统，利用大数据分析优化资源分配和使用。 6. 发展线上教育资源：通过在线课程、虚拟课堂等方式，分流一部分教育需求，减少对物理空间和师资的压力，同时确保教育质量不下降。 7. 社区教育中心：在社区内设立教育中心，为兴趣班等提供场地和资源，缓解学校资源紧张的问题
格局2：教育需求持续下降，资源的折旧比例无法抵消需求下降带来的资源闲置	出生率下降或者人口持续流出的区域，典型的如东北地区以及大部分农村地区，这类地区需要关注资源利用效率的问题	1. 合并和整合学校：对于学生人数减少的地区，可以合并或整合现有学校，优化资源配置，避免资源浪费，但必须确保学生就学的配套措施完善。 2. 设置小规模学校补贴：对于那些因地理或交通原因无法合并的学校，可以设立专门的补贴政策，确保这些小规模学校能够继续运作并提供基本的教育服务。 3. 推行小班化教学：在学生数量减少的学校推行小班化教学，降低班级人数，使教师能够更好地关注每位学生的学习和成长需求。 4. 鼓励教师提前退休：为应对生源减少带来的教师资源过剩问题，可以推出鼓励性政策，支持符合条件的教师提前退休。 5. 鼓励教师多元化发展：在教师数量过剩的情况下，支持教师进行多元化发展，如从事科研、社区服务等。为有意愿转型的教师提供再教育和技能培训，帮助他们向其他领域发展。 6. 推动教师区域流动：在教师数量过剩的情况下，可以通过区域流动政策，将富余教师调配到其他需求较高的地区或学校，建立跨区调动机制，发放流动教师补贴。 7. 发展职业教育与成人教育：针对农村地区或人口减少的区域，发展职业教育和成人教育，帮助当地居民提升技能，增强就业能力。利用学校的闲置资源，开设适应当地经济需求的职业培训班，促进劳动力转型。结合农村地区的实际情况，推动电商与创业教育，培养当地创业人才
格局3：教育需求先升后降，地区初始生均资源紧张	短期出生率维持较高水平但人口持续流出，教育资源基础薄弱，经济发展水平相对落后的区域，这类地区要把握好短期投入和长期效率的权衡	1. 参照格局1中关于加大教育资源投入的政策。 2. 实施弹性学制：允许学校根据学生人数的变化灵活调整学期安排、班级编制等，以应对生源变化，如在学生人数减少时，推行双轨制教学[1]。 3. 合理增大班额：在短期内通过增加班级人数的方式来应对学生数量的上升，避免在短期需求高峰期大规模投入新建或扩建学校，导致长期资源闲置。可以通过优化课堂管理、加强班级辅导来保证教育质量。 4. 阶梯式班额调整：设置一个灵活的班额上限，根据实际需求情况逐步调整班级规模，确保短期需求高峰期有足够的应对能力，并在需求下降时迅速调整班级规模以恢复正常水平。

续表

供需格局	区域类型	政策工具
格局3：教育需求先升后降，地区初始生均资源紧张	短期出生率维持较高水平但人口持续流出，教育资源基础薄弱，经济发展水平相对落后的区域，这类地区要把握好短期投入和长期效率的权衡	5. 临时扩展教学设施：利用现有学校的空闲教室或其他公共设施（如社区中心、活动室），将其作为临时教学空间，缓解短期内的空间压力，避免大规模建设新的教育设施。 6. 多功能教室利用：通过多功能教室的灵活使用，如在白天将教室用于教学，晚上或周末用于社区活动、成人教育等，最大化利用教育资源。 7. 动态监测与调整：建立教育需求的动态监测机制，根据人口流动和出生率的变化，及时调整教育资源配置和班级规模，确保政策的灵活性和适应性。 8. 在线课程与虚拟课堂：通过开发和推广在线课程与虚拟课堂，缓解物理教室的压力。学生可以通过在线平台参与课程学习，教师可以利用虚拟课堂进行实时互动教学，减小短期内对实际课堂空间和教师资源的需求压力
格局4：教育需求先升后降，初始生均资源充裕	短期人口持续流入但出生率持续下降，教育资源丰富，经济发展水平较高的区域，这类地区应更多关注配置的灵活度	1. 动态规划与分阶段实施：在进行教育资源配置时，应采用动态规划的方法，根据人口流入和出生率变化分阶段进行资源投入。短期内可充分利用现有资源，通过灵活调配师资、设施等，确保能够应对临时性需求高峰。 2. 设立灵活使用的教育基金：设立专门的教育基金，以应对短期需求高峰。该基金可以在需求增加时快速动用，用于临时增聘教师、扩展设施等，同时也可在需求下降时收回或转用于其他教育领域。 3. 灵活调整班级规模：根据学生人数的变化，灵活调整班级规模，确保在需求高峰期有效利用现有资源，而在需求下降时能够迅速调整，避免长期资源浪费。 4. 多功能教育设施建设：在建设新设施时，考虑其多功能性和灵活性，使其在需求减少时可以转换为其他用途，如社区中心、培训中心等，保证资源的长期效益。 5. 推广个性化学习计划：利用现代化教育技术，推广个性化学习计划，确保学生在需求高峰期依然能够得到高质量的教育，同时为将来需求下降时的资源优化做好准备。 6. 智能化教育管理系统：引入智能化教育管理系统，通过数据分析和人工智能技术优化教育资源配置和管理，提高教育资源利用率，增强学校对需求变化的应对能力。 7. 促进产业与教育协同发展：结合区域经济发展趋势，引导教育资源与产业需求协调发展。例如，在吸引高端产业的同时，发展相应的职业教育和高等教育，吸引人才及其家庭长期定居，稳定教育需求。 8. 促进教育资源的跨部门整合：探索教育资源与其他公共服务资源（如文化、体育、健康等）的整合使用，提升资源的整体利用效率，减少未来资源闲置的风险。 9. 引导社会资本投资教育：通过政策鼓励社会资本参与教育领域的投资和创新，如设立教育基金、合作办学等，利用社会力量补充公共教育资源，灵活应对需求变化。 10. 社区与企业合作：鼓励学校与社区、企业合作，开发短期项目或课程，利用现有资源为社区和企业提供服务，同时减少因需求变化带来的资源浪费

1）双轨制教学，例如，普通教学与特殊教学并行：针对特定需求的学生（如学业困难的学生或有特殊天赋的学生）开设不同的教学轨道。这些学生可以在特定的课程或时间段，接受针对他们需求的教学，以保证所有学生都能得到合适的教育资源和关注。线上与线下教学并行：学校同时提供线上教学和线下教学两种模式，让部分学生通过在线学习完成课程，减少对教室和教师资源的依赖，而其他学生则继续在线下课堂中学习。这种方式可以有效缓解学位紧张、班级过度拥挤等问题。年级交叉的教学模式：对不同年级的学生在某些课程或科目中进行混合教学，特别是在学生人数较少或师资有限的情况下

5.6 本章小结

本章我们基于 2013～2022 年 31 个省区市小学阶段的在校生数据,对应第 4 章的模型分类进行了实证数据分析,验证模型有效性的同时,分析了不同的人口变化模式,以及教师资源配置需要重点关注的变量。在此基础上,本章建立了动力学仿真模型,提出了将理论模型的结论应用到实践的可行性方案,并基于各省的实际配置策略建立了虚拟优化方案,结合模型结论,评估了各省虚拟优化方案配置及其实际教师资源配置策略的效果,并给出政策建议。得到的结论如下。

第一,各省教师资源配置相关的参数条件与其最终资源配置效果之间的关联在一定程度上符合模型给出的情境分析结论。了解地区的教育资源配置的供需格局是实现教育资源配置优化的前提,包括对于教育需求变化以及地区的资源配置现状和供给能力的评估预测,需要综合考虑人口系统、教育系统、社会经济系统之间的关联。在教育需求上升时期,初始投入能力及投入能力成长性是需要重点关注的变量;在教育需求下降时期,存量资源的折旧因素和需求变化速度之间的关系是配置的重点;而综合考虑上升期和下降期的整体规划时,要注意变量在不同时期对资源配置影响的变化,例如,人口变化速率过快,在上升期间会增加教师资源配置的压力,而在下降期间又可能增大教师资源闲置的程度;教师自然减员率过大在前期可能会增加资源的投入压力,但是在后期可以缓解教师资源的闲置程度,此时科学的配置策略需要权衡前期投入压力和后期资源闲置的综合效用。

第二,系统动力学软件 Vensim 构建的区域义务教育资源配置动力学模型,首先,通过引入"资源投入速度"找到了理论思想转化为实际应用的路径,这一设置允许模型捕捉到政策变化或外部条件变动对资源配置速度的影响,从而预测不同政策选择下教育资源配置的变化趋势。其次,模型设置了"最低生均资源标准"作为一个重要的控制变量,这一标准旨在保证即使在资源紧缩的情况下,也能满足基本的教育质量和教育公平的要求。这不仅体现了教育资源配置的公平性原则,也为政策制定者提供了一个关注教育质量底线的具体参考点。通过对这两个参数的调整,仿真模型不仅重现了理论模型的结果,还进一步拓展了模型的应用范围和实用性。

第三,我们给出的虚拟优化配置方案,在一定程度上能够给地区的教师资源配置效果带来有益的改变,但是具体的效果,需要地区结合自身的配置目标进行评估。决策部门在应用这些方案时,需要基于对区域内教育需求变化的深刻理解和准确预测,确保资源配置既能满足当前需求,又能适应未来变化。

第四,我们从配置政策连贯性、教育需求预测、责权分配体系、配置现状监测以及区域联合规划的角度对教育资源配置的优化给出了政策建议,并针对典型的教育供需格局给出了对应的政策工具。

第6章 结论与展望

本书以系统的视角审视当前的教育资源配置策略和目标，通过模型构建和情境分析，为教育资源配置问题提供了新的理论视角和解决方案。研究聚焦于根据教育需求变化动态调整教育资源配置，特别关注基础教育需求，这类需求对人口变化较为敏感。综合应用人口预测、最优控制、系统动力学等方法，通过构建理论模型，从整体角度、动态视角剖析人口变化作为关键要素对教育资源配置的影响。重点探讨了教师资源在不同学龄人口变化模式下的最优配置策略，并结合现实案例和政策对不同情境下的结果进行了解读，解决一些实际问题。对于相关领域的理论研究和管理实践都有一定的支撑。具体包含以下几部分工作。

第一，我们首先对教育资源配置相关的背景因素进行了梳理，从人口、教育、社会经济等系统的一些重要指标出发，结合已有研究的一些数据，分析了未来总人口和学龄人口的变动模式、不同类别教育资源的特点、当前教育资源配置的现状以及相关政策工具。通过对不同人口变化模式的深入分析，本书揭示了人口结构变化对教育资源需求的深刻影响。研究发现从不同时间和空间尺度看，总人口和学龄人口主要呈现三种变动模型，即上升趋势、下降趋势、先升后降，当前大部分地区都处在人口由升转降的临界点，地域之间的人口变化模式存在差异，这对教育资源的配置提出了更为复杂和多元化的挑战。通过讨论教师资源和教学用地的流动性与调整成本问题，提出了资源配置的多样性需求和优化方向，也为后续讨论不同资源的调控手段提供了基础。通过对当前教育资源配置的现状进行系统的分析，识别了地域间差异、城乡结构的分化以及人口与经济条件的影响因素。这些分析为制定更加精准和有效的教育资源配置政策提供了科学依据。

第二，在背景分析的基础上，我们建立了相对合理的模型假定，提出了资源配置最优控制基础模型，并在不同人口变化情境下，针对各类教育资源展开了详细的讨论，尽管参数讨论过程很复杂，但是我们的模型给出的最优配置目标和相应控制手段都相对简洁。其中对于最优配置目标的讨论，我们认为存在使得教育质量最优的理想资源配置标准，而我们考虑资源调整成本时，最优的生均资源配置目标应该低于理想标准，具体低多少，取决于决策部门对于资源利用效率和教育质量保障的偏好，以及地区实际情况的客观影响。当生均教育资源低于模型给出的最优配置目标时，我们的最优策略应该是以最大的投入能力来提升生均教育资源水平；高于模型给出的最优配置目标时，我们应当减少教育资源的投入；等于模型给出的最优配置目标时，我们只需要保持已有水平即可。对应到现实教育规划中的情况，我们可以理解为，在教育需要快速扩张的时期我们最优的决策是尽最大能力提供教育资源；而在教育需求回落时期，最优的决策是维持现状或主动减少存量；在教育需求的平稳发展时期，最优决策是动态监测、适时增减。最优解对应的最优生均资源水平是模型中决策部门的核心关注点，包含决策部门对于这段时间内满足教育需求以及避免人口波动带来资源浪费的考量，这个解是低于理想生均资源标准的，这在学龄人口波动期的重要性尤为显著，它可以减少资源的闲置。

第三，在对教师资源配置的讨论过程中，我们给出了十多种情境下的最优配置方案，并结合实际的案例和场景，讨论了不同的人口变化时期，不同地区应对人口对教育冲击时所采用策略的背后的机制；探索了教师退出机制对于打破编制对教师配置灵活性限制的意义；分析"教育移民潮"对城乡资源配置的影响；讨论了"县管校聘"对提升县域整体资源利用效率的重要意义；分析了东北地区人口的持续流出对于教育资源配置的长远影响；探讨了国家对西部等偏远地区的政策扶持对其资源投入能力成长性的意义；等等。

第四，我们基于2013~2022年31个省区市小学阶段的在校生数据对模型进行了实证分析，验证模型有效性的同时，分析了不同教育需求变动模式下，教育资源配置关注的重点。了解地区的教育资源配置的供需格局是实现教育资源配置优化的前提，包括对于教育需求变化以及地区的资源配置现状和供给能力的评估预测，这需要综合考虑人口系统、教育系统、社会经济系统之间的关联。在教育需求上升时期，初始投入能力及投入能力成长性是需要重点关注的变量；在教育需求下降时期，存量资源的折旧因素和需求变化速度之间的关系是决定配置策略的重点；而波动时期的规划问题等效于上升和下降期的联合规划问题，需要关注变量在不同时期对资源配置影响的变化，例如：人口变化速率过快，在上升时期会增加资源配置的压力，而在下降期间又可能增大资源闲置的程度；折旧率过大，在前期可能会增加资源的投入压力，但是在后期可以缓解资源的闲置程度，此时科学的配置策略需要权衡前期投入压力和后期资源闲置的综合效用。

第五，我们通过建立系统动力学仿真模型，一方面很好地复现了理论模型中各种参数下对应的最优轨迹图，在一定程度上验证了理论的准确性，同时也为模型中无法给出解析解的部分提供了分析工具。另一方面，通过加入资源投入速度和最低生均资源标准两个参数，在满足基本的教育质量和教育公平要求的同时，实现了理论模型最优解在现实中的应用效果，进一步给出了虚拟的优化配置方案，对于2013~2022年31个省区市实际的教师资源配置策略进行了评估，拓展了研究理念的应用范围和实用性，同时我们根据结论给出了政策建议和几种典型情境下的政策工具。

尽管本书在理论建模和政策建议方面取得了一些成果，但仍存在诸多的不足和可以改进的地方。首先，从模型看，决策部门效用函数的设定和教师资源配置优化模型的实用性需要进一步的实地调研和进行数据验证。其次，对于教学用地和教育经费的讨论较为简单，未来研究需要更加深入地探讨不同资源类型之间的关联性和配置策略的综合性。进一步，对于模型结论的挖掘还有待加深，尤其是在不同情境之间关联的讨论上。最后，从系统动力学仿真模型的应用来看，研究结论对于教育资源规划决策还是有一定的现实意义的，未来在这方面可以做一些软件应用的开发。总之，本书通过创新的模型构建和全面的政策分析，为教育资源配置问题提供了新的视角和解决方案。未来的研究需要在实证验证、模型优化和政策实施方面进行更深入的探讨，以实现更高效、更公平的教育资源配置。

参 考 文 献

[1] 吴瑞君, 尹星星, 张美丽. 教育强国建设目标下统筹优化国家及省域师资配置[J]. 教育研究, 2023, 44(9): 12-21.

[2] 尚伟伟, 郅庭瑾. 人口变动与教育资源优化配置：中国教育发展论坛 2019 综述[J]. 清华大学教育研究, 2019, 40(3): 122-125.

[3] 联合国教科文组织. 教育规划[M]//赵中建. 全球教育发展的历史轨迹：国际教育大会 60 年建议书. 北京：教育科学出版社, 1999: 259-267.

[4] 曾晓东. 20 世纪 90 年代以来世界教育规划理论和实践的进展[J]. 辽宁教育研究, 2007, (10): 12-16.

[5] 郭勇. 我国教育规划研究综述[J]. 广东广播电视大学学报, 2011, 20(3): 76-81.

[6] 王善迈. 教育经济学简明教程[M]. 北京：高等教育出版社, 2000.

[7] 范先佐. 论教育资源的合理配置与教育体制改革的关系[J]. 教育与经济, 1997, (3): 7-15.

[8] 刘晖. 论高等教育资源的合理配置[J]. 教育研究, 1994, (12): 39-42.

[9] 韩宗礼. 试论教育资源的效率[J]. 河北大学学报(哲学社会科学版), 1982, (4): 60-70.

[10] 雷望红. 人口变化趋势下县域教育资源配置问题及调适方向[J]. 北京教育学院学报, 2024, 38(1): 8-15.

[11] 梁燕玲. 教育人口预测初探[J]. 广西师范大学学报(哲学社会科学版), 2000, (1): 48-51.

[12] 刘铮, 张象枢, 李健保, 等. 中国人口发展战略[M]. 太原：山西人民出版社, 1992.

[13] 梁中堂. 人口学[M]. 太原：山西人民出版社, 1983: 227.

[14] 石人炳. 我国人口变动对教育发展的影响及对策[J]. 人口研究, 2003, (1): 55-60.

[15] 吴莉. 人口压力下的教育困境[J]. 甘肃理论学刊, 1996, (2): 68-69.

[16] 叶澜. 教育概论[M]. 北京：人民教育出版社, 1991.

[17] 张广平, 高应举. 人口问题对宁夏教育发展影响的分析[J]. 宁夏教育, 2002, (4): 6-8, 5.

[18] 刘永良. 上海人口负增长与计划生育[M]. 上海：上海科学技术出版社, 1999.

[19] 石人炳. 日本少子化及其对教育的影响[J]. 人口学刊, 2005, (1): 46-50.

[20] 徐坚成. 我国不同地区未来学龄人口波动与基础教育发展[J]. 教育发展研究, 1999, (8): 25-30.

[21] 郭东阳. 学龄人口变动对义务教育资源配置的影响研究[D]. 长春：吉林大学, 2022.

[22] 乔锦钟. 教育如何应对人口之变?[J]. 中国新闻周刊, 2023, (7): 59-61.

[23] 彭虹斌. 教育与人口之关系新探[J]. 晋阳学刊, 2022, (3): 31-38.

[24] 史宏协. 论我国农村教育的有效供给[J]. 经济体制改革, 2005, (1): 80-83.

[25] 刘卓瑶, 马浚锋. 人口流动态势下区域高等教育资源配置对经济高质量发展的影响[J]. 教育研究, 2023, 44(12): 106-120.

[26] 刘国瑞. 东北高等教育的现实困境：演进、致因与思考[J]. 高等教育研究, 2021, 42(9): 5-16.

[27] 王洛忠, 徐敬杰, 闫倩倩. 流动人口随迁子女义务教育阶段就学政策研究: 基于18个城市政策文本的分析[J]. 学习与探索, 2020, (3): 23-31, 174.
[28] 崔惠玉, 郭曼曼, 李梦楚. 流动儿童义务教育财政问题研究[J]. 地方财政研究, 2020, (12): 44-54.
[29] 晏月平, 黄美璇, 郑伊然. 中国人口年龄结构变迁及趋势研究[J]. 东岳论丛, 2021, 42(1): 148-163.
[30] Cutler D M, Elmendorf D W, Zeckhauser R J. Demographic characteristics and the public bundle[J]. Public Finance=Finances Publiques, 1993, 48: 178-198.
[31] Poterba J M. Demographic change, intergenerational linkages, and public education[J]. The American Economic Review, 1998, 88(2): 315-320.
[32] 李玲, 周文龙, 钟秉林, 等. 2019—2035年我国城乡小学教育资源需求分析[J]. 中国教育学刊, 2019, (9): 58-64.
[33] Oloo F O. Projection of optimal allocation of educational resources in primary and secondary schools in Kenya during the period 2013-2030[D]. Maseno: Maseno University, 2017.
[34] 王彦军, 刘强. 日本人口少子化对学校教育经费影响的研究[J]. 现代日本经济, 2020, (5): 40-54.
[35] 孙长青, 王碧瑶. 高等教育结构、产业结构及就业结构的互动机制研究[J]. 河南社会科学, 2023, 31(10): 115-124.
[36] 马力, 张连城. 高等教育结构与产业结构、就业结构的关系[J]. 人口与经济, 2017, (2): 77-89.
[37] 岳昌君. 高等教育结构与产业结构的关系研究[J]. 中国高教研究, 2017, (7): 31-36.
[38] 黄维海, 陈娜, 张晓可. 教育扩展效应、人口结构效应与受教育平衡程度的波动: 新中国成立以来的受教育库兹涅茨曲线[J]. 清华大学教育研究, 2019, 40(4): 55-63, 112.
[39] 姜正国, 盛欣. 统筹城乡义务教育资源均衡配置路径的研究与探讨[J]. 基础教育参考, 2015, (2): 3-6.
[40] 翟博. 教育均衡发展: 理论、指标及测算方法[J]. 教育研究, 2006, (3): 16-28.
[41] 范国睿. 教育资源分布研究[J]. 上海高教研究, 1998, (3): 26-31.
[42] 戴胜利, 李霞, 王远伟. 高等教育资源配置能力综合评价研究: 以长江沿岸九省二市为例[J]. 教育发展研究, 2015, 35(9): 35-42.
[43] 张万红, 彭勃. 高等教育资源的分类及文化资源的培植[J]. 江苏高教, 2008, (2): 36-37.
[44] 曾小彬, 刘芳. 论高等教育资源的类别及其配置结构[J]. 天津师范大学学报(社会科学版), 2007, (4): 67-69.
[45] 王红. 论教育资源配置方式的基本内涵及决定因素[J]. 教育与经济, 1999, (2): 15-16.
[46] 康宁. 高等教育资源配置: 规律与变迁趋势: 学术、市场、政府在优化高等教育资源配置中制衡的约束条件[J]. 教育研究, 2004, (2): 3-9.
[47] 夏丽萍, 张志英. 我国高等教育资源配置主体系统的思考[J]. 西南民族大学学报(人文社科版), 2006, (1): 238-240.
[48] LaCost B Y, O'Connell P A, Grady M L, et al. Resource allocation[C]//Thomson S D. Principals for Our Changing Schools: The Knowledge and Skill Base. Fairfax: National Policy Board for Educational Administration, 1993: 13.1-13.22.

[49] Gu H Y, Ren L, Bo H. EMI teaching practice on computer networking course[EB/OL]. https://www.dpi-journals.com/index.php/dtssehs/article/view/27265[2024-08-24].

[50] 列文. 学校财政[M]//闵维方, 等. 教育经济学国际百科全书. 2版. 北京: 高等教育出版社, 2000: 530-539.

[51] 曾满超, 丁小浩. 效率、公平与充足: 中国义务教育财政改革[M]. 北京: 北京大学出版社, 2010: 12.

[52] 栗玉香. 教育财政学[M]. 北京: 经济科学出版社, 2009: 2.

[53] 贾云鹏, 彭锦, 刘青秀. 教育资源配置价值取向: 回顾、反思与重构[J]. 教育与经济, 2023, 39(4): 89-96.

[54] 赵垣可, 刘善槐. 新中国70年基础教育学校布局调整政策的演变逻辑: 基于1949—2019年国家政策文本的分析[J]. 教育与经济, 2019, (4): 3-11.

[55] 于永明. 浅论高等教育资源配置与使用[J]. 教育发展研究, 1999, (S1): 72-75.

[56] 盛梓靖, 佟婧. 近20年我国西部高等教育政策分析及优化研究: 基于政策工具理论视角[J]. 高等理科教育, 2024, (1): 65-74.

[57] 杜育红. 试析教育资源配置方式的转变[J]. 辽宁高等教育研究, 1997, (5): 33-36.

[58] 曹忠正, 陶美重. 建国以来我国高等教育资源配置方式比较分析[J]. 天中学刊, 2010, 25(3): 9-12.

[59] Liu Z T. The impact of China's educational institution reform on China's educational resource allocation and discipline structure[C]//Allen C, Hertz S, Greene W H, et al. Proceedings of the 2021 International Conference on Social Development and Media Communication (SDMC 2021). Sanya: Atlantis Press, 2022: 1338-1342.

[60] 胡阳光, 吴开俊. 户籍制度改革、流动人口集聚与义务教育资源配置: 基于东部十省市的实证研究[J]. 教育经济评论, 2023, 8(4): 3-24.

[61] 雷万鹏. 构建适应人口流动的教育资源配置机制[J]. 教育发展研究, 2020, 40(Z2): 3.

[62] 陶红, 杨东平, 张月清. 基于人口流动的义务教育资源配置[J]. 上海教育科研, 2010, (11): 4-7, 18.

[63] 吴瑞君, 王漪梦, 钟华. 上海外来常住学龄人口空间分布及其对教育资源配置的影响[J]. 统计科学与实践, 2012, (11): 21-23.

[64] 张宇. 多校划片政策对教育资源重新配置的思考: 基于效用曲线和定量分析[J]. 西部学刊, 2023, (18): 81-85.

[65] 高雅, 马运展, 何子明, 等. 乡村振兴视角下河南省基层教育资源的两极分化研究: 以兰考县葡萄架乡实证研究为例[J]. 教育教学论坛, 2021, (4): 14-17.

[66] 侯海波, 吴要武, 宋映泉. 低龄寄宿与农村小学生人力资本积累: 来自"撤点并校"的证据[J]. 中国农村经济, 2018, (7): 113-129.

[67] 陈纯槿, 郅庭瑾. 我国基础教育信息化均衡发展态势与走向[J]. 教育研究, 2018, 39(8): 129-140.

[68] 王伟萍. 信息化时代基础教育资源均衡配置研究[R]. 北京: 2022年第六届国际科技创新与教育发展学术会议, 2022.

[69] 洪秀敏, 罗丽. 公平视域下我国城乡学前教育发展差异分析[J]. 教育学报, 2012, 8(5): 73-81.

[70] 曹红峰. 资源配置视域下的高考移民现象探析[J]. 齐齐哈尔大学学报(哲学社会科学版), 2020, (2): 161-164.

[71] 梁文艳, 杜育红, 刘金娟. 人口变动与义务教育发展规划: 基于"单独二孩"政策实施后义务教育适龄人口规模的预测[J]. 教育研究, 2015, 36(3): 25-34.

[72] 姚引妹, 李芬, 尹文耀. "单独二孩"政策下我国受教育人口变化趋势研究[J]. 教育研究, 2015, 36(3): 35-46.

[73] 庞丽娟, 王红蕾, 吕武. 对"全面二孩"政策下我国学前教育发展战略的建议[J]. 北京师范大学学报(社会科学版), 2016, (6): 12-21.

[74] 王延平. 我国义务学龄人口预测及教育资源需求研究[D]. 北京: 首都经济贸易大学, 2017.

[75] 高凯, 刘婷婷. "全面两孩"政策背景下我国基础教育资源供需状况研究[J]. 教育经济评论, 2019, 4(5): 33-51.

[76] 黄宸, 李玲, 钟秉林. "全面二孩"政策下要不要扩大幼儿园班级规模?——我国幼儿园班级结构性质量与过程性质量关系的元分析[J]. 中国教育学刊, 2018, (9): 81-86.

[77] 李汉东, 李玲, 赵少波. 山东省"全面二孩"政策下学前教育及义务教育资源供求均衡分析[J]. 教育学报, 2019, 15(2): 77-89.

[78] 王传毅, 辜刘建, 俞寅威. "三孩"政策对教育规模的影响: 面向2035的预测[J]. 教育研究, 2022, 43(11): 124-135.

[79] 肖凯, 王心心. 义务教育优质均衡发展的区域整体推进模式述论[J]. 教育科学探索, 2023, 41(6): 35-41.

[80] Charnes A, Cooper W W, Rhodes E. Measuring the efficiency of decision making units[J]. European Journal of Operational Research, 1978, 2(6): 429-444.

[81] Farrell M J. The measurement of productive efficiency[J]. Journal of the Royal Statistical Society, 1957, 120(3): 253-290.

[82] 杜育红, 梁文艳, 杜屏. 我国农村中小学公用经费充足性研究[J]. 北京师范大学学报(社会科学版), 2008, (6): 13-20.

[83] 胡咏梅, 杜育红. 中国西部农村初级中学配置效率评估: 基于DEA方法[J]. 教育学报, 2009, 5(5): 108-114.

[84] He X Q, Zhou J C, Wang Y, et al. Measurement of compulsory education resource allocation under population factors in China[C]//Proceedings of the 4th World Symposium on Software Engineering. Xiamen: ACM, 2022: 127-137.

[85] 唐苗苗, 兰强, 谭瑾蓉. 城乡学前教育优质资源配置效率的问题及对策: 基于DEA-Malmquist模型的实证分析[J]. 教育探索, 2023, (9): 1-5.

[86] 孙俊洁. 央地财政分权对教育经费配置效率的影响研究[D]. 长春: 东北师范大学, 2023.

[87] 田艳平, 王佳. 城市化对城乡基础教育投入均等化的影响[J]. 中国人口·资源与环境, 2014, 24(9): 147-155.

[88] 杨田, 徐莹莹, 王海英. 从"结果变化"到"机制优化": 我国省域学前教育资源配置及优化研究: 基于2013—2020年省级面板数据的实证研究[J]. 当代教育论坛, 2024, (2): 36-46.

[89] 宋珊. 我国义务教育资源指数构建及其区域差异分析[D]. 上海: 华东师范大学, 2016.

[90] 刘善槐, 王爽. 我国义务教育资源空间布局优化研究[J]. 教育研究, 2019, 40(12): 79-87.

[91] 白文倩, 徐晶晶. 义务教育信息化资源配置均衡性研究: 基于2001—2018年《中国教育统

计年鉴》数据分析[J]. 现代教育技术, 2019, 29(10): 108-114.
- [92] 樊慧玲. 我国义务教育资源配置的绩效评估体系构建[J]. 教育科学研究, 2019, (8): 12-16.
- [93] Jiang C Y. Design of an E-learning resource allocation model from the perspective of educational equity[J]. International Journal of Emerging Technologies in Learning, 2022, 17(3): 50-67.
- [94] Zhao Y Q. The optimization path of higher education resource allocation in China based on fuzzy set theory[J]. 3C TIC: Cuadernos de Desarrollo Aplicados a Las TIC, 2023, 12(1): 308-328.
- [95] Cao J, Geng J, Shen W M. Spatial heterogeneity analysis of resource allocation efficiency of sports venues in China from the perspective of polarization theory[J]. Mobile Information Systems, 2022, (3): 1-9.
- [96] Cannan E. The probability of a cessation of the growth of population in England and Wales during the next century[J]. The Economic Journal, 1895, 5(20): 505-515.
- [97] Whelpton P K. Population of the United States, 1925 to 1975[J]. American Journal of Sociology, 1928, 34(2): 253-270.
- [98] Leslie P H. On the use of matrices in certain population mathematics[J]. Biometrika, 1945, 33: 183-212.
- [99] 赵佳音. 人口变动背景下北京市及各区县义务教育学龄人口与教育资源需求预测[J]. 教育科学研究, 2016, (6): 37-43, 57.
- [100] 乔锦忠, 沈敬轩, 李汉东, 等. 2020—2035年我国义务教育阶段资源配置研究[J]. 华东师范大学学报(教育科学版), 2021, 39(12): 59-80.
- [101] 翟振武, 李龙, 陈佳鞠, 等. 人口预测在PADIS-INT软件中的应用: MORTPAK、Spectrum和PADIS-INT比较分析[J]. 人口研究, 2017, 41(6): 84-97.
- [102] 李玲, 杨顺光, 韩玉梅. 我国城乡义务教育资源需求探析: 基于学龄人口的预测[J]. 教育科学, 2014, 30(5): 1-6.
- [103] 洪秀敏, 马群. "全面二孩"政策后北京市学龄前人口变动趋势预测[J]. 首都师范大学学报(社会科学版), 2018, (2): 153-161.
- [104] 海颖. "全面二孩"政策下广西学前教育适龄人口变化及挑战[J]. 社会科学家, 2020, (5): 150-155.
- [105] 舒尔茨. 教育的经济价值[M]. 曹延亭, 译. 长春: 吉林人民出版社, 1982.
- [106] Gould W T S, Lawton R. Planning for Population Change[M]. London: Routledge, 1986.
- [107] Serge T. School construction in developing countries: what do we know?[R] Washington: World Bank, 2002.
- [108] Davies B, Ellison L. School Development Planning[M]. London: Longman, 1992: 1-10.
- [109] Friedman M. The role of government in education[EB/OL]. http://www.schoolchoices.org/roo/fried1.htm[2024-08-29].
- [110] Suro R, Passel J S. The rise of the second generation: changing patterns in Hispanic population growth[R]. Washington: Pew Hispanic Center, 2003.
- [111] Grob U, Wolter S C. Demographic change and public education spending: a conflict between young and old?[J]. Education Economics, 2007, 15(3): 277-292.
- [112] Hanushek E A. The economics of schooling: production and efficiency in public schools[J]. Journal of Economic Literature, 1986, 49(3): 1141-1177.

[113] Hedges L V, Laine R D, Greenwald R. An exchange: part I: does money matter? A meta-analysis of studies of the effects of differential school inputs on student outcomes[J]. Educational Researcher, 1994, 23(3): 5-14.

[114] Berne R, Stiefel L. Concepts of school finance equity: 1970 to the present[J]. Equity and Adequacy in Education Finance: Issues and Perspectives, 1999, (8): 7-33.

[115] Johnson W R, Turner S. Faculty without students: resource allocation in higher education[J]. Journal of Economic Perspectives, 2009, 23(2): 169-189.

[116] Monk D H. Toward a multilevel perspective on the allocation of educational resources. Review of Educational Research, 1981, 51(2): 215-236.

[117] Muharlisiani L T, Mulawarman W G, Suwarni S, et al. Designing a decision support system for educational resource allocation[J]. AL-ISHLAH: Jurnal Pendidikan, 2023, 15(3): 4216-4225.

[118] Cherruault Y, Gallego J. Introduction to optimal control theory[J]. Kybernetes, 1985, 14(3): 151-156.

[119] Boscain U, Sigalotti M, Sugny D. Introduction to the foundations of quantum optimal control[EB/OL]. https://arxiv.org/abs/2010.09368v1[2024-08-29].

[120] Jarrett A M, Faghihi D, Ii D A H, et al. Optimal control theory for personalized therapeutic regimens in oncology: background, history, challenges, and opportunities[J]. Journal of Clinical Medicine, 2020, 9(5): 1314.

[121] Sharp J A, Burrage K, Simpson M J. Implementation and acceleration of optimal control for systems biology[J]. Journal of the Royal Society, Interface, 2021, 18(181): 20210241.

[122] Miao K Y, Vinter R. Optimal control of a growth/consumption model[J]. Optimal Control Applications and Methods, 2021, 42(6): 1672-1688.

[123] Zhang S C, Zhao M Z, Liu Z, et al. City-level population projection for China under different pathways from 2010 to 2100[J]. Scientific Data, 2023, 10(1): 809.

[124] 王卓. 教育资源配置问题的理论研究: 教育学的立场和观点[D]. 长春: 东北师范大学, 2005.

[125] 王习明. 中西部农村"后普九"的困境及对策: 湖北 J 市调查[J]. 山东科技大学学报(社会科学版), 2003, (4): 26-30.

[126] 赵智兴, 南钢. 基于知识图谱的撤点并校研究的可视化分析[J]. 青海师范大学学报(自然科学版), 2022, 38(1): 87-96.

[127] Lee S M, Clayton E R. A goal programming model for academic resource allocation[J]. Management Science, 1972, 18(8): B395-B408.

[128] 李生滨. 基于区域差距的教育投资效率研究[D]. 大连: 大连理工大学, 2013.

[129] 李克强, 陈博, 周亚. 人力资本增长上限与劳动者最优受教育年限选择[J]. 北京师范大学学报(自然科学版), 2005, (6): 649-651.

[130] 曹淑江, 谢立艳. 班级规模、同伴特征与初中生学业能力: 来自中国经验数据的证据[J]. 教育经济评论, 2023, 8(4): 86-102.

[131] 赵琳琳. 我国普通高中专任教师队伍结构演变及优化研究(2001-2020 年)[D]. 郑州: 郑州大学, 2022.

[132] 王爽, 刘善槐, 毋锶锶. 人口变动新形势下义务教育教师编制动态调整机制研究[J]. 教师教育研究, 2023, 35(6): 29-34, 43.